イラストでわかる 建築施工

オールカラー

井上国博
三村大介
打矢瀅二　［著］
本田嘉弘

菊地　至　［イラスト］

ナツメ社

はじめに

　本書は、建築の仕事に従事している人、またはこれから建築の仕事につきたいと考えている人のために、イラストでわかりやすく解説する「イラストでわかる」シリーズの一冊としてまとめたものです。

　建築工事の一般的な実施手順は、企画・設計、発注、積算、入札、契約、着工、工事施工、竣工の順で遂行され、その後、維持管理、改修等へと引き継がれていきます。一般的にこのうち工事発注から竣工に至る過程を建築施工といいます。

　建築を施工するうえで、いかに施工管理を適確に行うかが、建築物の品質や工事の効率・安全などの鍵となります。建築施工における施工管理とは、建設工事の現場技術者を指揮監督し、工事全体を管理することで、企画・設計から、仮設、基礎、躯体、内装、外装、設備などの各種工事、そして、工程、原価、品質、安全の管理など、建築全般にわたる幅広い知識が求められます。

　本書では、管理に必要な工事の手順や実務がわかるように、建築施工の基礎となる各施工方法や各種材料を紹介し、それらの施工性などとの関連にもふれて、イラストを用いて、ていねいに解説しています。

　専門技術の入門書として、また、建築施工管理技士や建築士などの資格試験を考えている人の入門書としても活用していただきたくまとめました。将来、建築技術者を目指す人たちに、本書が有効に活用されることを期待しております。

　最後に、本書の執筆にあたり諸先生方の文献、資料を参考にさせていただいたことを、この場を借りてお礼申し上げます。また、ナツメ社の方々に並々ならぬご協力と、ご支援をいただきましたことを厚くお礼申し上げます。

著者らしるす

建物の企画から完成まで

　建築物の施工は、施主が設計者・監理者や施工業者に建築の企画を依頼するところから始まり、工事費の見積の作成、工事請負契約の締結などを経て、建築が進められます。

施主

設計者・監理者

施工業者

　工事の着工までに、工程表の作成、現場の組織編成、安全環境管理対策、所轄の公署への届出、資材調達計画など、施工計画を立てます。そして工事現場とその周辺の現地調査を入念に行います。施工前の調査をするとともに、近隣、関係住民への周知・説明などを行い、準備作業を進めます。

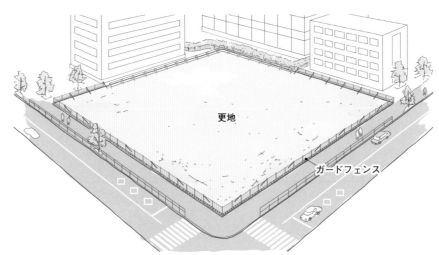

更地

ガードフェンス

現場敷地内を整地し、ガードフェンスを設置する。

準備作業が整ったら、仮設工事に入り、仮囲い、現場事務所、資材置場、トイレなどの仮設物を設置します。

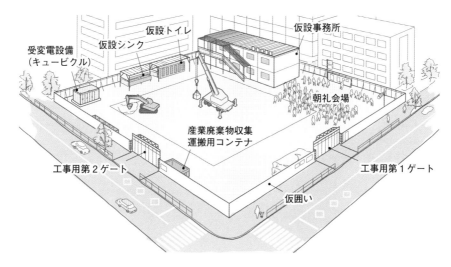

受変電設備
（キュービクル）

仮設シンク

仮設トイレ

仮設事務所

朝礼会場

産業廃棄物収集
運搬用コンテナ

工事用第2ゲート

工事用第1ゲート

仮囲い

現場監督や技術者、各専門業者
など、さまざまな人が出入りす
るようになる。

　建築物の組立ては、まず基礎工事に先立って建物の荷重を地盤に伝達する地業の工事から始まり、地盤を掘削（くっさく）したり、杭（くい）を打設したりします。そして、基礎をつくり、鉄筋工事、コンクリート工事、鉄骨工事といった躯体（くたい）を構築する工事を効率よく進めていきます。

　鉄筋コンクリート造の建物の場合、鉄筋の加工・組立て、型枠の加工・組立て、コンクリートの打設、型枠の取外しなど、決められた工程に従って構築していきます。鉄骨造の建物では、あらかじめ工場で製作された鋼材を現場に搬入し、建方（たてかた）を行い、溶接やボルトなどで緊結（きんけつ）して構築します。

　躯体工事の進捗（しんちょく）にともない、設備の配管、配線など先行して進める工事を行います。取り合いなども発生するため、関連工事との調整が不可欠となります。

　躯体工事が進み、可能な時期になったら、防水工事、断熱工事、内装・外装工事、塗装工事、建具（たてぐ）工事などの仕上工事や、空気調和・給排水衛生・電気などの設備工事を並行して進めます。各専門工事が入れ替わりで工事を行うため、各工事間での調整・連携が必要となります。

設備機器類を取り付け、最終仕上げをし、電気やガス、水道などを引き込んで、試運転を行います。そして、各種検査に合格すれば、竣工となり、施主に建物が引き渡されます。

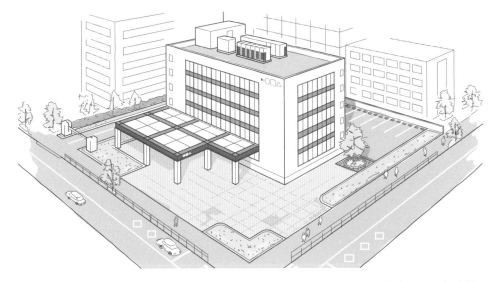

仮設物を撤去し、屋外の舗装や
造園工事が完成。適切な維持管
理により建物が運用される。

　本書では、全国で多く建設される中高層規模の事務所建築を想定し、建築物が新築される工程に沿って、施工の基本的な要点を説明しています。
　建築は用途、規模等、多種多様です。本書で示す基本的な事項を押さえながら、各々の建物に応用し対応していくことが必要です。

目　次

建物の企画から完成まで

第1章　建築施工とは

第2章　施工前の準備と管理

第3章　準備工事

第4章　躯体工事

第5章　仕上工事

4

第6章　設備工事

第7章　電気設備工事

第8章　完成・保守管理

第 1 章

建築施工とは

建築施工とは、建築計画、建築設計に従って、建築物を構築する作業をいいます。建設現場の総合管理のほか、建築工事を実施するための施工図面や仕様書を作成すること、設計された建築物を忠実に具体化する作業も含まれています。建築工事の実施手順は個々の工事により異なりますが、一般には企画、設計、発注、積算、入札、契約、着工、工事施工、 竣 工の順序で遂行され、建築施工は、このうち工事発注から竣工に至る過程を指しています。

❶ 建築に関わる人々
❷ 建築工事の流れと組織体制
❸ 施工業務に必要な許認可

① 建築に関わる人々

一つの建築物をつくり上げ、利用されるまでには多くの人々が関係し、各々それぞれの役割を担うことになります。建築主、融資等を行う金融機関、企画者、設計者、監理者、施工者、建材メーカー、維持管理者、建物使用者など、数多くの人が参画します。

建築生産に携わる人たち

建築生産に携わる主な人々は大きく、発注者（建築主）、設計者、監理者、施工者（元請 業 者、下請業者）などの4者に分けられます。

■ 発注者（注文者、建築主、事業主、施主）

工事請負契約上は、発注者と呼ばれます。発注者には、個人・企業・地方公共団体・政府機関などがあり、個人以外の場合は、一般的にその組織の代表者が発注者になります。建築物を建てるため、そしてその後の建築物の維持管理をするための企画をし、出資する者をいいます。

発注者という呼び名以外に、場面により、注文主、建築主、事業主、施主とも呼ばれる。

■ 設計者、監理者

設計者

建築主の要望を形にするため、建築物を設計し設計図書（設計図、特記仕様書など。20ページ参照）を作成する者をいい、建築主から設計業務委託を受けます。また、設計する建築物の用途・規模・構造により、1級建築士、2級建築士、木造建築士の資格が必要となります。

監理者

建築主の求めに応じ、監理業務委託を受け工事が設計図書に基づいて正しく行われるように、指導・監督・助言などをする者をいいます。監理者の主な業務として、説明図・詳細図を受注者（施工者）へ交付、施工計画・施工図・材料・設備などの検討・承諾、施工についての指示・立会い、その他関連工事との連絡・調整、引渡し時の立会い、建築主へ工事監理報告書の提出などがあります。

一般的に、設計者と工事監理者が同一の場合が多い。

■ 施工者

工事請負契約においては受注者と呼ばれ、建築主の注文に応じ、設計図書に示された建築物の工事を行う者をいいます。また、設計図書に基づき、施工図という躯体図・製作図、設計図書で表現できない詳細図などの作成も行います。

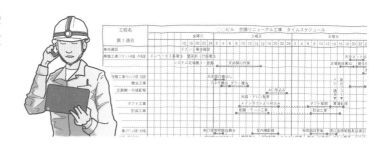

建築施工に携わる人たち

建築物の施工には、様々な工事業者や技術者が関わっています。ここに示す施工に携わる人々は、12ページのモデル現場を前提としています。規模、用途や構造により、さらに多くの人たちの関わりがあります。

■ 施工業者

施工業者には、一般的に建築・土木工事を一式で発注者から直接請け負い（元請）、工事の全体のとりまとめを行う総合工事業と、元請から工事の一部を請け負う専門工事業で協力業者または下請業者と呼ばれる者がいます。大規模工事や官公庁の工事などでは、共同企業体のかたちをとり施工を行うことがあります。

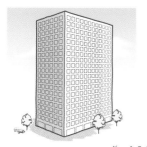

総合工事業はゼネコン（General Contractor の略）と呼ばれる。

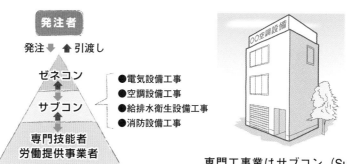

専門工事業はサブコン（Sub Contractor の略）と呼ばれる。

? 用語解説

共同企業体（JV：Joint Venture）

複数の建設企業が、一つの建設工事を受注、施工することを目的として形成する事業組織体のこと。

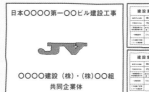

■ 総合工事業と専門工事業の人びと

　総合工事業の施工管理技術者が現場監督として、建設現場での施工管理を行います。

　専門工事業の施工管理者、専門職種の技能労働者は、元請から部分工事（土工・山留工・型枠大工・鉄筋工・左官工・塗装工・電気工・配管工など）を下請負し、工事を行います。各職種に関して特別な資格を要するものもあります。

　技能労働者の中でも、現場施工にあたり優れた技能に加えて、段取り、マネージメント能力に優れ国土交通大臣が登録した専門工事団体の資格認定を受けた者を登録基幹技能者といいます。

現場監督

専門工事業者

■ 代理人と技術者

　工事の規模や契約条件に基づき、請負者の代理人としての現場代理人や、施工の技術上の管理をつかさどる監理技術者・主任技術者が配置されます。

現場代理人

　工事を請け負った受注者の代行者で、工事の運営・取締まりを行います。契約の内容の変更（請負代金額や工期など）や請負代金の請求・受領などの権限はありません。

監理技術者・主任技術者

　建設業法上、建設業者は工事現場における施工の技術上の管理をするために技術者を置くように定められており、監理技術者・主任技術者の設置基準と資格要件が決められています。なお、この技術者は現場代理人と同一の者で兼務も可能です。

名称	配置が必要な工事の条件	技術者の資格要件
監理技術者	下請代金の額が 4,000万円（建築工事業は6,000万円）以上となる場合	1級建築士、1級建築施工管理技士などの国家資格のいずれかを有する者、または指導的実務の経験を有する者
主任技術者	上記以外の場合	10年以上の実務経験を有する者

❷ 建築工事の流れと組織体制

建築物をつくるには、流れがあります。事業計画から、建築計画を行い、設計図書（基本設計、実施設計など）ができ、これを基に施工者による建築工事がスタートします。建築工事は、工事上必要な調査（敷地条件、近隣調査、道路状況など）から始まり、施工計画が練られます。この施工計画に沿って、基礎・躯体工事、設備工事、仕上工事などの各種工事へと引き継がれ竣工となります。

施工の流れ

建築物のライフサイクルの大きな流れとして、企画・設計し、それに基づいて施工を行い、その後、施主に引き渡されて維持管理が行われます。この一連の流れを「建築生産」といいます。この中の施工の過程で「建築工事」が行われます。

■ 建築工事の流れ

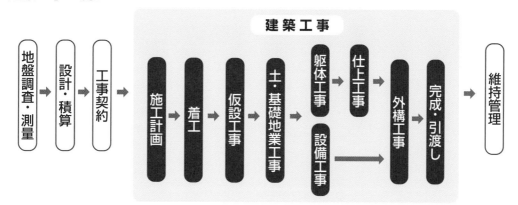

各種工事には、次のようなものがあります。

躯体工事　地盤・敷地調査工事、仮設工事、山留工事、杭工事、土工事、型枠工事、鉄筋工事、コンクリート工事、鉄骨工事

仕上工事　防水工事、カーテンウォール工事、石工事、左官工事、タイル工事、建具工事、ガラス工事、塗装工事、木工事、金属工事、内装・断熱工事、ALC工事、外構工事

設備工事　電気設備工事、空気調和設備工事、給排水衛生設備工事、昇降機設備工事

その他工事　解体工事

施工の組織体制

建築工事にたずさわる人々の組織としての体制と役割を表します。

モデル建設工事概要

工事名称	東京都渋谷区南平台町○丁目○○─○
建物用途	店舗・事務所
敷地面積	624m^2
建築面積	492m^2（建ぺい率　78.8%）
延床面積	2,307m^2（容積率　369.7%）
階数	地上　5階、地下　1階
構造	鉄筋コンクリート造
工期	令和○年 09月10日～令和□年 06月10日（9ケ月）

■ 建築工事の組織体制

発注者

設計者、監理者

もとうけ
元請業者

作業所長

事務担当

工事担当

設備担当

建築系下請業者

設備系下請業者

躯体系
- ●ボーリング工事
- ●とび工事（仮設足場）
- ●測量
- ●山留工事
- ●基礎工事
- ●掘削工事
- ●型枠工事
- ●型枠解体工事
- ●鉄筋工事
- ●土工・コンクリート圧送工事
- ●左官工事（土間専門）
- ●とび工事
- ●溶接工事
- ●本締工事
- ●鉄骨検査
- ●耐火被覆工事

仕上げ系
- ●防水工事
- ●カーテンウォール工事
- ●石工事
- ●左官工事
- ●タイル工事
- ●サッシ工事
- ●ガラス工事
- ●塗装工事
- ●軽量鉄骨工事
- ●ボード工事
- ●造作工事
- ●床シート工事
- ●壁クロス工事
- ●ALC工事
- ●造園工事
- ●植栽工事
- ●舗装工事

- ●電気工事
- ●空調ダクト工事
- ●給排水衛生設備工事
- ●配管工事
- ●エレベーター工事

③ 施工業務に必要な許認可

建設業法において、建設業とは、元請、下請けその他いかなる名義をもってするかを問わず、建設工事の完成を請け負う営業と定義されており、業務活動の範囲・規模などにより、国土交通大臣または都道府県知事の許可・登録が必要になります。なお、軽微な建設工事では許可の必要のない場合もあります。

❓ 用語解説

軽微な建設工事

● 建築一式工事では、請負代金が 1,500 万円に満たない工事、または延べ面積が 150m² に満たない木造住宅工事
● 建築一式工事以外の建設工事では、請負代金が 500 万円に満たない工事

🏢 建設業の許可

■ 特定建設業の許可

下請負代金の額が 4,000 万円（建築工事業は 6,000 万円）以上となる場合、必要となります。

特定建設業のうち、総合的な施工技術を必要とするものとして、土木工事業、建築工事業、電気工事業、管工事業、鋼構造物工事業、舗装工事業、造園工事業の 7 業種を指定建設業とし、専任技術者は、一級の国家資格者または国土交通大臣特別認定者である必要があります。

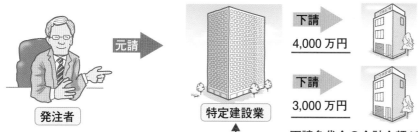

下請負代金の合計金額が一定額以上なので特定建設業の許可を受ける必要がある。

■ 一般建設業の許可

特定建設業の許可を必要としない場合、必要となります。
● 2 つ以上の都道府県に営業所を置く建設業　➡　国土交通大臣の許可が必要
● 1 つの都道府県のみに営業所を置く建設業　➡　都道府県知事の許可が必要

❓ 用語解説

営業所

本店または支店もしくは常時建設工事の請負契約を締結する事務所のこと。

施工の組織体制

建設業の許可は、以下の29の業種に区分され、かつそれぞれ一般建設業と特定建設業に分けて受けることとされています。

	建設工事の種類	建設業の許可の種類		建設工事の種類	建設業の許可の種類
1	土木一式工事	土木工事業	15	板金工事	板金工事業
2	建築一式工事	建築工事業	16	ガラス工事	ガラス工事業
3	大工工事	大工工事業	17	塗装工事	塗装工事業
4	左官工事	左官工事業	18	防水工事	防水工事業
5	とび・土工・コンクリート工事	とび・土工工事業	19	内装仕上工事	内装仕上工事業
6	石工事	石工事業	20	機械器具設置工事	機械器具設置工事業
7	屋根工事	屋根工事業	21	熱絶縁工事	熱絶縁工事業
8	電気工事	電気工事業	22	電気通信工事	電気通信工事業
9	管工事	管工事業	23	造園工事	造園工事業
10	タイル・レンガ・ブロック工事	タイル・レンガ・ブロック工事業	24	さく井工事	さく井工事業
11	鋼構造物工事	鋼構造物工事業	25	建具工事	建具工事業
12	鉄筋工事	鉄筋工事業	26	水道施設工事	水道施設工事業
13	舗装工事	舗装工事業	27	消防施設工事	消防施設工事業
14	しゅんせつ工事	しゅんせつ工事業	28	清掃施設工事	清掃施設工事業
			29	解体工事	解体工事業

大工工事

防水工事

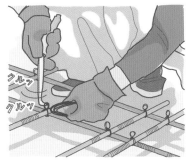

鉄筋工事

塗装工事

管工事

造園工事

第2章

施工前の準備と管理

建物の規模や用途、品質そして予定資金に見合う施工者を選定しなければなりません。施工者が決まると、工事請負契約を締結します。工事請負契約書・工事請負契約約款、設計図書が必要です。そして、現地調査を行い施工計画に入ります。施工計画書や施工計画図を作成し工程の計画を行いながら、品質管理、工程管理、安全管理、原価管理、環境管理等の検討を行います。

❶ 発注・受注の形態
❷ 工事費の算出
❸ 施工計画
❹ 施工管理（QCDSE）

① 発注・受注の形態

建物の企画から竣工まで、あるいは入居後の運用まで含めて、数多くの発注形態や施工者の選定方式があります。また、工事費の扱い方や施工の形態の違いにより請負方式にも種類があり、それぞれに特徴があります。請負人が決まると、工事請負契約書、工事請負契約約款、設計図書に基づいて工事請負契約が締結されます。

委託方式

建物の建築を委託する形態には、次のようなものがあります。

■ 従来型（一般方式）

発注者が企画、設計を分けて各企画者、設計者に依頼する、あるいは企画、設計をまとめて設計者に依頼し、その後、施工を施工者に委託する方式です。施工者を工事職種別、工区別に分けて発注する分離発注方式もこれに含まれます。

【従来型】

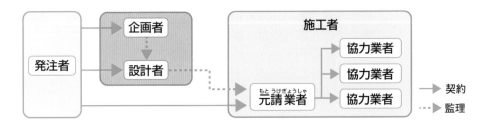

【分離発注方式】

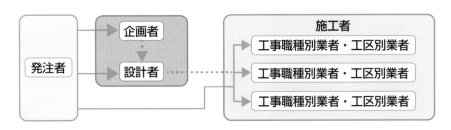

■ 設計施工一括方式

企画から設計、施工、監理までを一貫して施工会社に発注する方式です。発注者が企画、設計、施工者の選定と監理、さらに入居後の運用までを一括して専門のターンキー会社に委託するターンキー（一括発注）方式もこれに含まれます。

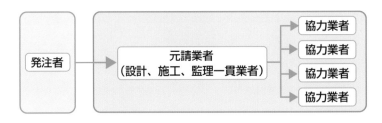

■ コンストラクション・マネージメント（CM）方式

企画、設計、施工を一貫して専門のコンストラクション・マネージャー（CMR）が監理し、進める方式です。発注者は、企画者、設計者、施工者、CMR とそれぞれ契約を結びます。大規模工事の場合、CMR を大手建設会社が果たす場合もあります。

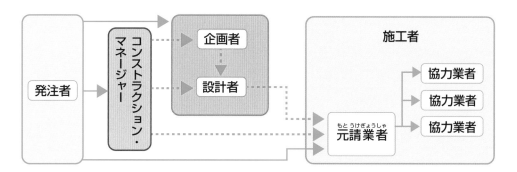

施工者の選定方式と特徴

施工者の選定には次のような方法があり、それぞれに特徴があります。

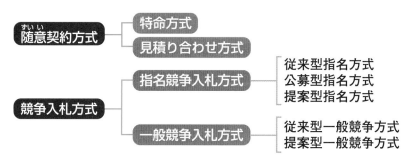

■ 随意契約方式

発注者が施工会社を任意に選定し、見積価格が適切な価格と判断して契約する方法（特命方式）と、数社から見積りを取り、比較検討して契約する方法（見積り合わせ方式）があります。

特命方式

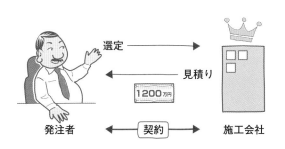

見積り合わせ方式

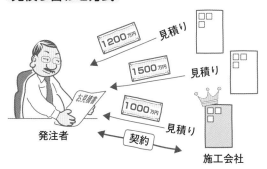

発注者が、工事にもっとも適していると判断する施工者に発注できるというメリットがあります。価格面では競争がないため工事費が高くなる可能性があります。

価格面での競争があるため比較的低価格にて工事費がおさえられるメリットがあります。工事内容についての判断をする必要があります。

■ 競争入札方式

工事価格の高低で競われた入札結果で施工会社を決める方式で、入札結果が開示されます。入札に参加する施工会社を発注者が指名する方法（指名競争入札方式）と、自由参加入札を実施して決める方法（一般競争入札方式）があります。

指名競争入札方式　　　　　　　　　　　　　　一般競争入札方式

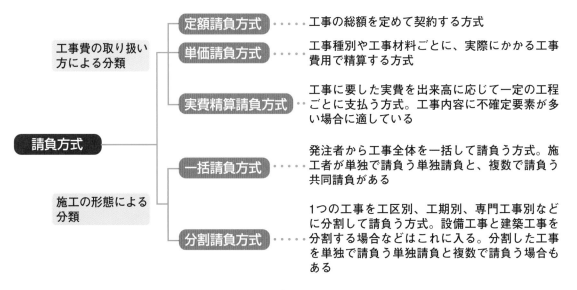

競争により経済的で公正な方法で施工者を選定でき、公共建築物で多く採用されます。工事の質や適正工期の確保のため、入札参加資格条件が付けられる傾向にあります。

工事発注の方式

工事を行う形態として、発注者が直接建設資材を調達し、作業員を雇って工事を完成させる直轄・直営方式と、施工業者に一括して依頼する請負方式があります。ここでは請負方式について説明します。

■ 請負方式の種類

請負方式	工事費の取り扱い方による分類	定額請負方式	‥‥‥ 工事の総額を定めて契約する方式
		単価請負方式	‥‥‥ 工事種別や工事材料ごとに、実際にかかる工事費用で精算する方式
		実費精算請負方式	工事に要した実費を出来高に応じて一定の工程ごとに支払う方式。工事内容に不確定要素が多い場合に適している
	施工の形態による分類	一括請負方式	‥‥‥ 発注者から工事全体を一括して請負う方式。施工者が単独で請負う単独請負と、複数で請負う共同請負がある
		分割請負方式	‥‥‥ 1つの工事を工区別、工期別、専門工事別などに分割して請負う方式。設備工事と建築工事を分割する場合などはこれに入る。分割した工事を単独で請負う単独請負と複数で請負う場合もある

複数で共同して請負う場合、共同請負（JV: Joint Venture）といい、請負組織を共同企業体といいます（9ページ参照）。共同企業体は、複数の構成員が技術・資金・人材等を集結し、工事の安定的施工に共同してあたることを約束して、自主的に結成されるもので、民法上の組合と考えられており、権利義務の帰属主体となるのはＪＶではなく各構成員となります。

工事請負契約

請負契約は、請負人が仕事を完成することを約束し、発注者がその仕事の結果に対して報酬を支払うことを約束することにより成立します。発注者と受注者とは、対等な立場で、法令を遵守して、お互いに協力し信義を守り、工事請負契約書、工事請負契約約款、設計図書に基づいて契約を履行するように定められています。

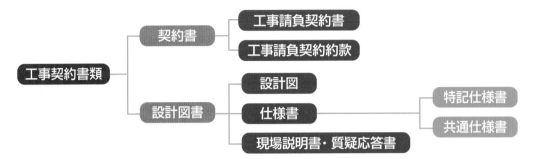

■ 工事請負契約書

建設工事の請負契約の当事者は、契約の締結に際して次に掲げる事項を書面に記載し、署名または記名押印をして相互に交付しなければならないと、建設業法第19条に定められています。

❶ 工事内容
❷ 請負代金の額
❸ 工事着手の時期および工事完成の時期
❹ 工事を施工しない日または時間帯の定めをするときは、その内容
❺ 請負代金の全部または一部の前金払または出来形部分に対する支払の定めをするときは、その支払の時期および方法
❻ 当事者の一方から設計変更または工事着手の延期もしくは工事の全部もしくは一部の中止の申出があった場合における工期の変更、請負代金の額の変更または損害の負担およびそれらの額の算定方法に関する定め
❼ 天災その他不可抗力による工期の変更または損害の負担およびその額の算定方法に関する定め
❽ 価格等の変動もしくは変更に基づく請負代金の額または工事内容の変更
❾ 工事の施工により第三者が損害を受けた場合における賠償金の負担に関する定め
❿ 注文者が工事に使用する資材を提供し、または建設機械その他の機械を貸与するときは、その内容および方法に関する定め
⓫ 注文者が工事の全部または一部の完成を確認するための検査の時期および方法並びに引渡しの時期
⓬ 工事完成後における請負代金の支払の時期および方法
⓭ 工事の目的物の瑕疵を担保すべき責任または当該責任の履行に関して講ずべき保証保険契約の締結その他の措置に関する定めをするときは、その内容
⓮ 各当事者の履行の遅滞その他債務の不履行の場合における遅延利息、違約金その他の損害金
⓯ 契約に関する紛争の解決方法
⓰ その他国土交通省令で定める事項

書面による契約は、元請負・下請負にかかわらず、すべての建設工事請負契約について義務づけられています。

■ 工事請負契約約款

契約書だけでは記載できない内容について、発注者、受注者、監理者などのそれぞれの役割・責務などを記載したものです。公共工事用として公共工事標準請負契約約款、民間工事用として民間建設工事標準請負契約約款（甲）および（乙）並びに下請工事用として建設工事標準下請契約約款があります。

工事請負契約約款の主な記載事項は以下に関することです。

❶ 一括下請け・一括委任の禁止	❻ 損害保険
❷ 監理者の職務	❼ 部分仕様・部分引渡
❸ 現場代理人・技術者	❽ 瑕疵担保
❹ 工事材料・建設設備の機器・施工用機器	❾ 履行遅滞・違約金
❺ 不可抗力による損害	❿ 紛争の解決

? 用語解説

不可抗力による損害

工事目的物の引渡し前に被災したもので、原因が天災など受発注者に責任のないもの、管理者が注意義務のもと適正に管理するなかで生じた損害をいう。ただし、予見の可能性が高い、リスクのある状況で生じた損害は不可抗力の対象外と解釈される。

■ 設計図書

設計図、仕様書、現場説明書および質問回答書をいいます。

❶ 設計図

工事内容を示す図面です。意匠図（配置図、平面図、立面図、断面図、矩計図、仕上表など）、構造図、構造計算表、設備図、設備計算表などで、施工図や現寸図などは含まれません。

❷ 仕様書

設計図に表現できない施工上の指示事項を文、スケッチ、表などで示したものです。使用材料の品質・性能・使用方法や、施工の順序・方法・仕上げの程度、工事の概要・注意事項・各種検査など工事に共通な事項を記載します。すべての工事に当てはまる共通事項を記した標準仕様書と、当該工事に特有な仕様内容を記した特記仕様書があります。

❸ 現場説明書

工事の入札参加者に対して、契約条件や設計図・仕様書に記載されていない事項に関する説明書をいいます。

❹ 質問回答書

発注に伴う現場説明において、入札参加者からの契約条件や設計図書などに関する質問に対しての発注者からの回答書をいいます。

設計図書に関する優先順位が決められています。設計図書の各書類間で相違がある場合の優先順位は、①質問回答書②現場説明書③特記仕様書④設計図⑤標準仕様書の順です。

❷ 工事費の算出

建物を計画する上で、費用の算出は重要な作業で、計画上各段階で見積がなされます。見積は、金額・量・期間・行動などを考慮し前もってあらまし計算をすることで、施工することでの利益を含んだものをいいます。積算は、設計が出来上がり、設計図書に基づき、建築物を実際に施工するためにどのくらい費用がかかるかを算出する作業をいいます。

工事費の見積と積算

工事費の算出には、見積と積算によるものがあります。

❶ 見積の種類

発注者見積 （発注者予算）	発注者による概算金額で、建物を企画するうえでの必要資金の目安とする予算見積。
設計見積	設計者が発注者の予算金額を考慮しながら設計を行い、設計終了時に行う詳細見積。
工事見積	設計図に基づき、施工会社が算出する建物の工事見積。
実施見積 （実行予算）	施工のための見積。これに基づき材料発注や協力業者の選定などを行う。

❷ 積算の種類

概算積算	建物の規模（面積）、あるいは主要材料または施工数量（鉄骨量・コンクリート量など）をもとにして、統計資料などの平均的な数値から算出したり、あるいは似たような条件の実例をもとにして、大まかな工事費を算出する。
明細積算	各工事ごとに使用する材料の数量や作業量（人工数）を算出し、それに単価をかけて集計し、最終的に総工事費を算出する。

❓ 用語解説

見積と積算

積算は、材料費や人件費、その他、工程にかかる費用を拾い出したもの。この積算に受注者の利益を加えたものが見積となる。

■ 工事費の構成

工事費は、下記の費用や消費税などで構成されています。

直接工事費	材料費、労務費、機械経費、運搬費など工事目的物を造るために直接必要とする費用で、直接仮設に要する費用を含む。
共通仮設費	仮設建物、仮囲い、動力、揚水、光熱費など各工事種目に共通の仮設（66ページ参照）に要する費用をいう。
一般管理費	役員、従業員給与、福利厚生費、固定資産税などの工事施工にあたる受注者の継続運営に必要な費用（一般管理費 と付加利益からなる）をいう。
現場管理費	工事施工にあたり、保険料、現場職員給与、事務費、通信費、交通費など工事現場を管理運営するために必要な費用で、共通仮設費以外の費用をいう。

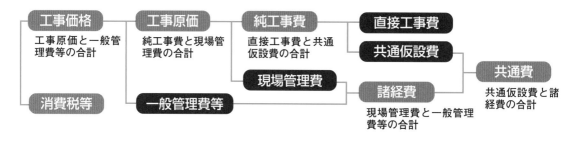

積算基準の主な内容（算出数量）と単価

　積算する上で、下記のような数量の拾い出しを行います。集計した数量に単価をかけて各細目の工事費を出し、すべてを合計し総工事費を算出します。

■ 算出数量

設計数量 （せっけいとしょ）	設計図書に表示されている個数や、設計寸法から求めた正味の数量をいい、大部分の施工数量がこれに該当する。材料のロスなどについては単価の中で考慮する。
計画数量	設計図書に表示されていない施工計画に基づいた数量をいい、仮設や土木工事に関する数量などがこれに該当する。
所要数量	定尺寸法による切り無駄や、施工上やむを得ない損耗（そんもう）を含んだ数量をいい、鉄筋、鉄骨、木材などの数量がこれに該当する。
歩掛り （ぶがかり）	過去の実例（工事に要する作業手間ならびに作業日数を数値化したもの）をもとにして、統計上から算出した単位当たりの数量。

設計数量（布基礎（ぬのきそ）の例）

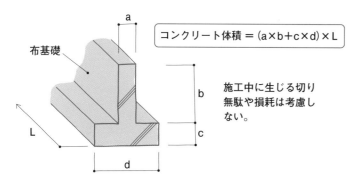

コンクリート体積 ＝ $(a \times b + c \times d) \times L$

施工中に生じる切り無駄や損耗は考慮しない。

計画数量（布基礎の例）

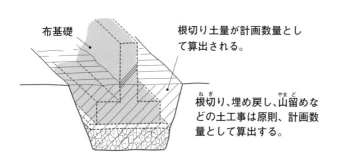

根切り土量が計画数量として算出される。

根切り（ねぎり）、埋め戻し、山留め（やまどめ）などの土工事は原則、計画数量として算出する。

所要数量（木材の柱の例）

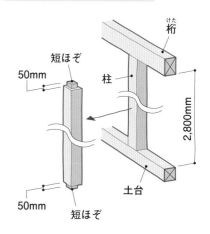

$2,800 + 50 + 50 = 2,900\text{mm}$
⬇
3,000mm 材を使用

所要数量に切り無駄などを考慮した値。

■ 施工単価の種類

　材料単価や労務単価は、需給関係、景気動向、地域性などにより常に変動しており、積算にあたっては、本来、発注時点における最新の単価で設定する必要があります。

複合単価	歩掛りを基にした単位数量当たりの労務費、材料費、運搬費、機械器具経費、下請経費などの組合せによる複合の単価（材工共）。
合成単価	いくつかの複合単価を合成して作成される単価（例、床仕上げ単価：モルタル＋長尺シート）。
市場単価	歩掛りにて算出していた複合単価に代わるものとして、元請と下請の市場取引価格を単価としたもの。
その他	専門工事業者の見積単価、類似工事の実例単価、刊行物の掲載単価など。

　工事費の積算は、建築工事、電気設備工事、機械設備工事、昇降機設備工事等、工事種別ごとに、直接工事費、共通費、消費税等に区分して行います。直接工事費については、材料や機器類の価格に数量を乗じるか、単位施工あたりに必要な材料費、労務費、機械器具費等から構成された単価に数量を乗じて算定します。

　積算作業の大まかな流れを以下に示します。

積算作業のフロー

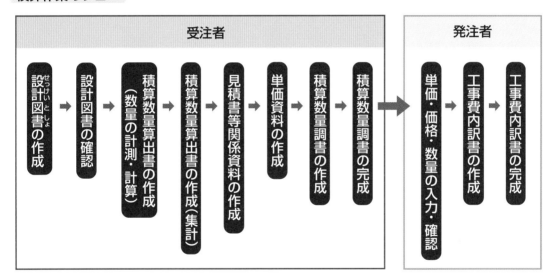

?　用語解説

積算数量算出書

　図面から各部材の数量を読み取り算出してまとめた書類。数量は、算出の根拠となる資料である「建築数量積算基準」をもとに算出する。各種計算書は、部位や用途によって分けられ、それらを集計して部位別集計表・工種別集計表が作成される。

単価資料

　単価の根拠となる刊行物、業者見積を参考にしてまとめた書類。採用単価は最安値または平均価格などで決める。

❸ 施工計画

工事請負契約が締結されると、工事に着手していきます。着工にあたり多くの準備があります。実際に現場において施工する立場で、契約内容の再確認、そして、現地の調査・確認、作業所の組織の構成、諸官庁への届出など、さらに問題点や検討事項、処理事項を整理する必要があります。これらをふまえて、施工計画を立案し、施工計画に基づき工程計画を行います。

施工計画の基本方針

施工計画の基本方針を決定するにあたり、次のような事項を検討します。

● 工程、品質、原価、安全の各管理項目でバランスのとれた計画の検討
● いくつかの代替案を作成し、それぞれの長所、短所の比較検討
● 契約工期の中で、さらに最適工期かどうかの検討
● 従来の経験だけでなく、新工法・新技術の積極的導入の検討
● 安全の確保、環境保全へ配慮する計画の検討

■ 施工管理相互の関係

施工管理には、品質、工程、原価、安全の4項目があり、品質、工程、原価は、下図の関係で示されます。

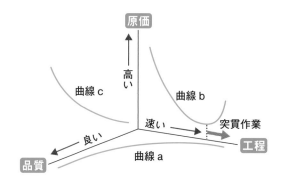

● 曲線 a ････ 時間をかけるほど良い品質となる。
● 曲線 b ････ 工程が遅いと原価は高くなり、速度を増すと原価は最小に近づき最適速度で最少となる。さらに速度を上げると突貫作業となり原価は高くなる。
● 曲線 c ････ 良い品質ほど原価が高くなる。

■ 施工計画書

施工計画書には以下の内容を記載します。

工事の概要	工事名、場所、工期、工事内容等
現場の組織表	現場の組織編成、命令系統、業務分担等
工程表	ネットワークやバーチャート（27ページで後述）による主要な工期
安全管理	安全管理の組織、活動方針、具体的な安全対策、事故発生時の対策
資材（材料）	工事に使用する資材（材料）の数量、規格、商品名、メーカー名等
緊急時体制	異常気象により現場災害が発生した場合の体制、連絡先組織の編成、緊急時連絡先等
施工方法	施工順序、施工方法、関連する工事（道路関連工事、地下埋設物関連工事等）、仮設工事、騒音、振動、給水排水などの設備工事等
交通の管理	工事により発生する交通対策、交通処理
環境への配慮	騒音、振動、煤煙、粉塵、水質汚濁、近隣への影響防止等

施工計画は以下の手順で進められます。

事前調査 ▶	施工基本計画 ▶	調達計画 ▶	現場運営計画
設計図書、契約条件、既往資料の収集・整理、現地調査（自然条件・経済条件・環境条件）等の調査をする。	施工順序と施工方法の選択、作業量と工期の検討、詳細作業の検討、仮設設備計画等の基本方針を決定する。	下請使用計画、材料調達計画、機械・輸送計画等を立てる。	現場管理組織の検討、実行予算の決定、収支計画、安全管理計画、品質管理計画を立てる。

■ 現地調査

建築工事を順調に施工し完成させるために、入念な事前の現地調査が必要です。主な調査項目として次のようなものがあります。

調査項目	内容
敷地	用地境界・周辺の道路・隣地との関係、敷地および隣地・道路との高低差等
設備	工事用電力引込地点、取水場所、排水場所、電話線等
敷地内障害物	地下埋設物（古い建物の基礎、杭、石垣、古井戸、給排水管、ガス管、ケーブル類等）
敷地周辺障害物	敷地周辺の道路等の埋設物（給排水管、ガス管、ケーブル類等）、高圧線等
輸送	周辺道路、交通状況、トンネル、橋梁等
公害	騒音防止、振動防止、作業時間制限、地盤沈下等
仮設建物	現場事務所、宿舎、守衛所、ゲート、加工場、貯蔵小屋等の位置
近隣の建物	学校、病院、精密機器工場等への影響
公共施設	電話ボックス、郵便ポスト、消火栓、街路樹、街路灯、電柱、バス停、信号機、交通標識、ガードレール等
近隣	隣地の建物状況、塀、樹木等

工程計画

　施工法および施工順序などの基本となる施工計画に基づき、工期内で所定の品質で、もっとも経済的に、そして安全に完成させるために工程計画が必要です。具体的な工程表を作成し、作成された工程表が監理者の承認を得たのちに、着工となります。

■ 工程表の作成

　以下の事項を検討し、工程表を作成します。

各工事の施工速度‥‥工期、品質、経済性、安全性を考慮して設定します。対象となる作業の先行作業、その作業の後続作業、並行作業、各作業の所要日数等も検討します。

労務・資材検討事項‥‥各作業の1日当たり労務者数の平均化および、各作業の1日当たりの作業量の均等化を考慮して設定します。下請 業 者（したうけぎょうしゃ）の請負能力、資材の搬入期日、工場製作品の制作日数、地域による労務、資材、機材の調達状況等も検討します。

その他検討事項‥‥施工の関連作業工程、関連業者との取合い調整、設備工事の試運転工程の確認、施工のできない特殊期間、周囲の状況（現場周辺の行事や催し）、季節の天候（地域の天候予想）、余裕日数等を考慮して設定します。

　工事遅延の要因として、以下の事項があげられます。

現場要因	天候要因	計画要因
地質の調査結果との相違、材料供給の遅延、設備工事との取合い調整の遅れなど	雨天、降雪、強風等による実働日数、作業日数の不足など	事前調査不足、工法の選定誤り、工程の余裕不足など

■ 工程表の種類と特徴

　工程表は、工事の着工から完成までの作業量と日程の相互関係を一目で判断できるようにしたもので、各作業を管理するものと、作業全体を管理するものがあります。工程表を表現方式により分類すると、次のようになります。

施工の進度を管理する工程表

【横線式工程表】

●ガントチャート

　縦軸方向に作業名、横軸方向に達成度をとり、予定日程と現在の進行状況を棒グラフで表示したものです。

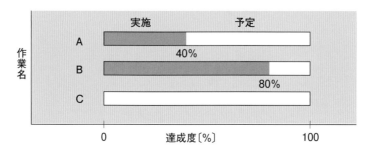

●バーチャート

　一般には横線工程表と呼ばれ、ガントチャート工程表の横軸に工期を入れて棒グラフで表示したものです。

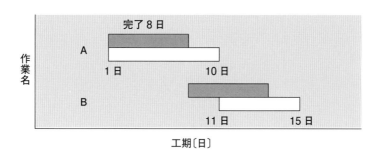

【斜線式（座標）工程表】
●グラフ式

　バーチャート式工程表をグラフに書き換えて表したもので、縦軸に完成率、横軸に工期を示し、予定を破線、実績を実線で表示したものです。

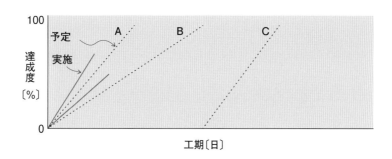

【ネットワーク式工程表】
●ネットワーク

　○印すなわち結合点（イベント）と矢印（アロー）などの記号を用いた工程表で、各作業の相互関係を表示したものです。作成に熟練を要します。

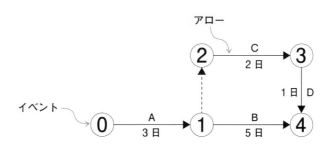

工事全体の出来高を管理する工程表

【曲線式工程表】

●出来高累計曲線
でき だかるいけいきょくせん

横軸に工期、縦軸に完成率を％で表します。理想的な工程曲線はＳ字形になることからＳカーブと呼ばれています。

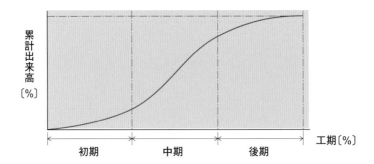

●バナナ曲線（工程管理曲線）

工程の予定と実績を同一グラフに表示して工程の進度を管理するものです。工事の遅れの早期発見と早急な対策を図るため、上方許容限界曲線と下方許容限界曲線を設け、この曲線の区域内で収まる管理をします。上下の曲線で囲まれた形がバナナに似ていることからバナナ曲線と呼ばれます。

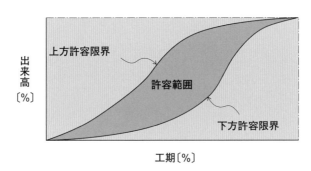

■ ネットワーク工程表の概要

本書では、各作業の関連がわかりやすく、工程全体の流れを把握しやすいネットワーク工程表について説明します。

ネットワーク工程表に用いる用語と記号

❶ アクティビティ

矢印（アロー）で示す工事活動の単位をいいます。作業の時間的経過を示し、左から右に書きます。矢印の長さは時間に関係ありません。

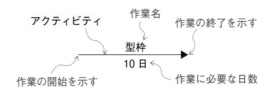

❷ イベント(イベントノード)

　○印で示し、作業の開始、終了時点および作業と作業の結合点を示します。イベントに入ってくるアクティビティの全部が完了しないと、そのイベントから出るアクティビティは、開始できません。

❸ ダミー

　点線の矢印（--▶）で示し、架空の作業を示します。作業の相互関係を結びつけるのに用い、作業名は無記入とし、日数は 0 で、仕事の流れ（仕事の順序）だけを示します。

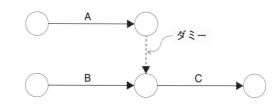

❹ パス

　ネットワークの中で2つ以上の作業の連なりをいいます。

❺ フロート

　作業の持つ余裕時間をいいます。

ネットワーク工程表の特徴

長所	すべての作業の相互関係や進捗状況が把握でき、工程を正確に理解することができる。
	関係者の意見を聴き、自己の役割の認識と相互協力を容易にすることができるため、より良い作業の順序関係をあらかじめ明確にできる。
	各作業に対する先行作業、並行作業および後続作業の相互関係がわかりやすく、余裕の有無、遅れなどの日数計算が容易で、工期短縮などの計画変更にも対処しやすい。
	各作業の必要日数や作業手順が明確なので、近隣問題、交通状況、埋設物、その他労務事情による工程上の問題点もチェックしやすい。
短所	ネットワーク工程表の作成は、熟練を要し、作業が難しい。
	一目で全体の出来高がわかりにくい。

ネットワーク作成の手順

❶工事のすべての作業を先行作業と後続作業に分ける。

❷並行して行う作業と、後続して行う作業とに分ける。

❸上記の作業を繰り返し、全部の作業をアクティビティとイベントで結合させ、矢線図を作成する。

ネットワークの計算方法

ここからは下記のネットワーク工程表を例として、計算方法を解説します。

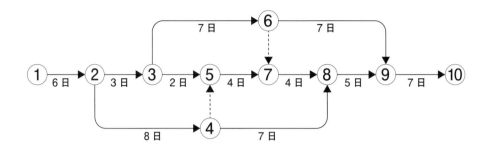

計算は、次の3つの基本的事項により行います。

❶ 最早開始時刻 (EST：Earliest Start Time)

各イベントにおいて、もっとも早く作業を開始する日時を、その作業の最早開始時刻といいます。

●最早開始時刻はイベントの右肩の（ ）に0と記入する。

●計算は、①→②→③→⑤、①→②→④--▶⑤の順にイベント番号に沿って日数を足していき、イベント⑤のように矢印が③→⑤と④--▶⑤の2方向からくる場合は、2つの矢印のどちらか最大値を⑤の最早開始時刻とする。

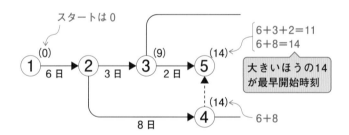

❷ 最遅完了時刻(LFT：Latest Finish Time)

全体の工期を守るために、その作業を完了させなければならない日時をその作業の最遅完了時刻といいます。

●最早開始時刻の計算が終わると、（ ）の上部に□を書き込み、最終イベントから⑩→⑨→⑧→⑦、⑩→⑨→⑥の順に逆算して日数を引いていく。

●最遅完了時刻の出発点は最終イベントの⑩から始め、⑩の最遅完了時刻は最早開始時刻と同じ日数で計算する。

●イベント⑥のように、矢印が⑥→⑨、⑥--▶⑦の2方向の場合は、2つの矢印のどちらかの最小値を⑥の最遅完了時刻とする。

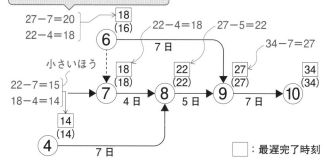

❸ 各作業での余裕日数

自由余裕（FF：Free Float）フリー フロート

　先行作業の中で自由に使っても後続作業に影響を及ぼさない余裕時間をいいます。

● FFとTFの関係は、FF≦TFとなる。

● クリティカルイベントを終点とする作業では、FFはTFに等しい。

　⑥→⑨のフリーフロートの場合は右図のとおりとなります。

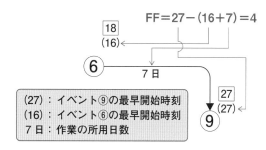

干渉余裕（DF：Dependent Float）かんしょう ディペンデント フロート

　その作業で消費しなければならない後続の矢印の最早開始時刻に影響を与える時間をいいます。

　③→⑥のディペンデントフロートの場合は右図のとおりとなります。

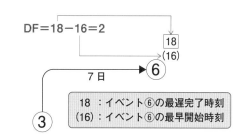

全余裕（TF：Total Float）トータル フロート

　その作業内でとれる最大余裕時間をいいます。

● TF=0の作業をクリティカル作業という。

● TFはフリーフロート（FF）とディペンデントフロート（DF）との和。

　③→⑥のトータルフロートの場合は右図のとおりとなります。

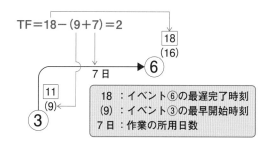

クリティカルパス

　すべての経路のうちでもっとも長い日数を要する経路、つまり余裕日数のない経路をクリティカルパスといいます。すなわち、この経路の所要日数が工期です。

●クリティカルパス上の作業のフロート（TF、FF、DF）は0。
●クリティカルパス上の作業は重点管理作業である。
●クリティカルパスは、場合によっては2本以上生ずることがある。
●クリティカルパス以外の作業でも、フロート（余裕）を消化してしまうとクリティカルパスになる。
●ネットワークでは、クリティカルパスを通常太線で表す。

ネットワーク工程表によるクリティカルパスは以下のように求めます。

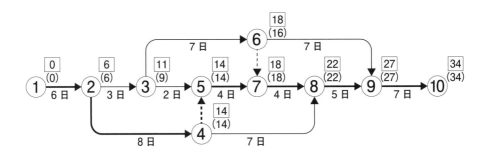

このように、所要日数は34日で①②④⑤⑦⑧⑨⑩の経路がクリティカルパスとなります。上図の太線で示します。

作業	TF: トータルフロート	FF:フリーフロート	DF: ディペンデントフロート
①→②	6−(0＋6) ＝0	6−(0＋6) ＝0	6−6＝0
②→③	11−(6＋3) ＝2	9−(6＋3) ＝0	11−9＝2
②→④	14−(6＋8) ＝0	14−(6＋8) ＝0	14−14＝0
③→⑤	14−(9＋2) ＝3	14−(9＋2) ＝3	14−14＝0
③→⑥	18−(9＋7) ＝2	16−(9＋7) ＝0	18−16＝2
④→⑧	22−(14＋7) ＝1	22−(14＋7) ＝1	22−22＝0
⑤→⑦	18−(14＋4) ＝0	18−(14＋4) ＝0	18−18＝0
⑥→⑨	27−(16＋7) ＝4	27−(16＋7) ＝4	27−27＝0
⑦→⑧	22−(18＋4) ＝0	22−(18＋4) ＝0	22−22＝0
⑧→⑨	27−(22＋5) ＝0	27−(22＋5) ＝0	27−27＝0
⑨→⑩	34−(27＋7) ＝0	34−(27＋7) ＝0	34−34＝0

ルート	日程	
①②③⑤⑦⑧⑨⑩	31日	
①②③⑥⑦⑧⑨⑩	32日	
①②③⑥⑨⑩	30日	
①②④⑤⑦⑧⑨⑩	34日	← クリティカルパス
①②④⑧⑨⑩	33日	

criticalが「決定的な」「重要な」という意味を持つように、クリティカルパスは工程管理上、重要な経路となります。工程の中で最長となる経路なので、クリティカルパスが遅れるとほかの作業が早く完了しても工程全体が遅れてしまいます。クリティカルパスを把握しその作業を重点的に管理することが重要です。

❹ 施工管理（QCDSE）

施工管理とは、品質の良いもの（品質管理）を、適正な費用（原価管理）で、契約工期内（工程管理）に、安全（安全管理）かつ環境（環境管理）に配慮しながら、竣工引渡しまで管理することです。施工管理の「QCDSE」とは、Quality（品質）、Cost（原価）、Delivery（工期）、Safety（安全）、Environment（環境）の頭文字をとった言葉です。

品質管理

品質管理とは、設計、製作、検査の工程を通じて、目標とする品質を満足させながら、いかに安く生産するかを調整することであり、買い手の要求に合った品質の品物またはサービスを経済的に作り出すための手段と体系をいいます。

■ 目的と手順

品質管理の目的は、品質計画における目標を施工段階で実現することで、品質管理における管理項目、方法等には、次のようなものがあります。

● 製品の規格、工程の安定性などの通常の品質管理

● 品質向上のための作業改善

● 品質保証のための試験または検査

具体的には、図に示す品質管理のデミングサークル（PDCA）を回転させながら良い品質を保証、施工していきます。

❶ 計画(Plan)

　品質特性を定め、品質特性値を定める。品質特性値に対応する作業標準（品質標準）を定める。

❷ 実施(Do)

　作業標準（品質標準）に従って施工し、データをとる。

❸ 検討・評価(Check)

　データに基づきヒストグラムや管理図を用いてコストや安全面も考え、品質や工程の良否の判断をする。

❹ 処置・改善(Action)

　計画の修正が必要なときは作業標準（品質標準）を見直し、見直した作業標準（品質標準）で施工する。

❓ 用語解説

デミングサークル

　アメリカのデミング博士が提唱した、生産管理や品質管理の考えで、Plan → Do → Check → Action の4段階を順に踏むことで、生産管理、品質管理を実施し、業務改善につなげる管理法。

■ 目的管理手法（データの整理方法）

品質改善のための管理手法として、7つ道具と呼ばれる以下の管理図が用いられます。

パレート図

不良品、欠点、故障などの発生個数を現象や原因別に分類し、大きい順に並べて、その大きさを棒グラフにし、さらにこれらの大きさを順次累積した折れ線グラフで表した図をいい、問題点がどこにあるかを見出します。

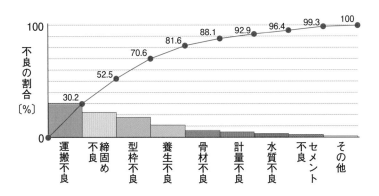

特性要因図

特性（結果）と要因（原因）との関係を体系的（系統的）に表した図。魚の骨状に因果関係を記録し、不良となった原因を究明するのに用います。話し合いの道具ともいわれます。

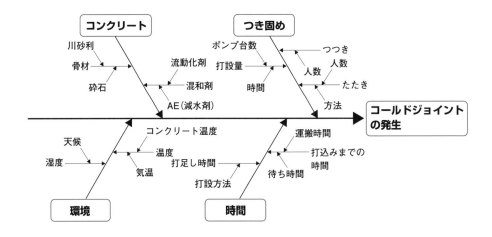

ヒストグラム

データのばらつき加減を表した棒グラフで、品質特性を定めて、規格を満足しているかどうか測定値に基づいて判断します。ヒストグラムの作り方として、データを収集して度数分布表を作成します。そしてヒストグラムを作成し、縦軸に度数、横軸に階級（品質特性値の範囲）を目盛とし、規格値を記入します。

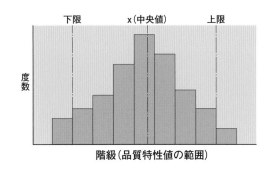

チェックシート

不良数や欠点数などのデータ（計数値）を表にして、品質のばらつきの傾向を見ます。また、特性要因図、パレート図、ヒストグラムなどと組み合わせて、不良個所の原因調査に用います。

月日	項目A	項目B	項目C	項目D	項目E
9月1日	\\				
9月2日		\	\\\	\	\
9月3日			\		
9月4日	\\		\		\
9月5日		\\	\\\		
9月6日				\	
9月7日		\	✝✝✝✝		\\\
9月8日	\				

散布図（相関図）

関係のある2つの対になったデータの1つを縦軸に、他の1つを横軸にとり、両者の対応する点をグラフにプロットし、その散布状態により2つの特性の相関関係を知るために用います。

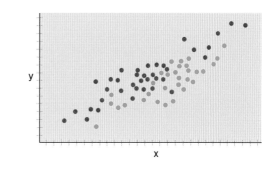

層別

データの特性を適当な範囲別にいくつかグループ分けすることをいい、ヒストグラムを作成するときに用います。データ全体の傾向がわかりやすく、グループ間の違いがはっきりし、管理対象範囲が把握しやすくなります。

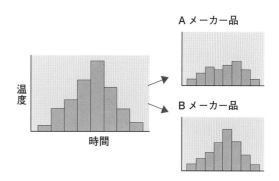

管理図

工程が安定状態にあるかどうかを調べるため、または工程を安定状態に保持するために用いる図で、ヒストグラムや工程能力図が品質の規格の管理をするのに対して、品質を作り出す工程そのものを管理する図です。

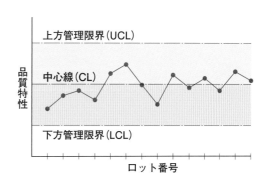

原価管理

　作成された実行予算書に基づいて、施工管理者が原価管理をしていきます。工事原価である材料費、労務費、外注費および経費を管理します。

材料費

　工事の施工のために直接購入された素材などの商品の費用です。その材料を購入した時点では原価に計上されず、その材料が消費された時点で初めて原価として計上します。そのため、材料の支払額を記録し、材料の支払状況や在庫を把握することが原則となります。しかし、建設業は受注生産であり単品生産であることから、多くの場合、材料購入時にすべて消費される前提で、原価は未成工事支出金で処理されます。

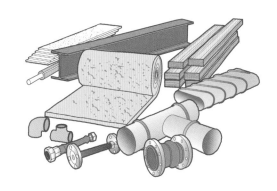

？ 用語解説

未成工事支出金

すでに着手し、まだ完成していない工事にかかった費用や支払いのこと。未完成のものを売上として計上するわけにはいかないため、工事中の期末は資産として計上して、次期に繰り越す。工事簿記の仕掛品（しかかりひん）に相当する。

労務費

　工事原価における労務費とは、直接工事に従事する人に対する賃金や法定福利費などをいいます。工事に従事する労働者の作業時間などについては、作業日報や出面表などによりしっかり記録しておく必要があります。

外注費

　工事の施工における工種・工程の一部を他の業者に発注するための費用をいいます。工事原価のうち外注費の占める割合が多く、原価管理の観点から重要です。工種別に分類し、契約書や注文書などでその金額を把握することにより、原価管理を行うことになります。

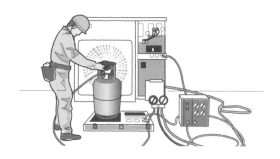

経費

　工事原価計算における経費とは、材料費、労務費、外注費のいずれの原価要素にも該当しないすべての費用をいいます。そのため、経費の内容は多種多様になります。材料費、労務費、外注費は、ほとんどが直接工事費（工事に直接必要な費用）であるのに対し、経費に関しては、直接工事費のほかに間接工事費（特定の工事に直接結びつかない間接的な費用）も含みます。工事別の原価管理を行う上では、この間接工事費を現場別の各工事原価に割り当てる作業が必要になります。

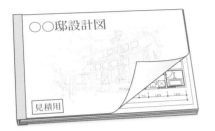 

動力用水光熱費、機械等経費、設計費、租税公課、地代家賃、保険料、事務用品費、通信交通費、交際費、補償費、印紙代、雑費など

【原価管理におけるコスト削減の検討項目】
- ●労務費や建設機械の計画的合理的な手配による不確定費用の検討
- ●集中一括購買など数量効果による購買価格の検討
- ●仮設費、現場経費の削減の検討

　工事請負契約において、工事受注金額（工事費）は決定しており、原価管理により企業利益等が決まるため、企業存続の原点となります。

工程管理

　工事着工後、建設工事が工程表どおりに進んでいるか実施状況と照らし合わせて判断します。

　工程表と実際の進行にくい違いがある場合や遅延が予測される場合、工程の変更や作業の改善の対策を講じます。一般的に、工程計画で示したクリティカルパス（31ページ参照）の作業工程に基づいて管理することになります。工程表に比べて遅れている場合は、機械や人員を増やすなどの調整が必要となります。毎日の作業量の均一化や工期内での作業の平準化は大切な管理事項です。同一工程が繰り返される作業では、合理化、機械化、省力化などにより工期の短縮を図ることができます。

安全管理

　建設現場において労働者の安全と健康の確保とともに、快適な作業環境の促進を図り、事故や災害をなくすることが安全管理です。労働安全衛生法の下に、労働安全衛生規則、クレーン等安全規則、有機溶剤中毒防止規則、ゴンドラ安全規則、酸素欠乏症等防止規則、粉じん障害防止規則などが定められています。

■ 日常の安全管理

　事故や災害に対し、常に安全を意識した毎日の行動をサイクルで示すと下のようになります。これを安全施工サイクルと呼びます。

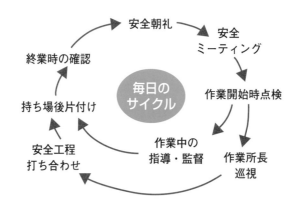

■ 安全衛生管理体制

　労働安全衛生法において、労働者の安全と健康を確保するために、建設現場の規模に応じて安全衛生管理体制を形成することが定められています。

個々の事業所における安全衛生管理組織

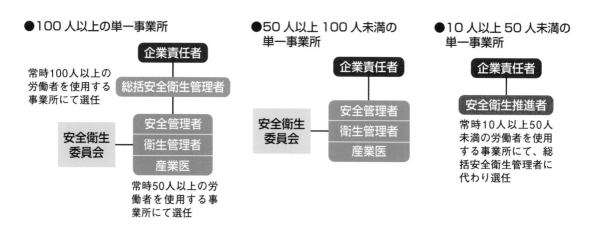

下請混在現場における安全衛生管理組織

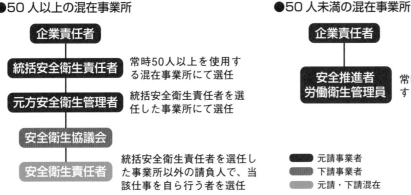

●50人以上の混在事業所

- 企業責任者
- 統括安全衛生責任者 — 常時50人以上を使用する混在事業所にて選任
- 元方安全衛生管理者 — 統括安全衛生責任者を選任した事業所にて選任
- 安全衛生協議会
- 安全衛生責任者 — 統括安全衛生責任者を選任した事業所以外の請負人で、当該仕事を自ら行う者を選任

●50人未満の混在事業所

- 企業責任者
- 安全推進者 労働衛生管理員 — 常時50人未満の労働者を使用する混在事業所にて選任

■ 元請事業者
■ 下請事業者
■ 元請・下請混在

■ 作業主任者の選任

　労働災害を防止するための管理を必要とする作業について、その作業の内容に応じて作業主任者の選任が義務付けられています。作業主任者は免許を受けた者または登録された技能講習を修了した者でなければなりません。建築に関係する作業主任者には、以下のものがあります。

作業主任者の名称	作業内容
高圧室内作業主任者（免）	高圧室内作業
ガス溶接作業主任者（免）	アセチレン溶接装置またはガス集合溶接装置を用いて行う金属の溶接、溶断または加熱の作業
コンクリート破砕器作業主任者（技）	コンクリート破砕器を用いて行う破砕の作業
地山の掘削作業主任者（技）	掘削面の高さが2m以上となる地山の掘削作業
土止め支保工作業主任者（技）	土止め支保工の切梁または腹起しの取付けまたは取外しの作業
型枠支保工の組立等作業主任者（技）	型枠支保工の組立または解体の作業
足場の組立て等作業主任者（技）	吊り足場（ゴンドラの吊り足場を除く。以下同じ）、張出し足場または高さが5m以上の構造の足場の組立て、解体または変更の作業
木造建築物の組立て等作業主任者（技）	軒の高さ5m以上の木造建築物の構造部材の組立てまたはこれに伴う屋根もしくは外壁下地の取付け作業
鉄骨の組立て等作業主任者（技）	建築物の骨組みまたは塔で、金属製の部材により構成されるもの（その高さが5m以上であるものに限る）の組立て、解体または変更の作業
コンクリート造の工作物の解体等作業主任者（技）	コンクリート造の工作物（その高さが5m以上であるものに限る）の解体または破壊の作業
酸素欠乏危険作業主任者（技）	酸素欠乏危険場所における作業
木材加工用機械作業主任者（技）	木材加工用機械を5台以上（自動送材車式帯鋸盤3台以上）の木材加工業
有機溶剤作業主任者（技）	有機溶剤を製造し、または取り扱う業務で、厚生労働省令で定めるものに係る作業

（免）：免許を受けた者　　（技）：技能講習を修了した者

■ 元請が講ずべき措置

労働災害を防止するために、元請（特定元方事業者）は次のような措置を講ずる必要があります。

●協議組織の設置および運営を行うこと。

●作業間の連絡および調整を行うこと

●作業場所を巡視（毎作業日に1回以上）すること。

●関係請負人が行う労働者の安全または衛生のための教育に対する指導および援助を行うこと（注：直接に安全教育は行わない）。

●作業主任者の氏名等を作業場の見やすい箇所に掲示すること。

●クレーン等の運転についての合図を統一的に定めること。

? 用語解説

関係請負人

元請から仕事を請負った事業者をいう。その事業者から請負った末端の事業者までを含む。

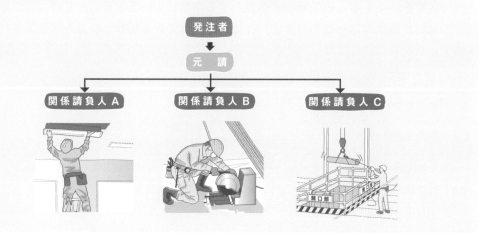

■ 環境管理

現場で行う環境管理には、自然環境・周辺環境・職場環境という3つの要素があります。

自然環境の管理	周辺環境の管理	職場環境の管理
建設現場周辺の空気、水、地盤、土壌などに影響を与ないようにする。	騒音、振動、粉じん、重機の排気ガスなど、建設現場周辺に被害が起きないよう対策をとる。	作業員が働きやすい職場になるよう環境を整える。

自然環境と周辺環境は建設現場の立地や工事の内容により優先順位が変わります。各現場でどの環境を重視するかの判断が求められ、管理者は、周辺環境を調査し、具体的な環境対策を考える必要があります。また、職場環境を整えるには、作業員との信頼関係を築くために積極的なコミュニケーションなど、人間関係が円滑に働きやすい職場づくりの対策が必要です。

■ 主な環境関連法

　建設業は、他の業種と比べて環境に大きな影響を与えています。建築物や工作物のライフサイクル（計画→施工→改修→解体）全体において、資源・エネルギーの使用・消費、温室効果ガスや建設廃棄物の排出等に、多大な環境負荷を発生させています。建設業の環境負荷を管理するために、多くの環境関連法令が存在します。

法令の名称	法令の目的など
建築物省エネ法	省エネ法（エネルギーの使用の合理化等に関する法律）とあいまって、建築物のエネルギー消費性能の向上を図ることを目的とした法律。建築主は、床面積300m²以上の建築物の新築・増改築の際には、工事に着手する日の21日前までに所管行政庁へ届出が必要。
騒音・振動規制法	建設工事に伴って発生する騒音・振動について必要な規制を定めている。建設業では、くい打機など、著しい騒音・振動を発生する作業を規制対象とし、都道府県知事等が規制地域を指定するとともに、騒音・振動の大きさ、作業時間帯、日数、曜日等の基準を定め、市町村長が規制対象となる特定建設作業に関し、必要に応じて改善勧告等を行う。
大気汚染防止法	大気汚染に関して、工場・事業場からのばい煙や粉じんの排出規制、揮発性有機化合物（VOC）の排出抑制、有害大気汚染物質対策などを定めている。建設業では、特定粉じん（石綿）に係る規制があり、工場・事業場での大気中濃度の基準や、吹付け石綿等が使用されている建築物等を解体・改造・補修する作業における届出や作業基準が規制されている。
土壌汚染対策法	汚染の可能性のある土地について、一定の契機（特定施設の廃止時など）に土壌汚染状況調査を行うことや、調査の結果、土壌の汚染状態が指定基準を超過した場合に講ずべき措置内容、汚染土壌の搬出等に関する規制等を定めている。
建設リサイクル法	特定建設資材（コンクリート、コンクリートおよび鉄からなる建設資材、アスファルト・コンクリート）について、分別解体等（建築物等の解体工事や新築工事等において建設資材廃棄物を種類ごとに分別する行為）および再資源化、縮減（焼却、脱水、圧縮等により大きさを減ずる行為）を促進するとともに、解体工事業者の登録制度を実施することで、資源の有効活用および廃棄物の適正処理を図ることが目的。

❓ 用語解説

揮発性有機化合物（VOC）

　大気中で揮発し気体となる有機化合物。主に塗料や接着剤、インクなどに含まれており、大気汚染をもたらす原因物質のひとつで、光化学反応により、光化学オキシダントを発生させるほか、土壌・地下水汚染の原因となる。VOC排出を削減することが求められている。

　建築により環境に影響を与える可能性のある工事などを行う場合は、環境関連法にもとづいて以下のような届出を行う必要があります。

環境課題	対象法令	届出理由	届出書類名
大気汚染	大気汚染防止法	ばい煙発生施設の設置	ばい煙発生施設設置届出書
		一般粉じん発生施設の設置	一般粉じん発生施設設置届出書
		特定粉じん排出工事の届出	特定粉じん排出等作業実施届出書
水質汚濁	水質汚濁防止法	特定施設（有害物質貯蔵施設）の設置	特定施設設置届出書
	浄化槽法	浄化槽の設置、変更、廃止等	浄化槽設置届出書
	下水道法	公共下水への放流	公共下水道使用開始届
	下水道法	水質汚濁防止法の特定施設等の設置	特定施設設置届出書
	河川法施行令	河川への汚水排水	汚水排出届出書
騒音規制 振動規制	騒音規制法	特定施設の設置	特定施設設置届出書
	振動規制法	指定地域における特定建設作業	特定建設作業実施届出書
土壌汚染	土壌汚染対策法	一定の規模以上の土地の形質変更	一定の規模以上の土地の形質の変更届出書
		形質変更時要届出区域の形質変更	形質変更時要届出区域における土地の形質の変更届出書
		汚染土壌の排出	汚染土壌の区域外搬出届出書
廃棄物処理	廃棄物処理法	産業廃棄物の現場外保管	産業廃棄物事業場外保管届出書
	各自治体条例	産廃を排出する事業場	産業廃棄物排出事業所届出書
		産業廃棄物処理責任者の設置、変更等	産業廃棄物処理責任者設置（変更）報告書
		特別管理産業廃棄物管理責任者の設置、変更	特別管理産業廃棄物管理責任者設置（変更）報告書
リサイクル	建設リサイクル法	解体、新築増築・改修工事（発注者）	分別解体等の計画等届出書
化学物質管理	ダイオキシン類対策特別措置法	廃棄物焼却炉（特定施設）の設置等	特定施設設置（使用、変更）届出書
	PCB特別措置法	ポリ塩化ビフェニル廃棄物等の保管等	ポリ塩化ビフェニル廃棄物等の保管及び処分状況等届出書
省エネルギー	建築物省エネ法	建築物（床面積 300m^{2}以上）の新築、増改築	建築物エネルギー消費性能確保計画

？ 用語解説

特定粉じん排出作業

アスベストを使用している施設を解体・改修する作業

特定施設（有害物質貯蔵施設）

有害物質使用特定施設　　有害物質貯蔵指定施設

カドミウム、鉛、トリクロロエチレンなどの物質を貯蔵する施設。有害物質は水質汚濁防止法施行令第2条に28項目が指定されている。

第3章

準備工事

施工をスタートします。施工計画段階における現地調査をふまえ、工事の事前調査に入り、地盤調査や各部工事のための測量を行います。測量は工事を進める上で様々な局面で必要となります。そして、各関係官公署への申請・届出を行います。また、工事に使用される建設機械の特徴を理解し、最適な機械を選択することや、材料の保管場所や管理形態を理解する必要があります。

❶ 着工準備
❷ 建設機械
❸ 材料の保管と管理

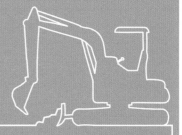

❶ 着工準備

設計段階での地盤調査が十分でない場合、地盤の構成や、土質性状、地下水の深さなどを必要な箇所で調査します。同時に、敷地内埋設物などの地中障害物を事前調査しておく必要があります。測量には、平面形状、高低差や高さ、水平・垂直などの角度、距離などを測定するものがあり、竣工までいろいろな工事場面で必要となるので、各種測量の種類と特徴を理解しましょう。

調査

工事着工前に、地盤層の構成や状態を調べる地盤調査や、地中に埋まっている残骸物などを調べる埋設物調査などを行います。

地盤調査

建築物の用途、規模、構造などにより必要とする地盤の情報は異なります。一般的には、ボーリングと標準貫入試験の併用が多く用いられます。

ボーリング

掘削用機械により地盤を掘削し、孔をあけ、地層の各深さの土を採取して、地層の構成を調査します。同時にボーリング孔を利用して、標準貫入試験や地下水位測定も行います。

これらの測定値を表したものが土質柱状図で、地表面からの深さと土質、N値、地下水などが記されます。ボーリングで採取（サンプリング）された土により、土の物理試験（土の状態、分類を調査）、力学試験（土の強さ、締固めの状態調査）を行い、地盤の性状を判断します。

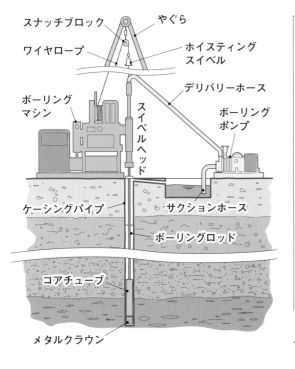

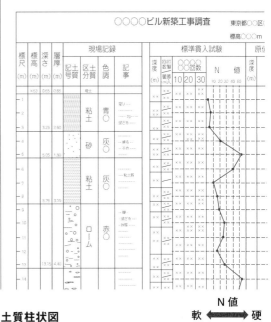

土質柱状図

標準貫入試験

ボーリングロッドの先端に標準貫入試験用サンプラーを取り付け、落下高76cm（±1cm）のところから63.5kg（±0.5kg）のハンマーを自由落下させて打撃貫入し、標準貫入試験用サンプラーが30cm貫入するのに要する打撃回数を求めます。この値をN値といい、N値で土の硬軟を推測します。

ただし、N値が同じでも、砂質土は非常に緩い地盤となり、粘性土はしっかりした硬い地盤になります。

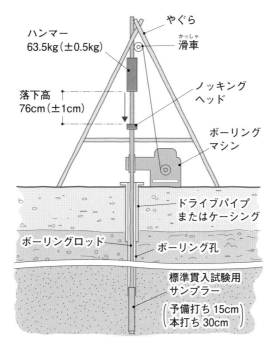

平板載荷試験

基礎の支持地盤上に直接載荷板を置いてこれに荷重を加え、荷重と沈下量の関係から地盤の支持力を求めます。荷重の加え方には、実載荷式と反力式があります。

●実載荷式平板載荷試験

載荷梁にコンクリート塊や鉄板を乗せて載荷荷重とします。比較的浅い地盤面の地耐力を求める場合に使用されます。

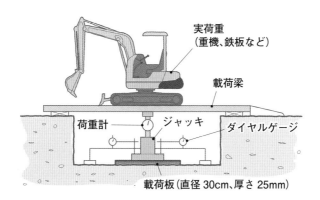

●反力式平板載荷試験

　ジャッキを用い、載荷梁および反力装置により計測します。荷重はブルービングリングまたはロードセルを用い、沈下量はダイヤルゲージまたは変位計を用います。

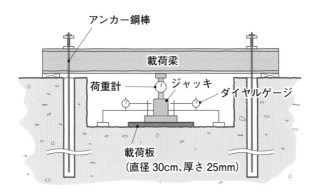

サウンディング

　スクリューをロッドの先端に付けておもりで荷重を加え、地中に挿入し、貫入・回転などの抵抗値から、土の硬軟、強度、土の構成などを調べます。

　スウェーデン式貫入試験、オランダ式二重コーン貫入試験、ベーン試験などがあります。

●スウェーデン式貫入試験

　適応範囲は、地下−10ｍ〜−15ｍで、住宅等の軽微な建築物の調査に利用し、地盤の支持力を求めます。

スクリューポイントに段階的に荷重をかけながら地盤に貫入させ、その抵抗値から地盤の硬軟、締まり具合を判断する。

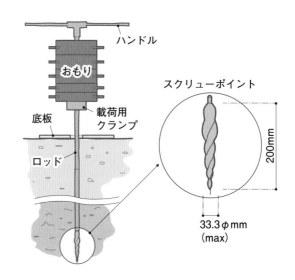

●オランダ式二重コーン貫入試験

　ロッド部分が二重管構造で、ロッド先端コーンはマントルコーンになっており、先端コーンの貫入抵抗とロッドの周辺摩擦を分離して測定します。原位置における土の硬軟、締まり具合または土質の構成を判断します。

●ベーン試験

土の原位置試験のひとつで、軟弱地盤のせん断強さを測る試験です。

❓ 用語解説

原位置試験

調査対象となる場所の地表あるいは地中で、直接行う試験をいう。より正確な地盤の特性（物性値）を求める。

■ 地下埋設物

工事をスムーズに進めるために、敷地の前面道路からの埋設配管や敷地内の地中障害物の調査をしておく必要があります。

前面道路からの埋設配管等の調査

上下水道管・ガス管・電話ケーブル・電気ケーブル・共同溝などの埋設の位置、深さ、管径などの確認と、各関係団体担当窓口との図面確認と協議が必要となります。

敷地内の埋設物の調査

埋設物の可能性として、既存建築物の杭（くい）や地下構造躯体（くたい）の一部、埋め立て護岸や下水溝、井戸や石崖（いしがけ）、旧建築物の基礎などが考えられます。これらはボーリングなどの地質調査にも支障をきたし、山留（やまどめ）工事や杭工事にも影響を与えるため、撤去作業が必要となります。

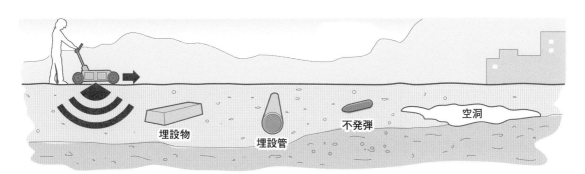

埋設物　　埋設管　　不発弾　　空洞

地中埋設物や空洞の代表的な探査方法としては、電気探査、電磁探査、地震探査、ファイバースコープによる探査があり、対象物や埋設物の深度などにより適切な探査方法が選定される。

📖 測量

建築で使用される主な測量には、平板測量、水準測量、トランシット測量、距離測量、トータルステーション 測量、トラバース測量などがあります。

■ 平板測量

測量の特徴と機器

　敷地の平面形状や大きさを求めるときに使用します。現場において三脚上に水平に平板をセットし、平板上の板に直接、地形を描きます。現場での作図作業なので測量もれがなく、図面の作成所要時間も短く測量機器も簡単で持ち運びが容易です。近寄りがたい地点でも位置が求められます（交会法）。しかし、高い精度が期待できず、可視距離は 50 m 程度で、それ以上を測る場合は三脚移動の回数が多くなり作業能率が低下します。雨天にも影響されます。

　平板測量は、平板、三脚、アリダード、磁針箱、求心器と下げ振り、測量針、ポール、巻尺などの器具が必要です。

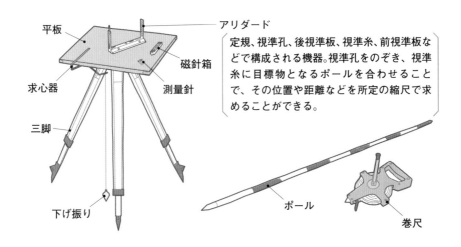

アリダード
定規、視準孔、後視準板、視準糸、前視準板などで構成される機器。視準孔をのぞき、視準糸に目標物となるポールを合わせることで、その位置や距離などを所定の縮尺で求めることができる。

平板
磁針箱
求心器
測量針
三脚
下げ振り
ポール
巻尺

平板測量の方法

　測量の方法に、放射法、進測法、交会法があり、敷地の状況、測量の範囲などにより選定します。

●放射法

　機器を敷地の中心付近に設置し、求点（A、B、C、D、E）との距離を測定し、作図します。見通しのよい敷地の測量に適します。

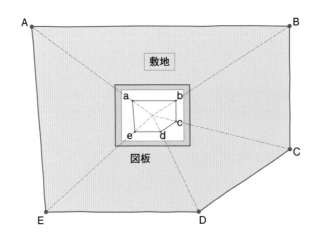

●進測法

　敷地に障害物があり、見通しがきかない場合に用い、各測点（A、B、C、D、E）に順次移動しながら、各々の方向線と距離を実測して測点を結んで地形を描きます。手間と誤差が生じやすい欠点があります。

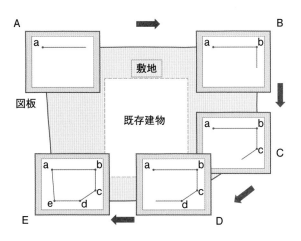

●交会法

　敷地に障害物があり、距離の実測ができない場合に適します。距離がわかる2つの測点（A、B）から求点（P）を視準することで方向線の交わる点を求め、これらの各点を結んで図紙上に三角形を描き出し面積を求めます。

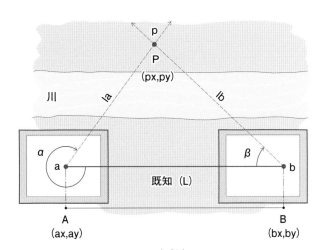

既知点Aと既知点Bの座標と夾角α, βから、求点Pを求める。

■ 水準測量（レベル測量）

　敷地の高低差や高さを測るもので、レベル測量ともいいます。三脚上のレベルから水平に測点に立てた 標 尺 の目盛りを読み、測点の高低差を求める方法です。各部工事の局面で利用されます。水準測量は、レベル、標尺（スタッフ、箱尺）、巻尺などの器具が必要です。

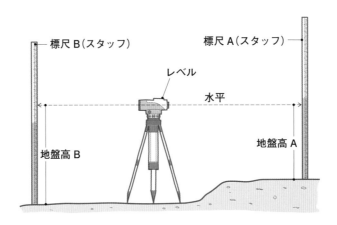

■ トランシット測量

　水平角や垂直角を測るもので、セオドライト測量ともいいます。三脚上にトランシットを水平に固定して、望遠鏡で測点を視準して２つの測点間の水平角・垂直角を求めます。基準墨出し（69 ページ参照）や鉄骨建方など、多くの各部工事で利用され、現場における測量の基本となります。トランシット測量は、トランシットとポールが必要です。

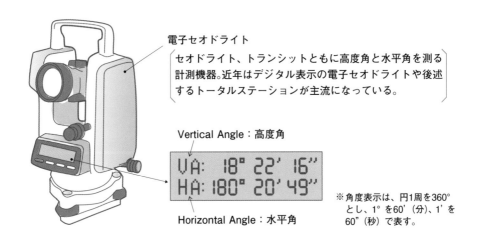

電子セオドライト

セオドライト、トランシットともに高度角と水平角を測る計測機器。近年はデジタル表示の電子セオドライトや後述するトータルステーションが主流になっている。

Vertical Angle：高度角

VA: 18° 22' 16"
HA: 180° 20' 49"

Horizontal Angle：水平角

※角度表示は、円1周を360°とし、1° を60'（分）、1' を60"（秒）で表す。

? 用語解説

建方

木造や鉄骨造の建物などにおいて、加工場で製作された構造部材を現場で組み立てることをいう。

■ トータルステーション測量

　あらゆる測量の現場でもっともよく使用されているもので、距離を測る光波測距儀（こうはそっきょぎ）と、角度を測るセオドライトとが一体となったものであり、1台の機械で距離と角度を同時に測定できます。また、コンピュータを内蔵しているので、観測から計算、計測データの集計・記録などを自動的に行います。

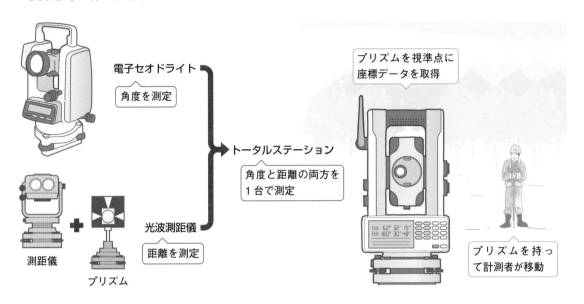

電子セオドライト
- 角度を測定

プリズムを視準点に座標データを取得

トータルステーション
- 角度と距離の両方を1台で測定

光波測距儀
- 距離を測定

測距儀

プリズム

UA 62° 32' 15''
HA 180° 30' 48''

プリズムを持って計測者が移動

関係官公署への申請・届出

　工事を管理・運営する上で関係する諸官公署への申請・届出が必要となります。手続きは、着工前に行うものが多くあります。申請・届出書類名、提出時期、提出・届出先など把握しておく必要があります。建築関係・環境関係・安全衛生関係の主なものを記します。

■ 主な申請・届出一覧

❶ 建築関係

申請・届出書類の名称	提出時期	提出・届出先	提出者	備考
確認申請	着工前	建築主事または指定確認検査機関	建築主	建築基準法第6条
建築工事届	着工前	都道府県知事	建築主	建築基準法第15条第1項
建築物除去届	着工前	都道府県知事	施工者	建築基準法第15条第1項
中間検査申請	特定工程後4日以内	建築主事または指定確認検査機関	建築主	建築基準法第7条の3
完了検査申請（工事完了届）	完了した日から4日以内	建築主事または指定確認検査機関	建築主	建築基準法第7条
道路使用許可申請	着工前	警察署長	施工者	道路交通法第77条第1項
道路占用許可申請	着工前	道路管理者	道路占有者	道路法第32条第1項
特定建設資材を用いた建築物等に係る解体工事の届出	着工の7日前	都道府県知事または建築主事を置く市区町村では市区町村長	発注者または自主施工者	建設工事に係る資材の再資源化等に関する法律第10条第1項、同法施行令第8条第1項第1号

❷ 環境関係

申請・届出書類の名称	提出時期	提出・届出先	提出者	備考
特定施設設置届 （騒音・振動）	着工 30日前	市町村長	設置者	騒音規制法・振動規制法第6条、地方条例
特定建設作業実施届 （騒音・振動）	作業開始 7日前	市町村長	施工者	騒音規制法・振動規制法第14条、騒音規制法施行規則・振動規制法施行規則第10条
ばい煙発生施設設置届	着工 60日前	都道府県知事 または市長	設置者	大気汚染防止法第6条、大気汚染防止法施行令第13条、地方条例

❸ 安全衛生関係（建築）

申請・届出書類の名称	提出時期	備考
建設工事計画届	着工 30日前	・支柱高さ3.5m以上の型枠支保工 ・高さおよび長さが10m以上の架設通路（60日未満不要） ・足場のうち、吊り足場、張出し足場は高さに関係なく必要。これら以外は高さ10m以上（60日未満不要） ・吊上げ荷重3t以上のクレーン、2t以上のデリック他の設置　など
	着工 14日前	・高さ31mを超える建築物、工作物 ・高さまたは深さ10m以上の地山の掘削　など
統括安全衛生責任者選任報告・元方安全衛生管理者選任報告	遅滞なく	・特定元方事業者の労働者と関係請負人の作業が同一の場合で行われるとき ・常時50人以上の労働者を使用する作業所
共同事業体代表者届	着工 14日前	・JV工事の場合、代表者1人を選定
総括安全衛生管理者、安全管理者選任報告	選任事由が発生した日から 14日以内に選任、遅滞なく	・建設業で常時100人以上の労働者を使用するとき（総括安全衛生管理者） ・常時50人以上の労働者を使用するとき（安全管理者）
衛生管理者、産業医選任報告	選任事由が発生した日から 14日以内に選任、遅滞なく	・常時50人以上の労働者を使用するとき
建築物、機械等設置・移転・変更届	設置 30日前	・労働安全衛生規則別表第7上欄に掲げる機械等を設置するとき
クレーン・デリック・エレベーター設置届	設置 30日前	・吊上げ荷重が3t以上のクレーンを設置しようとするとき ・積載荷重が1t以上のエレベーターを設置しようとするとき
クレーン・移動式クレーン設置報告書	あらかじめ	・吊上げ荷重が0.5t以上3t未満のクレーンを設置しようとするとき ・吊上げ荷重が3t以上の移動式クレーンを設置しようとするとき
デリック設置報告書	あらかじめ	・吊上げ荷重が0.5t以上2t未満のデリックを設置するとき
エレベーター設置報告書	あらかじめ	・積載荷重が0.25t以上1t未満のエレベーターを設置するとき
建設用リフト設置届	設置 30日前	・ガイドレールの高さが18m以上の建設用リフトを設置するとき
建設用リフト設置報告書	あらかじめ	・ガイドレールの高さが10m以上18m未満の建設用リフトを設置するとき

　提出者はすべて事業者。また、提出先はすべて労働基準監督署長。ただし、共同事業体代表者届は、労働基準監督署長を経て労働基準局長へ提出する。

② 建設機械

建設現場において使用される建設機械は数多くあります。作業場所、規模、作業内容、工期、安全性、省エネ、環境、経済性などを考慮し各作業に適した建設機械が用いられます。各建設機械の特徴を理解し、工事、工法に合った機械の選択が必要です。土工事用機械、楊重用機械、杭地業用機械について概要を説明します。

■ 土工事用機械

主に土工事に関わる作業に使用する建設機械です。

■ 掘削用機械

地面を掘削し、掘削した土砂を運搬用機械に積み込むための建設機械で、自走できるものをいいます。ローディングショベル、バックホウ、ドラグライン、クラムシェル、バケット掘削機などがあります。

ローディングショベル

アームの先にバケット（ショベル）を前向きに取り付けたもので、主に地表面よりも高い場所の掘削に使われます。そのパワーを生かして土砂などを移動させたり、ダンプカーなどに積んだり、地ならしなどにも使用されます。

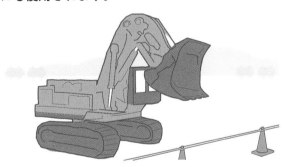

バックホウ

ショベルの先端を機体側に引き寄せる形で掘削します。地表面よりも低い場所の掘削に適しています。

クラムシェル

　長いブームの先端に吊り下げられたバケットを開閉して土砂をつかんで掘削し、ダンプトラックなどに積み上げます。根切り工事（73ページ参照）や基礎工事などに使用しますが、硬い土質には不向きです。

ドラグライン

　機体からブームを伸ばし、その先端に吊るしたスクレーパーバケットを前方に投下し、バケットを引き寄せながら土砂をかき取る掘削機械です。地盤が軟弱な場合や、掘削半径が大きい場合に適します。

■ 整地用機械

　地面を平にならすために使われる建設機械で、ブルドーザー、スクレーパー、モーターグレーダーなどがあります。

ブルドーザー

　前面に可動式のブレード（排土板）と呼ばれる地ならし用器具を装着し、進行方向に土砂を押し、土砂のかきおこしや盛土、整地に用いる建設機械です。

スクレーパー

　掘削・積込・運搬・敷均の一連の土工の作業を1台で連続して行うことが可能な機械です。

モーターグレーダー

　掘削、整地、道路工事における路床・路盤の整地作業、法面の切取りおよび仕上げ、除雪作業などに用いられます。ブレードを吊って引きずることで整地を行うグレーダーを自走式としてブレードを前後車軸間に吊り下げたものです。

？　用語解説

法面

　道路建設や宅地造成などにともない山を掘削し、切土、盛土などを行ってつくられる人工的な斜面をいう。

転圧、締固め用機械

地盤に力を加えて空気を押し出して、締め固めるための建設機械で、ローラー、タンピングランマー、振動コンパクターなどがあります。

ロードローラー

地面を鋼製車輪（ローラー）で押し固める建設機械で、主に、道路や基礎の建設時に、土壌、礫、コンクリート、アスファルトなどを転圧する（押し固める）のに使われます。

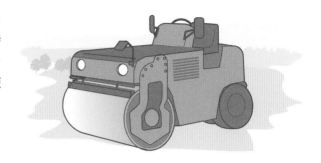

タイヤローラー

ロードローラーの一種で、車体の前方と後方にタイヤを横一列に3～4個配置したもので、路床と路盤（道路の基礎部分）の転圧や、アスファルトの表層仕上げなどを行います。

振動コンパクター

平板上に取り付けた起振機の振動によって地盤を締め固める機械です。

タンピングランマー

　ガソリン機関の爆発力の反力で機械本体をはね上げ、落下時の衝撃力で締固めを行う機械です。

運搬用機械

　土砂や産業廃棄物などの搬送入や移動に使われる建設機械で、ダンプトラック、ベルトコンベアーなどがあります。

ダンプトラック

　荷台を傾けて積荷を一度に下ろすための機械装置を備えたトラックのことで、主に土砂や産業廃棄物などを運搬します。

ベルトコンベアー

　輪状の幅広のベルトを台車の上で回転させ、その上に運搬物を載せて移動させる装置です。

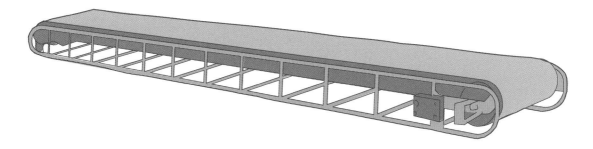

揚重用機械

資材や重機を必要な場所に引き上げる機械をいいます。

タワークレーン

主として高層建築物で用いられる高揚程のクレーンで、建築物内部の床板を貫通して仮設するものと、建築物の外部に仮設するものがあります。施工している建築物が高くなるに伴い、クレーン本体も昇降するタイプはクライミングクレーンやジブクライミングクレーンと呼ばれます。

ジブクレーン

旋回可能な腕（ジブ）を持つクレーンの総称で、腕の先端から荷物を吊り下げて運搬します。

クローラークレーン

車体を固定するアウトリガーがなく、不特定の場所へ自力移動して作業できる移動式クレーンです。公道は自走できません。

トラッククレーン

移動式クレーンで、市販のトラックの車体にクレーンを搭載^{とうさい}したものです。

ウインチ

ロープを巻き取ることにより、物体の上げ下ろし、運搬、引張り作業などに使用する機械で、巻上機とも呼ばれ、主に重量物の移動に用いられます。

工事用エレベーター

作業員や建築部材などを上部へ運搬するエレベーターです。主に内装、外装資材の運搬に使用されます。

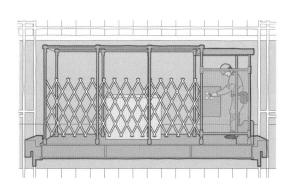

ホイールクレーン

公道も自走可能な移動式クレーンで、台車の上にクレーン装置を架装し1つの運転室で1人の運転手がクレーン作業と走行を行う比較的コンパクトな構造です。前輪駆動、後輪操向の走行方式で、車輪には四輪式と三輪式があります。

杭地業用機械
（くいじぎょうよう）

　杭打ち機は、杭を地盤中に貫入もしくは打ち込む際に用いる機械で、打撃、圧入、掘削形式（くっさく）のものがあります。

ディーゼルハンマー

　PC杭や鋼管杭の上から燃料の爆発力を利用しておもりを落下させて打ち込む杭打ち機です。

アースオーガー

　先端のスクリューオーガーを回転させて、地盤に杭穴を掘削する機械です。騒音が少ないため市街地で用いられます。

アースドリル

　ドリリングバケットを回転させて地盤を掘削し、バケット内部に収納された土砂を地上に排土する機械です。

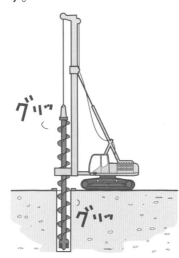

各種工事用機械

　その他、コンクリート工事用、鉄筋工事用、鉄骨工事用などの機械があります。

■ コンクリート工事用機械

生コン車（アジテータ車）

　走行中、撹拌（かくはん）しながら生コンクリートを運ぶ車です。

コンクリートポンプ（車）

　生コン車が運んでくる生コンクリートを、建設現場で配管やホースを通じて、打設場所へ圧送するポンプをいいます。コンクリートポンプを装備した車をコンクリートポンプ車といいます。

コンクリートポンプ車　　　　生コン車

バイブレーター

生コンクリートを打設する際に振動を与えて型枠内での充填（締固め）を促す電動工具をいいます。

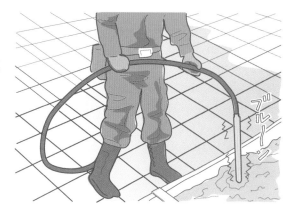

■ 鉄筋工事用機械

バーベンダー

鉄筋を折り曲げるための加工具です。

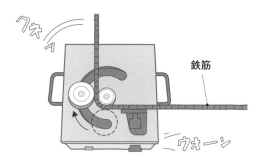

鉄筋

シャーカッター

剪断によって鉄筋を切断する工具です。

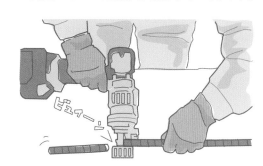

ガス圧接器

鉄筋同士を接合する工具で、鉄筋端面同士を突き合わせ、圧縮を加えながら加熱し、接合端面を溶かさずにふくらませて接合する工具です。

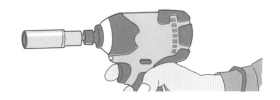

■ 鉄骨工事用機械

トルクレンチ

高力ボルトの締付けに用い、ボルトの締付けトルク値が測定できる締付け工具です。

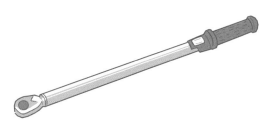

インパクトレンチ

ボルトやナットを回す際、手で回すよりも簡単に大きなトルクをかけることができる締付け工具です。

③ 材料の保管と管理

工事現場には様々な建設材料が搬入されます。受入検査を行い、計画した所定の場所に保管します。建設材料は移動を伴うため、安全に作業が進行するように配置などに心がける必要があります。また、各材料にはそれぞれの性質や特徴があり、保管・管理する上で注意する事項があります。

主な材料の保管・管理上の注意事項

鉄筋

- 枕材（枕木、受け材）を用い、直接地上に置かず地面から 10cm 以上離しておく。
- 付着強度の低下を防ぐため、置きシートをかけ、土・油の付着や、浮錆の発生を防ぐ。
- 種別、長さ別に整理する。

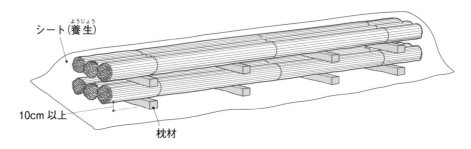

シート(養生)
10cm 以上
枕材

セメント

- 風化を防ぐため通風を避け、機密性の高い場所に保管する。
- 床は、地面より 30cm 以上高くする。
- 袋の積み重ねは、10 袋以下とする。

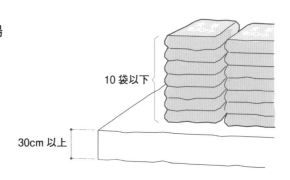

10 袋以下
30cm 以上

骨材

- 種類別に整理する。
- 不純物が混入（砂に粘土など）しないように周辺地盤より高いところで保管し、地面に直置きしない。
- 骨材の給水状態を一定に保つため散水を行う。

型枠用合板

- 直射日光を避け、シート掛けなどで養生する。
- 乾燥させ、通風をよくする。

鉄骨

● 枕材の上に置く。

● シートで覆（おお）って保管する。

PC板

● 枕材を2本使い、平積みとする。

● 積み重ね板数は、6枚以下とする。

ALC板

● 枕材を使い平積みとする。

● 積上げ高さは、1段を1.0m以下とし、2段
　までとする。

木材

● 雨や直射日光を避け、通風のよいところに保管する

● 土に接しないように枕材の上に保管する。

木毛セメント板

● 枕材を3本使用し、地面に直置（じかお）きしない。

● 積上げ高さは、3.0 m以下とする。

耐火被覆材（ひふくざい）

● 吸水、汚染、板材の反（そ）り、ひび割れ、破損などしないように保管する。

● シート掛けして保管する。

高力ボルト

● ボルトセットは錆（さ）びないように、乾燥し
　た場所で保管する。

● 包装は施工直前に解く。

シート（養生（ようじょう））

ALC板

2段まで
2m以下

1段
1m以下

枕材

鉄骨、PC板、ALC板、木材などは、枕材を2
本使い、通気をよくする。

保管状況が品質に大きく影響する。包装のまま保管
し、使用しなかったボルトは箱に戻して保管する。

溶接棒

● 乾燥した状態で保存する。

● 吸湿している場合は、乾燥器で乾燥させてから使用する。

コンクリートブロック

● 種類、形状別に整理する。

● 雨を避け、乾燥した場所で縦積みする。

● 積上げ高さは1.6 m以下とする。

アスファルトルーフィング

● 屋内で乾燥した場所に、縦置きで保管する。

● 積上げは2段まで、砂付きルーフィングは1段とする。

ビニール床シート

● 直射日光を避けて、屋内の乾燥した場所で保管する。

● 立てて保管する。

ビニール壁紙

● 横置きすると癖がつくため、縦置きに保管する。

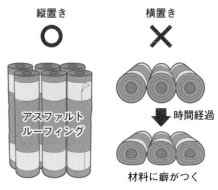

縦置き ○　横置き ×

アスファルトルーフィング

時間経過

材料に癖がつく

アスファルトルーフィングや壁紙、ビニル床シートなどの巻物は、立てて保管する。

板ガラス

● 縦置きで保管し、ロープ掛け等で転倒しないように保管する。

● 床面との角度は、85°程度とする。

クッション材

板ガラス

壁

転倒防止
（ロープ掛け等）

85°程度

床

金属製建具(たてぐ)

● アルミサッシは変形しやすいため、縦置きで保管する。

木製建具

● 原則は、縦置きで保存する。フラッシュ戸（148ページ参照）は、平置きで保管する。

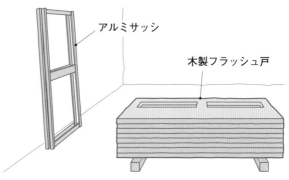

アルミサッシ

木製フラッシュ戸

建具は原則立てかけて、フラッシュ戸は平置きで保管する。

タイル

● 劣化防止のため風雨、直射日光を避ける。

塗料

● 建物や他の保管物から1.5m以上離し、独立の平屋倉庫に保管する。

● 塗料の付着した布類は、自然発火のおそれがあるので密室に保管しない。

シーリング材

● 直射日光や雨露の当たらない場所で、密封し、高温多湿や凍結温度以下とならないように保管する。

第4章

躯体工事

躯体工事は、柱、壁、梁、床といった建物の骨組みとなる構造部分（躯体）を作る工事のことです。工事の中でもっとも時間を要する、建物の主要構造部を作る工程です。建物の強度や耐久性に直接的に関わる重要な工程なので、各工事の知識を正しく身に付けましょう。

❶ 仮設工事
❷ 土工事
❸ 地業工事
❹ 鉄筋工事
❺ コンクリート工事
❻ 型枠工事
❼ 鉄骨工事
❽ 補強コンクリートブロック工事

① 仮設工事

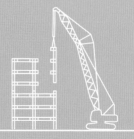

仮設工事とは、建築工事を円滑そして安全に進めるために、一時的に施設や設備を設ける工事のことです。これらは工事が完了すると撤去されます。仮設工事は、共通仮設工事と直接仮設工事に分けられます。

共通仮設工事

仮囲い、現場事務所、資材置場やトイレ、給排水設備、電気設備など、各種工事に共通する、間接的に必要とされる仮設物を設置する工事です。

■ 仮囲い

工事期間中、工事に関係する作業員以外の人が工事現場内に立ち入ることを防ぎ、また、工事現場の周辺の人々への危害防止などを目的に設置します。

木造建築物で高さが 13m、軒の高さが 9m を超えるもの、木造建築物以外で 2 階建て以上の建築物の工事を行う場合には、工事現場の周辺に 1.8m 以上の仮囲いを設置する必要があります。

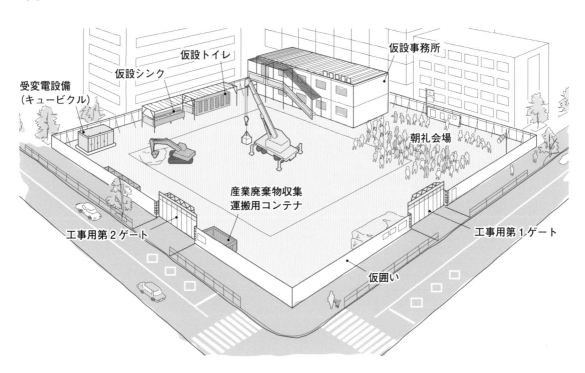

■ 仮設事務所

　一般に1階には作業員の休憩室や食堂、倉庫などを設け、2階には現場技術員、工事監理者、設計者などが利用する事務室や会議室、貴重な工具や材料を保管する保管場所を設けます。

　組み立て式のパネルハウス型や大型トラックで運搬できるユニット型（コンテナハウス）などがあります。

■ 材料置場と倉庫

　鉄骨や鉄筋のような大型の資材や大量の資材は、枕材の上に寝かせ、直接、雨露がかからないようにシート等で覆い保管します。

　水や湿気を嫌うもの、防火上危険なものは独立した倉庫内に貯蔵し、また、盗難のおそれのある材料や測量用の道具など、貴重な資材や工具類は仮設事務所内か、施錠のできる倉庫に保管します。

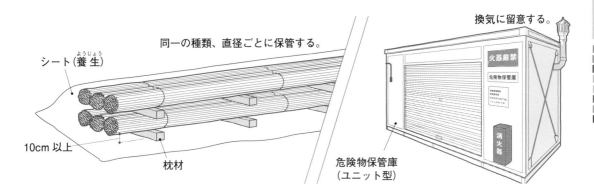

同一の種類、直径ごとに保管する。

シート(養生)

10cm 以上

枕材

換気に留意する。

火器厳禁

危険物保管庫

消火器

危険物保管庫
（ユニット型）

直接仮設工事

　工事を進める上で直接的に関係する仮設工事で、縄張り、やり方、墨出し、足場、乗入れ構台などがあります。

■ 縄張り

　工事開始に先立ち、建物の形どおりに縄やロープなどを張ったり、消石灰で線を引くなどして建物の位置を表示します。これによって建築物の位置と敷地や道路、隣接する建築物との距離や関係などを確認します。

縄張り(地縄張り)

■ やり方

　建築物の位置、高さ、方向、水平等を正確に決定するために、水杭や水貫などを設置します。やり方には設ける位置によって「隅やり方」「平やり方」などがあり、完成後には設計者もしくは工事監理者の承認を受ける必要があります。

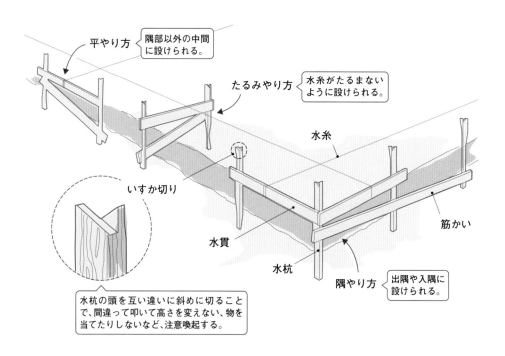

平やり方
　隅部以外の中間に設けられる。

たるみやり方
　水糸がたるまないように設けられる。

水糸

いすか切り

水貫

水杭

筋かい

隅やり方
　出隅や入隅に設けられる。

水杭の頭を互い違いに斜めに切ることで、間違って叩いて高さを変えない、物を当てたりしないなど、注意喚起する。

■ ベンチマーク

　建築物の高さや位置の基準となるマーク（印）のことで、敷地内で工事の邪魔にならず、移動のおそれのない位置に２カ所以上設置します。場内に適当な位置がない場合は、場外の不動のものにマークすることもあります。

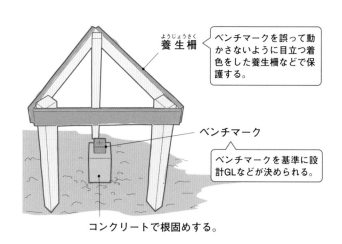

養生柵
　ベンチマークを誤って動かさないように目立つ着色をした養生柵などで保護する。

ベンチマーク
　ベンチマークを基準に設計GLなどが決められる。

コンクリートで根固めする。

■ 墨出し

工事の進捗に伴い、建築物各部の水平方向や垂直方向の基準となる位置や寸法を、施工図などを基に、床や壁などに表示します。

建物の基準として垂直、水平方向に打たれる墨（基準墨）、柱や壁などの中心線を示す墨（心墨）、床面などに示す墨（地墨）、水平を出すために壁面に示す高さ方向の墨（陸墨）、柱心や壁心など施工中に消えてしまう心から一定距離を離した墨（返り墨・逃げ墨）などがあります。

第4章 躯体工事

墨出しの作業は基本的に2人1組で行う。墨壺の墨を墨糸にしみこませ、1人が墨壺を持ち、もう1人が墨糸の先端を持つ。墨糸をはじくと直線を引くことができる。

墨糸

墨さし、マーカーなどで必要な情報を書き込む。

墨出しに使用する道具の例

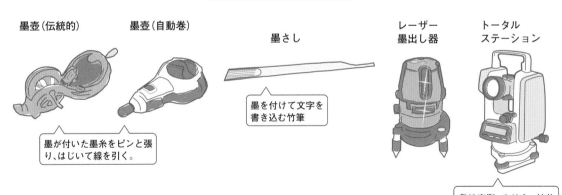

墨壺（伝統的）　　墨壺（自動巻）　　　　　墨さし　　　　　　レーザー墨出し器　　トータルステーション

墨を付けて文字を書き込む竹筆

墨が付いた墨糸をピンと張り、はじいて線を引く。

敷地実測、やり方、杭芯出し、各階床基準墨出しなどでトータルステーションが使われる。

■ 足場

高い位置の作業のために設ける作業床や作業通路のことを足場といいます。足場には鋼管で組み立てた「単管足場」やユニット化されたもので組み立てた「枠組足場」、足場板を鉄パイプやチェーンなどで吊り下げて利用する「吊り足場」などがあります。

単管足場

●建地の間隔は、桁行方向を 1.85m 以下、梁間方向を 1.5m 以下とします。

●建地間の積載荷重は 400kg を限度とします。

クランプ

単管足場は単管（鋼管）とクランプといわれる接続金具などで構成される。クランプには鋼管の交差角度が 90°に固定される「直交クランプ」や交差角度を変えられる「自在クランプ」など使用箇所に応じてさまざまなタイプがある。

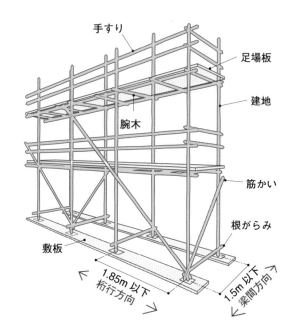

手すり
足場板
建地
腕木
筋かい
根がらみ
敷板
1.85m 以下 桁行方向
1.5m 以下 梁間方向

枠組足場

●最高高さは 45m 以下とします。

●最上層および 5 層ごとに水平材を設けます。足場の作業床（鋼製布板）のカギ状の 4 つの爪を建枠に掛けていれば、水平材として代用できます。

●高さ 20m を超える場合、使用する建枠は、高さ 2m 以下、設置間隔を 1.85m 以下とします。

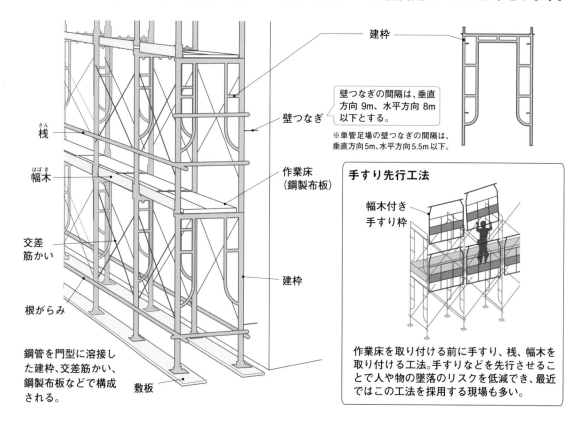

桟
幅木
交差筋かい
根がらみ

鋼管を門型に溶接した建枠、交差筋かい、鋼製布板などで構成される。

敷板

建枠

壁つなぎ

作業床
（鋼製布板）

建枠

壁つなぎの間隔は、垂直方向 9m、水平方向 8m 以下とする。

※単管足場の壁つなぎの間隔は、垂直方向 5m、水平方向 5.5m 以下。

手すり先行工法

幅木付き
手すり枠

作業床を取り付ける前に手すり、桟、幅木を取り付ける工法。手すりなどを先行させることで人や物の墜落のリスクを低減でき、最近ではこの工法を採用する現場も多い。

吊り足場

●吊り足場において、吊りチェーンおよび吊りフックの安全係数が 5 以上、吊りワイヤロープの安全係数を 10 以上として、作業床の最大積載荷重を定める必要があります。

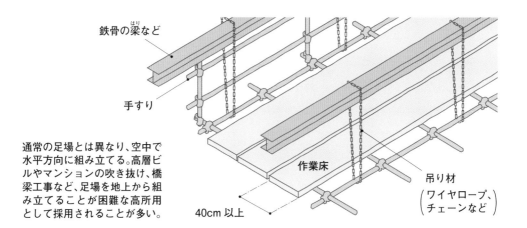

鉄骨の梁など

手すり

通常の足場とは異なり、空中で水平方向に組み立てる。高層ビルやマンションの吹き抜け、橋梁工事など、足場を地上から組み立てることが困難な高所用として採用されることが多い。

作業床

40cm 以上

吊り材
（ワイヤロープ、チェーンなど）

? 安全係数

材料などの強度の基準値を設計上想定される最大の応力で割った値。

足場での作業の安全性を確保するため、以下のような仕様が定められています。

足場の種類	壁つなぎ間隔		作業床		安全措置	
	垂直方向	水平方向	幅	隙間	人の墜落防止	物の落下防止
単管足場	5m	5.5m	40cm以上	3cm以下	手すり＋中桟	幅木またはメッシュシート
枠組足場	9m	8m			（交差筋かい）＋下桟	
吊り足場	―	―		なし	手すり＋中桟	

※1　中桟高さは 35〜50cm、下桟高さは 15〜40cmとする。
※2　幅木高さは 10cm以上とする。ただし交差筋かいでは下桟と兼ねて 15cm以上とする。

足場の構成材には以下のようなものがあり、安全確保のために設置の規程が設けられています。

作業床

高さが2mの作業構台においては、作業床を設け、作業床の床材間の隙間を3cm以下とします。

手すり

足場の作業床の外側には、床面からの高さ 15cm の幅木（つま先板）および床面からの高さ 95cm の手すりを設けます。

単管パイプを用いて床面開口部の周囲に設ける仮設の手すりについては、高さ 85cm 以上の手すりおよび 35cm 以上 50cm 以下の中桟 1 本を取り付けます（同等以上の機能を有するものも可）。

登り桟橋

足場を昇降するためのスロープのこと。

登りさん橋は、勾配を30°以下とし、高さ8m以上の場合には7m以内ごとに踊場を設けます。

勾配が15°を超える登り桟橋には、滑止めを設けます。

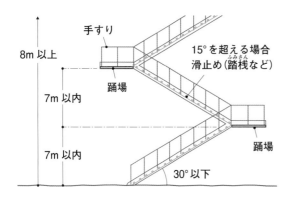

手すり

8m以上

踊場

15°を超える場合
滑止め(踏桟など)

7m以内

踊場

7m以内

30°以下

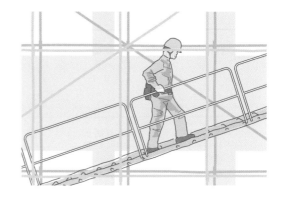

防護棚(朝顔)

足場の外側に落下物や通行人から作業員を守るために、はね出した棚を設けます。これを防護棚または朝顔といいます。

防護棚のはね出し材の突き出し長さは足場から水平距離で2m以上、水平面となす角度は20°以上とします。

1段目を地上4～5mの位置に設け、2段目以上については下段から10mごとに設けます。

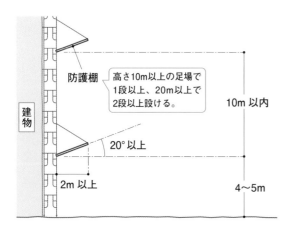

建物

防護棚

高さ10m以上の足場で
1段以上、20m以上で
2段以上設ける。

10m以内

20°以上

2m以上

4～5m

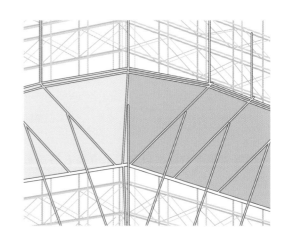

② 土工事

建築物の土台となる基礎を構築するために、敷地内の土を掘削、根切りしたり、埋め戻す工事を行います。またそれに伴う地下水の処理なども含めた、土に関する工事を土工事といいます。

根切り

地下の構造物を構築する場合や基礎工事に先立って、地盤を掘削する工事です。

根切りの種類

総掘り

ベタ基礎、地下ピット、地下室などがある場合に、建物の全面を掘削します。

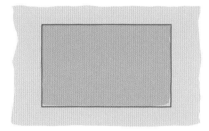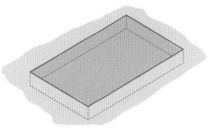

布掘り

布基礎などの場合に、帯状に掘削します。

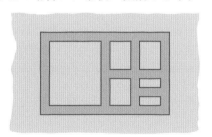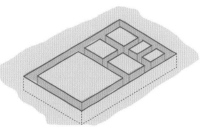

つぼ掘り

独立基礎などの場合に、その部分だけ角形や丸型に掘削します。

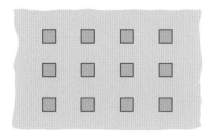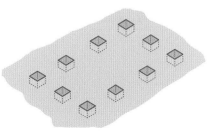

73

■ 根切り底の施工

　根切り底は乱したり、深く掘りすぎないようにしなければなりません。もしそのようなことが起こった場合、土質に合わせた対処をする必要があります。

●砂質地盤の場合　➡　転圧や締固めにより自然の地盤と同等の強度に戻すようにします。
●シルトや粘性土の場合　➡　砂質土と置き換え締固めを行うか、セメント系固化材により地盤改良を行うなどします。

■ 根切り底の破壊現象

ヒービング

　主に軟弱な粘性土地盤において、根切り底面がふくれ上がることにより、山留め壁（76ページ参照）の安定性を損なうおそれのある現象です。

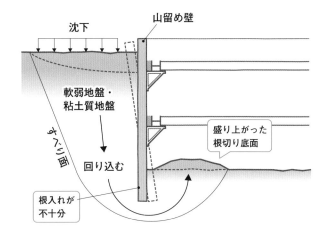

ボイリング

　地下水位の高い砂質地盤で生じやすく、掘削面との水位差によって地下水と共に、湯が沸騰しているかのように土砂が掘削面に流出してくる現象のことです。

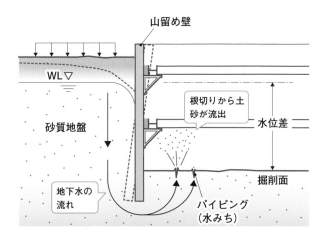

盤ぶくれ

　地盤を掘削したとき、掘削底面より下に存在する上向きの圧力を持った地下水により掘削底面の不透水性地盤が持ち上げられる現象のことです。

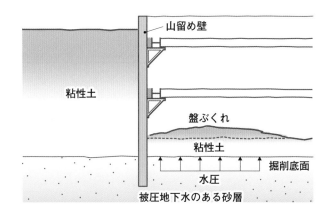

地下水処理

　地下の水位が高いときや雨水の流入などによって、根切りの内部に水が溜まることを防ぐために、地下水の排水を行う工事です。

■ 釜場工法

　重力排水法の1つで、根切り底面の一部を深く掘って水を集め、水中ポンプで排水します。小規模の工事で湧水量が少ない場合に適しています。

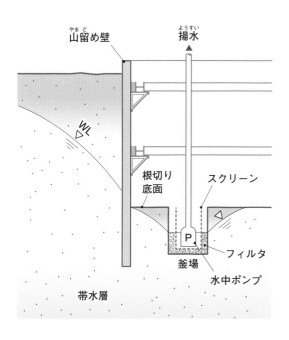

■ ディープウェル工法

　強制排水法の1つで、掘削構内あるいは構外にディープウェル（深井戸）を設置し、ウェル内に流入する地下水を水中ポンプで排水します。対象となる帯水層が深い場合に適しています。

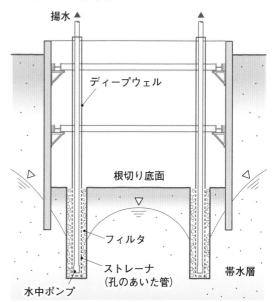

■ ウェルポイント工法

　強制排水法の1つで、根切りの内外にウェルポイント（吸水孔）を埋め込み、その上部を排水パイプでつなぎ排水します。地下水位が高く（5〜6mくらいまで）、水量が多い場合に適しています。

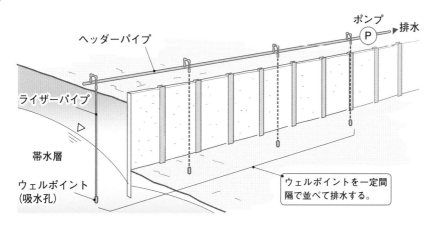

山留め

　根切りの深さが 1.5 m以上の場合や、根切り壁が自立できない砂や柔らかい地盤の場合、周辺地盤が崩れないように山留めを設置する工事です。

■ 山留めの種類

法付けオープンカット工法

　掘削部周辺に安定した斜面を残し、山留め壁や支保工を設けない工法で、根切り平面に対して敷地に余裕がある場合に有効です。

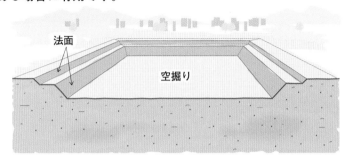

法面

空掘り

親杭横矢板工法

　Ｈ形鋼やＩ形鋼を用いた親杭を鉛直に設置し、親杭間に矢板をはめ込んで山留めを構築していく工法です。止水性は期待できませんが、比較的硬い地盤、砂礫地盤における施工が可能です。

親杭（H形鋼）

矢板
（木製
厚さ 3〜5cm）

鋼矢板工法

　鋼矢板（シートパイル）の矢板を連結させながら地中に設置し、連続性のある山留め壁を形成する工法です。止水性に優れ、軟弱地盤や地下水位の高い地盤に適しています。

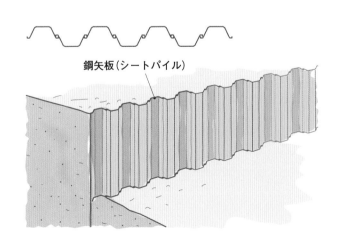

鋼矢板（シートパイル）

ソイルセメント柱列山留め壁工法(SMW)

　地盤の土とセメントミルクを撹拌し混合したソイルセメント柱に、心材としてH形鋼などを建て込み柱列状の山留め壁を構築する工法です。振動および騒音が少なく、剛性および止水性が比較的優れています。

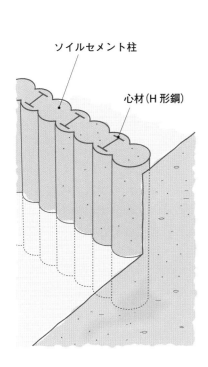

ソイルセメント柱

心材(H形鋼)

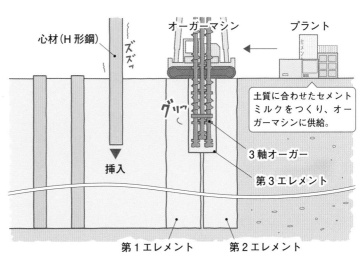

心材(H形鋼)

ズズッ

挿入

オーガーマシン

プラント

グリッ

土質に合わせたセメントミルクをつくり、オーガーマシンに供給。

3軸オーガー

第3エレメント

第1エレメント　　　　第2エレメント

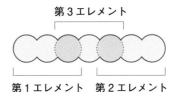

第3エレメント

第1エレメント　第2エレメント

連続方式の造壁手順として、第1エレメント、次に第2エレメント、さらに第3エレメントを造成することで、各エレメントの両端を完全にラップする。同様の作業を連続してソイルセメント柱列壁を造成する。

水平切梁工法

　山留め壁に作用する土圧や水圧などの側圧に対して、腹起し、切梁、火打などの水平材で支持する工法で、床付け完了後、地下構造躯体を構築しながら、下段の支保工から順番に解体していきます。一般に広く用いられている工法で各種山留め壁との併用も可能です。

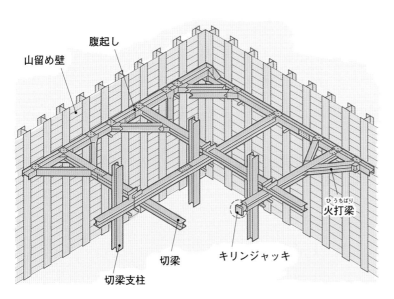

山留め壁

腹起し

火打梁

切梁

切梁支柱

キリンジャッキ

キリンジャッキ

土留め壁のたわみ防止、切梁の寸法調整などのため、切梁どうしの接合部の要所にはキリンジャッキなどが必要になる。

地盤アンカー工法

　切梁の代わりに背面の硬い地盤に設置したアンカーで、山留め壁にかかる側圧を支えながら掘削する工法です。平面形が不整形な場合や大スパンの場合、高低差が大きい場合などに有効です。

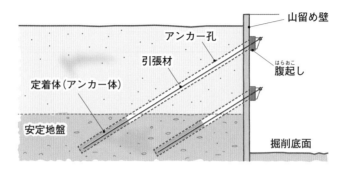

逆打ち工法

　掘削と平行して地下構築物を構築し、これを支保工として下部の掘削と躯体の構築を下方に向かって順次繰り返していく工法です。地下躯体を支保工として利用するので、地盤が軟弱で地階が深く広い建築物の新築工事などに有効で、全体工期の短縮に効果があります。

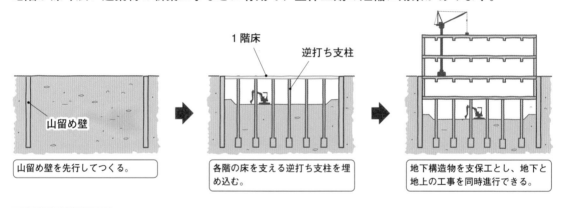

アイランド工法

　山留め壁に接して、法面を残して土圧を支え、中央部を掘削して構築物を造り、この構築物から斜めの切梁で山留め壁を支え、周囲部を掘削する工法です。根切り面積が広く、浅い場所に適しています。

③ 地業工事

地業とは建築物の荷重を地盤に伝達する部分のことで、基礎スラブの下部に設けた敷砂利や割栗、杭などのことをいいます。特に杭は多くの建築物に用いられ、その工法や施工機械は、敷地や地盤の状況など諸条件を考慮した上で、杭が所定の深さまで正しくかつ安全に設置できるものを選ばなければいけません。

基礎

基礎は建築物の荷重を支持地盤に伝える最下部構造をいい、直接基礎と杭基礎に大別されます。直接基礎には以下のものがあります。

■ 独立基礎

柱の下にのみ独立してある基礎のことです。独立基礎同士は基礎梁（地中梁）でつながっています。

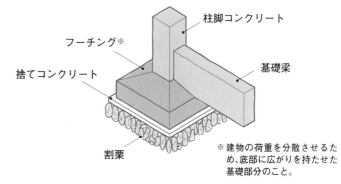

柱脚コンクリート
フーチング※
捨てコンクリート
基礎梁
割栗

※ 建物の荷重を分散させるため、底部に広がりを持たせた基礎部分のこと。

■ 布基礎

外壁や主要な間仕切り壁、柱の下になる部分にのみコンクリートを打設する基礎です。

フーチング
捨てコンクリート
砕石
防湿コンクリート
床下に防湿などの理由からコンクリートを打つことがあるが、建物の荷重を支える構造ではない。
防湿シート

■ ベタ基礎

建築物の床下全体にコンクリートを打設する基礎です。沈下しにくく、腐食や害虫被害に強いのが特徴です。

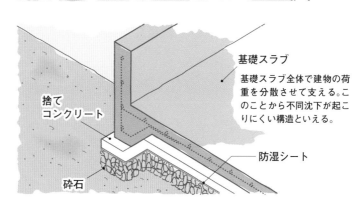

捨てコンクリート
基礎スラブ
基礎スラブ全体で建物の荷重を分散させて支える。このことから不同沈下が起こりにくい構造といえる。
防湿シート
砕石

既製杭
きせいくい

　既製杭はあらかじめ工場で作られた杭で、コンクリート製のものと鋼製のものに大別され、その施工方法には打込み工法と埋込み工法と2種類あります。従来、打込み工法が多く用いられてきましたが、近年、杭の大型化などによって、打撃のみでは杭の支持層までの貫入が困難な場合が多くなったことや、市街地における騒音や振動を避けるために、埋込み工法が用いられることが多くなっています。

■ 打込み工法

　打撃により杭先端を支持層まで到達させる工法で、地盤をゆるめずに耐力を確保しやすいのですが、打込み時の騒音や振動が問題となりやすく、市街地には適しません。

打撃工法

　既製杭をディーゼルハンマーやドロップハンマーを用いて、打撃して所定の位置および深度まで打ち込む工法で、支持力の確認が容易です。

ディーゼル
ハンマー

ガン

ズズン

プレボーリング併用打撃工法

　アースオーガーで一定深度まで掘削し、杭を建て込んで打撃により支持層に打ち込む工法です。

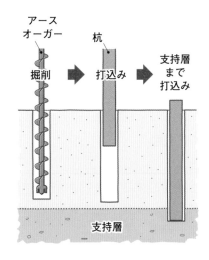

アース
オーガー

杭

掘削　→　打込み　→　支持層
　　　　　　　　　まで
　　　　　　　　　打込み

支持層

■ 埋込み工法

　所定の位置および深度までアースオーガーを用いて先行掘削した杭に既製杭を建て込む工法です。掘削によって地盤をゆるめてしまうため、杭の支持力が低下するので注意が必要です。

プレボーリング工法（セメントミルク工法）

　掘削液を注入しながらアースオーガーで地盤を所定の位置まで掘削した後、孔底に根固め液（セメントミルク）を注入します。その後、杭周固定液を注入しながらオーガーをゆっくり引き上げます。

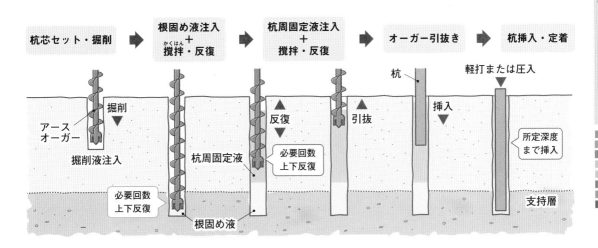

中掘工法

　先端開放の杭の中空部にアースオーガー等を挿入し、杭先端部地盤の掘削を行い、中空部から排土しながら杭を圧入していく工法です。比較的杭径が大きい場合（450〜1,000mm程度）に適しています。

〔中掘り拡大根固め杭工法〕

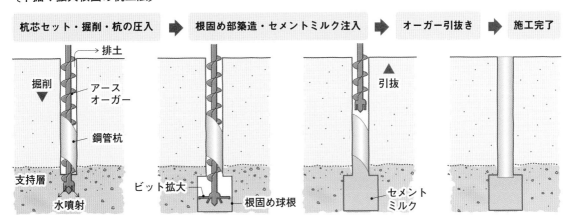

回転圧入工法

杭の先端部にオーガーヘッド兼用の金物を取り付け、杭を回転させて圧入していく工法です。圧入の補助として杭先端から水などを噴出させます。

〔鋼管杭回転圧入工法〕

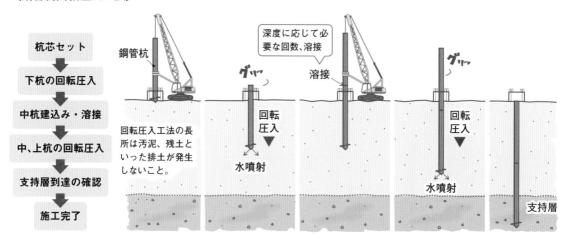

杭芯セット

↓

下杭の回転圧入

↓

中杭建込み・溶接

↓

中、上杭の回転圧入

↓

支持層到達の確認

↓

施工完了

回転圧入工法の長所は汚泥、残土といった排土が発生しないこと。

場所打ちコンクリート杭

あらかじめ地盤を掘削し、削孔された孔内に鉄筋かごを挿入しコンクリートを打設することによって、現場で杭を造り出します。土質による影響が少なく、直径の大きな杭を造ることができるので杭の耐力が大きく、また、騒音や振動が比較的小さいことから多く用いられる工法です。

アースドリル工法

アースドリル機のケリーバーの先端に取り付けたドリリングバケットを回転させることにより地盤を掘削し、バケット内に収納した土砂をバケットとともに地上に引き上げて排出します。掘削完了後、ドリリングバケットを底ざらいバケットに交換して、スライム処理を行った後、鉄筋かごとトレミー管を建て込みコンクリートを打ち込みます。

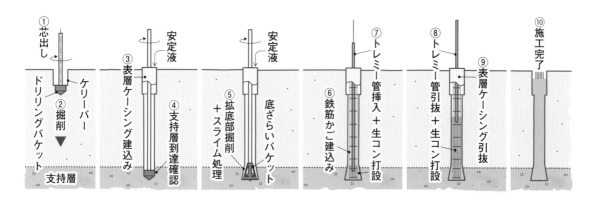

オールケーシング工法

掘削孔の全長に鋼製の筒（ケーシングチューブ）を設置し、孔壁保護を行います。掘削を開始する前にケーシングチューブを揺動または回転させて押し込み、内部を掘削し、ハンマーグラブで掘進します。この工法は他の工法に比べてボイリング（74ページ参照）が発生しやすいので注意が必要です。

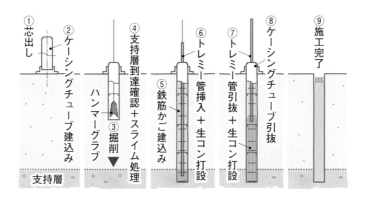

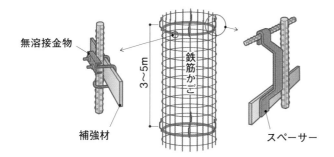

場所打ちコンクリート杭の鉄筋かごは溶接が禁止されているため、無溶接金物などでかごの形状を保持する。また、コンクリートのかぶり厚さを確保するため、所定の間隔でスペーサーが取り付けられる。

リバースサーキュレーション工法

水圧で先端のビットを回転させて地盤を掘削し、その土砂を孔内水とともに汲み上げ排出する工法です。汲み上げたものはろ過装置を用いて土砂と水を分離し、土砂は廃棄、水は再利用します。

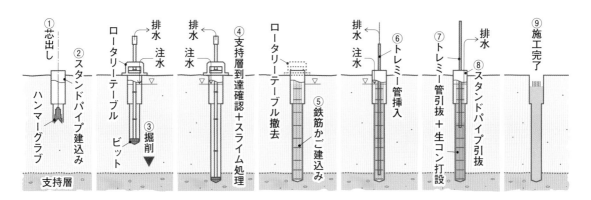

④ 鉄筋工事

鉄筋コンクリート造や鉄骨鉄筋コンクリート造などでは、鉄筋とコンクリートが一体となって構造体を構成しています。なので、鉄筋工事は鉄筋の品質だけでなく、鉄筋の設置位置が正確であることや加工が正しく施されていることなど、施工管理には十分な注意が必要な工事です。

鉄筋コンクリート造と鉄骨鉄筋コンクリート造

■ 鉄筋コンクリート造（RC造）

　主に柱や梁、床・壁が鉄筋とコンクリートで構成され、鉄筋を組んだ型枠にコンクリートを流し込んで固めます。熱に弱い鉄筋をコンクリートで覆い、熱から鉄筋を守って酸化を防ぎます。一方コンクリートは上から押さえつける「圧縮」に対しては強いのですが、「引張」には弱いので、これを引張力に長けた鉄筋で補強しています。

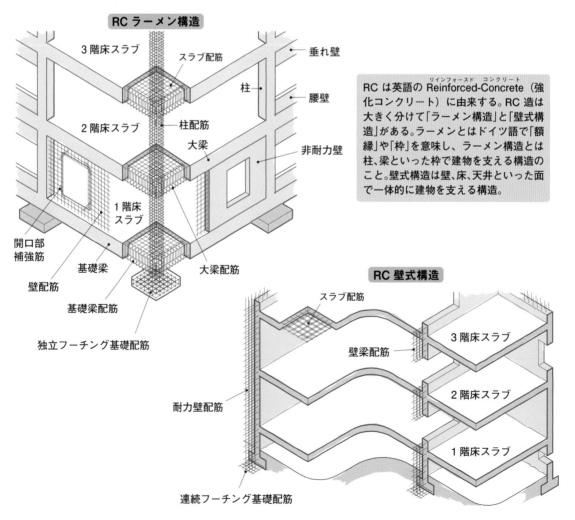

RCラーメン構造

3階床スラブ
スラブ配筋
垂れ壁
柱
腰壁
2階床スラブ
柱配筋
大梁
非耐力壁
1階床スラブ
開口部補強筋
基礎梁
大梁配筋
壁配筋
基礎梁配筋
独立フーチング基礎配筋

RCは英語のReinforced-Concrete（強化コンクリート）に由来する。RC造は大きく分けて「ラーメン構造」と「壁式構造」がある。ラーメンとはドイツ語で「額縁」や「枠」を意味し、ラーメン構造とは柱、梁といった枠で建物を支える構造のこと。壁式構造は壁、床、天井といった面で一体的に建物を支える構造。

RC壁式構造

スラブ配筋
壁梁配筋
3階床スラブ
2階床スラブ
耐力壁配筋
1階床スラブ
連続フーチング基礎配筋

■ 鉄骨鉄筋コンクリート造（SRC造）

　鉄骨の柱の周りに鉄筋を組み、コンクリートを打ち込んで固めます。RC造よりも耐久性が高いので大型マンションやビルなど大規模な物件の場合などに多く使われています。

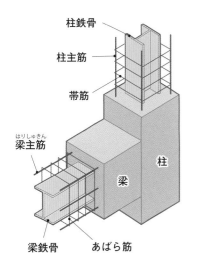

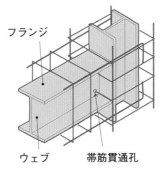

SRC造の柱と梁の接合部で鉄筋が鉄骨を貫通するような場合、ウェブに貫通孔を空けることはあるが、曲げ応力を負担するフランジに貫通孔は空けない。

鉄筋の種類

　RC造やSRC造に用いる鉄筋は、断面が円形の棒鋼（丸鋼）と、鉄筋の表面にリブやふしを付けた異形棒鋼に分類されます。

■ 鉄筋の種類

リブやふしといった凸凹があるほうがコンクリートへの付着、定着がよい。

　鉄筋の呼び名は、鉄筋のおおよその直径を示しています。

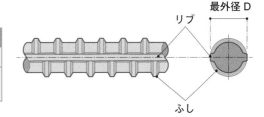

種類	記号	呼び方	呼び名の例
棒鋼（丸鋼）	SR	鉄筋の直径	16φ
異形棒鋼	SD	公称直径を四捨五入した呼び名	D16（公称直径は15.9mm）

　異形棒鋼の表面には、突起や色などでマークが記されており、それにより鉄筋の呼び名や強度などを識別することができます。

●異形鉄筋の圧延マーク

異形鉄筋の種類	圧延マークによる表示	色別塗色
SD295A	なし	しない
SD295B	１または｜	白
SD345	突起の数１個（・）	黄
SD390	突起の数２個（・・）	緑

呼び方32を示す　　　黄
SD345を示す

呼び方29を示す　　　緑
SD390を示す

　突起の数が多いほど、材料の強度は高くなる。色別のほうが突起よりも判別しやすいので、製造工場出荷時に切断面などにマーキングして、現場での判別ミスを防ぐ。

配筋

　鉄筋を加工し、設計図や施工図に従って所定の場所に配置することを配筋といいます。

各部の名称

●主筋（柱、梁、床スラブの鉄筋）・・・・部材に作用する主外力に抵抗する鉄筋
●補強筋（あばら筋、帯筋など）・・・・・・部材に働くせん断力に抵抗する鉄筋
●補助筋（腹筋、幅止め筋など）・・・・・・鉄筋を組み立てるために用いる鉄筋

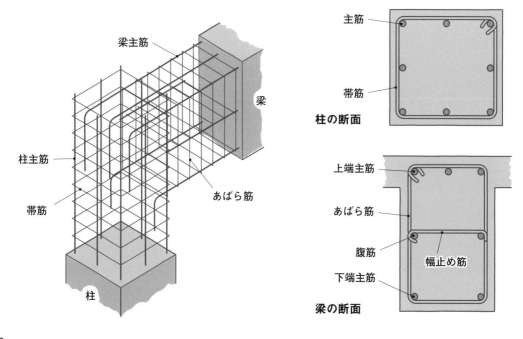

梁主筋

梁

柱主筋

あばら筋

帯筋

柱

主筋

帯筋

柱の断面

上端主筋

あばら筋

腹筋

幅止め筋

下端主筋

梁の断面

■ 配筋の規則

鉄筋のあき

　鉄筋はコンクリートと一体になって強度を確保するので、コンクリートと鉄筋がしっかりと付着していることが重要で、そのためにも鉄筋と鉄筋の間にコンクリートの砂利（じゃり）が隙間（すきま）なく入ることが重要です。この間隔を「あき」といい、下のように最小寸法が定められています。

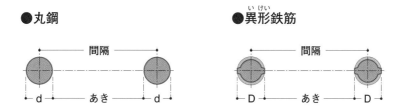

●丸鋼　　　　　　　　　　　　　●異形鉄筋（いけい）

あきは次のうちもっとも大きい数値とする。
●鉄筋径（異形鉄筋は呼び名の数値）の1.5倍
●粗骨材最大寸法の1.25倍
● 25mm

かぶり厚さ

　コンクリートの表面から一番外側の鉄筋までの距離をかぶり厚さといいます。コンクリートのひび割れなどから水分が入り込むと中の鉄筋が錆びてしまうため、充分なかぶり厚さを確保しないと、設計どおりの強度を得られません。

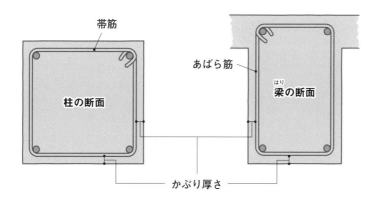

●最小かぶり厚さ

（単位：mm）

部材の種類		短期	標準・長期[2]	超長期
構造部材	柱・梁・耐力壁	30	40	40
	床スラブ・屋根スラブ			
非構造部材	構造部材と同等の耐久性を要求する部材	20	30	
	計画供用期間中に維持保全を行う部材			30[1]
直接土に接する柱・梁・壁・床 および布基礎の立ち上がり部		40		
基礎		60		

※1　維持保全の周期に応じて定める。
※2　耐久性上有効な仕上げを施す場合は、10mm減じた値とすることができる。

定着

　コンクリート中の鉄筋が引張の外力を受けて引き抜かれないように、必要な長さをコンクリートに埋め込むことを定着といいます。建築物の部位ごとに、コンクリートの強度や鉄筋の種類によって必要とされる定着長さが決められています。

●異形鉄筋の定着長さ（小梁・スラブの下端筋以外）（JASS5 2022年版）

コンクリートの設計基準強度〔N/mm²〕	定着長さ L_2、L_{2h}			
	SD295A SD295B	SD345	SD390	SD490
18	40d（30d）	40d（30d）	—	—
21	35d（25d）	35d（25d）	40d（30d）	—
24〜27	30d（20d）	35d（25d）	40d（30d）	45d（35d）
30〜36	30d（20d）	30d（20d）	35d（25d）	40d（30d）
39〜45	25d（15d）	30d（20d）	35d（25d）	40d（30d）
48〜60	25d（15d）	25d（15d）	30d（20d）	35d（25d）

d: 異形鉄筋の径、L_2: 直線定着長さ、L_{2h}: フック付き定着長さ、（　）はフック付き鉄筋の定着長さ

●異形鉄筋の定着長さ（小梁・スラブの下端筋）（JASS5 2022年版）

コンクリートの設計基準強度〔N/mm²〕	鉄筋の種類	定着長さ L_3、L_{3h}			
		フックなし		フックあり	
		小梁	スラブ	小梁	スラブ
18〜60	SD295A、SD295B、SD345、SD390	20d	10dかつ150mm以上	10d	—

d: 異形鉄筋の径、L_3: 直線定着長さ、L_{3h}: フック付き定着長さ

L_0: 柱間（仕上げ表面）の長さ

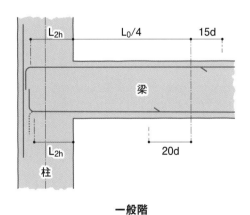

一般階　　　　　　　　　　　　　　最上階

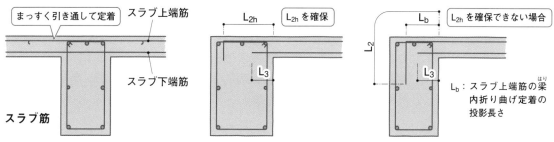

スラブ筋と梁の定着において、端部にある梁などで上端筋、下端筋をまっすぐ引き通して定着できない、あるいは十分な定着長さを確保できない場合は、上端筋を90°に折り曲げて定着させる。下端筋は曲げ応力が作用しないので、折り曲げずに定着させる。

継手（つぎて）

　鉄筋はそれを配置する部位の長さによっては、1本だけでは足りず、複数の鉄筋を継ぎ足す必要があり、鉄筋を継ぎ足して用いることを継手といいます。継いだ鉄筋が1本と同等の性能を発揮させることが重要です。鉄筋の継手は原則、応力が小さく、かつコンクリートに圧縮力が生じている箇所に設け、1箇所に集中させないようにします。

　継手には鉄筋をバラバラにならないように結束して束ねた「重ね継手」のほか、溶接によって加工した「溶接継手」や、ガスによって溶着させる「ガス継手」などがあります。

●重ね継手の長さ

コンクリートの設計基準強度 Fc（N/mm²）	SD295A、SD295B	SD345	SD390	SD490
18	45d（35d）	50d（35d）	—	—
21	40d（30d）	45d（30d）	50d（35d）	—
24〜27	35d（25d）	40d（30d）	45d（35d）	55d（40d）
30〜36	35d（25d）	35d（25d）	40d（30d）	50d（35d）
39〜45	30d（20d）	35d（25d）	40d（30d）	45d（35d）
48〜60	30d（20d）	30d（20d）	35d（25d）	40d（30d）

d：異形鉄筋の径、（　）はフック付き重ね継手の長さ

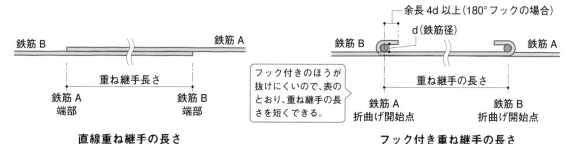

直線重ね継手の長さ　　　**フック付き重ね継手の長さ**

フック付きのほうが抜けにくいので、表のとおり、重ね継手の長さを短くできる。

継手の位置は、応力の大きい箇所を避けて配置する。

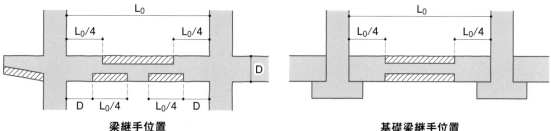

梁継手位置　　　**基礎梁継手位置**

鉄筋の加工

　鉄筋は用いる部位に合わせて曲げたり、切断するなどの加工を施して使用します。加工の方法で性能が変化したり、割れや亀裂（き れつ）が発生するなど支障が出る場合があるので、施工図や加工図をよく検討、確認し、確実な加工が必要となります。

■ 鉄筋の曲げ・切断

　鉄筋は、有害な曲げや損傷（ひび割れ、断面欠損、過度の錆（さび）など）などがあるものは使用してはいけません。

　鉄筋の切断は、加工図に従い所定の寸法にシャーカッターなどで行い、ガス切断のような加熱切断は材質の変質を起こすので通常は行いません。

シャーカッターによる
切断

　加工場での鉄筋の曲げ加工は、熱による鋼材の性能変化を避けるために常温で加工（冷間加工といいます）とします。

　曲げ加工は鉄筋の種類によって形状や寸法が決められており、自然に鉄筋が戻ることも考慮し、許容の範囲内の寸法に収まるように加工する必要があります。

●加工寸法の許容差

(単位：mm)

各加工寸法			符号	許容差
各加工寸法	主筋	D25以上	a、b	± 15
		D29以上 D41以下	a、b	± 20
	あばら筋・帯筋・スパイラル筋		a、b	± 5
加工後の全長			ℓ	± 20

各加工寸法と加工後の全長の測り方の例を下図に示す。

主筋　　　　　　　　　あばら筋・帯筋・スパイラル筋　　　溶接閉鎖形筋

加工後の全長（ℓ）　　　　　加工後の全長（ℓ）

●鉄筋のフックの形状

フックの形状	折曲げ角度	鉄筋の種類	鉄筋の径による区分	鉄筋の折曲げ内法直径(D)
180° d ╪═ D 余長 4d 以上	180° 135° 90°	SR235 SR295 SD295A SD295B SD345	16φ 以下 D16以下	3d 以上
135° d ╪═ D 余長 6d 以上			19φ D19〜 D41	4d 以上
90° d ╪═ D 余長 8d 以上	90°	SD390	D41以下	5d 以上
		D490	D25以下	
			D29〜 D41	6d 以上

■ ガス圧接

圧接技量資格者

　ガス圧接継手（つぎて）を行う場合は、鉄筋の種類および鉄筋径に応じた技量試験に合格した圧接技量資格者により行わなければなりません。

●技量資格者の圧接作業可能範囲

技量資格	圧接作業可能範囲	
	鉄筋の種類	使用する鉄筋径
1種	SR235、SR295	25φ 以下、D25以下
2種	SD295A、SD295B SD345 SD390	32φ 以下、D32以下
3種		38φ 以下、D38以下
4種	SD490(3種または4種で可能)	50φ 以下、D51以下

※ SD490の圧接を行う場合は、施工前試験が必要である。

圧接部の留意点

●圧接面がずれた場合や偏心量（へんしんりょう）が大きい場合、形状不良の場合は切り取って再圧接します。
●直径や長さが不足した場合や、曲がりがあった場合は、再加熱して修正します。

ガス圧接作業の様子

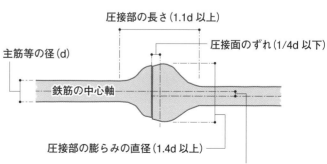

主筋等の径(d)
圧接部の長さ(1.1d 以上)
圧接面のずれ(1/4d 以下)
鉄筋の中心軸
圧接部の膨らみの直径(1.4d 以上)
鉄筋中心軸の偏心量(1/5d 以下)

⑤ コンクリート工事

コンクリート工事は鉄筋コンクリート造建築物の柱や壁、梁を作る工事で、コンクリートを現場で型枠に流し込んで固める作業です。コンクリートは塑性（一度押したり曲げたり力を加えるとそのままの形で元の形に戻らない）であるため、コンクリートの打設を開始したら、中断することができず、やり直しや修正がききません。事前の計画や管理、施工の正確さが非常に重要です。

コンクリートの材料

　コンクリートはセメント、骨材（砂＝細骨材、砂利＝粗骨材）、水および混和材料を均一に練り混ぜて作られたもののことをいいます。使用する骨材によって、普通コンクリートや軽量コンクリートなどに分類されます。

■ セメント

　セメントは、水と反応して硬化する鉱物質の粉末（水硬性セメント）のことをいい、主に以下の種類のセメントが使用されます。

ポルトランドセメント

普通ポルトランドセメント	標準的に用いられるセメント。一般のコンクリート工事で多量に使用されます。
早強ポルトランドセメント	短期間で強度を出すセメント。普通ポルトランドセメントが3日で発現する強さを1日で、また、7日で発現する強さを3日で達成します。水和熱が高いので、寒中工事に適します。
中庸熱ポルトランドセメント	水和熱の発生を少なくするように作られたセメント。短期強度は普通ポルトランドセメントよりやや劣りますが、長期強度は大きくなります。

混合セメント

高炉セメント（A種、B種、C種）	高炉スラグを混合したセメント。短期強度は普通ポルトランドセメントよりやや劣りますが、長期強度は大きくなります。水密性・耐熱性が高く、海水・下水などに対する耐浸食性も大きいのが特徴です。
シリカセメント（A種、B種、C種）	シリカ質混合材を混合したセメント。短期強度は普通ポルトランドセメントよりやや劣りますが、長期強度はかなり大きくなります。水密性・化学的抵抗性に優れます。
フライアッシュセメント（A種、B種、C種）	フライアッシュ（石炭灰）を混合したセメント。水密性・耐海水性に優れます。

? 水和熱

セメントと水が反応して固まる際に出る熱のこと。

■ 骨材

骨材は粒径によって、細骨材と粗骨材に区別されます。

●細骨材（砂）····10mmのふるいをすべて通過し、5mmのふるいを質量で85％以上通過する骨材。

●粗骨材（砂利）···5mmのふるいに質量で85％以上とどまる骨材。

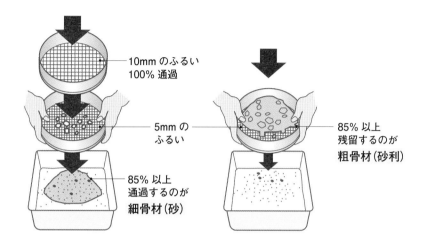

骨材の品質

骨材に用いられる砂利や砂は、次のような品質になるよう決められています。

●砂利、砂の品質

骨材の種類	絶乾密度〔g/m³〕	吸水率〔％〕	粘土塊 量〔％〕	微粒分量〔％〕	有機不純物	塩化物（NaClとして）〔％〕
砂利	2.5以上	3.0以下	0.25以下	1.0以下	―	―
砂	2.5以上	3.5以下	1.0以下	3.0以下	標準色液または色見本の色より淡い	0.04以下※

※計画供用期間の級が長期および超長期の場合は、0.02以下とする。

粗骨材の最大寸法

骨材が質量で90％以上通るふるいのうち、ふるい目の開きが最小のものの寸法をいい、建築物の部位などにより、使用する粗骨材の最大寸法が決められています。

●粗骨材の最大寸法

（単位：mm）

部位	砂利	砕石・高炉スラグ粗骨材
基礎	20、25、40	20、25、40
柱・梁・スラブ・壁	20、25	20

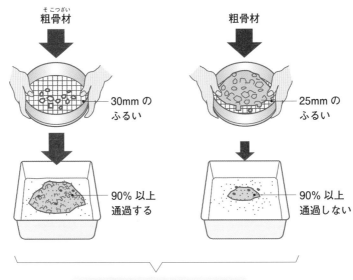

この粗骨材の最大寸法は 30mm

練混ぜ水

一般に地下水や上水道水、工業用水が用いられます。

混和材料

セメント、水および骨材以外の材料で、コンクリートなどの品質改善のために、コンクリートの打込み前までに必要に応じて加えます。

主な材料は以下のとおりです。

● AE剤

コンクリート中に気泡を発生させる混和剤です。コンクリートのワーカビリティの改善とともに、凍結融解作用に対する抵抗性も改善されます。

●減水剤

所要のスランプ（次ページ参照）を得るのに必要な単位水量を減少させるための混和剤です。

● AE減水剤

所要のスランプを得るのに必要な単位水量を減少させるとともに、コンクリート中に気泡を発生させることで、コンクリートのワーカビリティと耐久性を向上させる混和剤です。

ワーカビリティ

コンクリートの運搬や打込み、締固めや仕上げなどの施工のやりやすさのこと。

コンクリートの調合

コンクリートの調合は、所要のワーカビリティ（施工性）、強度、耐久性が得られるように計画しなければいけません。そのためには水の量やセメントの量などが定められており、正しく管理する必要があります。

■ 単位水量

コンクリート 1 m³ 中に含まれる水量のことで、上限が 185kg /m³ と定められています。単位水量が大きいと乾燥収縮によるひび割れやブリージングが大きくなります。

■ 単位セメント量

コンクリート 1 m³ 中に含まれるセメントの重量のことで、最小値が 270kg /m³ と定められています。単位セメント量が小さすぎるとワーカビリティが低下するおそれがあります。

■ 水セメント比

コンクリートの配合における使用水量のセメント量に対する重量比のことです。一般に水セメント比が大きくなると圧縮強度は低下します。

●水セメント比（最大値）

セメントの種類		水セメント比の最大値〔%〕	
		短期・標準・長期	超長期
ポルトランドセメント	早強・普通・中庸熱ポルトランドセメント	65	55
	低熱ポルトランドセメント	60	
混合セメント	高炉セメント A種、フライアッシュセメント A種、シリカセメント A種	65	―
	高炉セメント B種、フライアッシュセメント B種、シリカセメント B種	60	

? **ブリージング**

コンクリートを練り混ぜる際に使用した水が、打設後に砂やセメント、骨材などの重いものが沈下することで、分離して浮き上がる現象のこと。

■ スランプ

コンクリートの流動性の程度を測定することで、ワーカビリティを数値的に知るための代表的な指標の 1 つです。スランプコーンに詰められたフレッシュコンクリートが重力によって変形するときの上面の下がり量によって表されます。スランプの最大値は普通コンクリートの場合、18cm 以下とします。

第4章 躯体工事

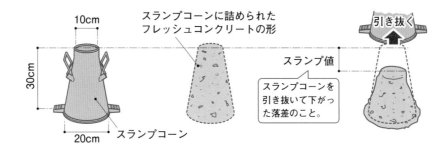

10cm

30cm

20cm

スランプコーン

スランプコーンに詰められた
フレッシュコンクリートの形

スランプ値

引き抜く

スランプコーンを
引き抜いて下がっ
た落差のこと。

■ 空気量

空気量が多すぎるとコンクリートの強度の低下を招くので、適切な量であることが求められます。

●普通コンクリート・・・・4.5%

●軽量コンクリート・・・・5.0%

■ 細骨材率
さいこつざいりつ

細骨材率は、骨材に対する細骨材の容積比で、所定の品質が得られる範囲で、できるだけ小さくします。

運搬・打込み・養生
ようじょう

■ 運搬

コンクリートの運搬の際には、コンクリートの分離、漏れ、品質の変化などが起こらないように注意しなければなりません。そのため、コンクリートの練り混ぜから打込み完了までの時間が定められています。

外気温	練り混ぜから打込み完了までの時間
25℃を超える	90分
25℃以下	120分

「公共建築工事標準仕様書」（建築工事編）より

コンクリート工場で製造されたコンクリートは、生コン車で現場まで運ばれ、コンクリートポンプ車により打設する箇所に圧送される。

コンクリート
ポンプ車

生コン車

■ 打設 (だせつ)

コンクリートの打設では、コンクリートの分離を防ぎ、コールドジョイントなどの欠陥の発生を防ぐことに留意します。特に数スパン連続した壁のコンクリートの打込みにおいては、連続して打ち込み、一体となるように注意します。

コンクリート打設の現場では、コンクリートが固まるまでの限られた時間内でさまざまな作業が必要になるため、適切な打設計画のもと、その計画を作業員に周知させて実施する。

コンクリートの流量調整など、現場の指揮をとる。

ポンプ車から流れてくるコンクリートのホースを操作。

施工管理技術者

土工

棒などで隅々までコンクリートを充填させる。

打設中の配管スリーブのずれなどを調整。

設備工

振動機でコンクリートを均一に充填させる。

コンクリート表面を平らに均す。

左官工

第4章　躯体工事

？ コールドジョイント

先に打ち込んだコンクリートが固まり、後から打つコンクリートと一体にならなかった継ぎ目のこと。美観を損うだけでなく、その部分からひび割れが発生したり、そこから雨水や塩分が浸入することで中の鉄筋を腐食させるので、耐久性にも影響する。

■ 締固め (しめかた)

コンクリート棒形振動機は、打込み各層ごとに用い、その各層の下層に振動機の先端が入るようにほぼ鉛直（えんちょく）に挿入し、挿入間隔を60cm以下とし、1カ所につき5〜15秒、コンクリートの上面にペーストが浮くまで加振します。

型枠振動機による加振時間は、部材の厚さおよび形状、型枠の剛性（ごうせい）、打込み方法などによって異なり、一般に、スランプが18cm程度のコンクリートの場合は、1〜3分を標準とします。

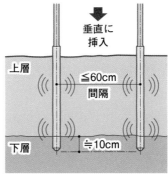

垂直に挿入

上層

≦60cm
間隔

下層

≒10cm

締固めが不均一にならないように振動機は垂直に挿入する。また、コールドジョイントを防ぐために、先に打ち込んだ下層のコンクリートに10cm程度挿入して一体化させる。

■ 打継ぎ

梁において、やむを得ずコンクリートを打ち継ぐ必要が生じた場合、その梁の鉛直打継ぎ部は、梁のせん断力が小さくなる中央付近とします。

■ 養生

コンクリートが硬化後に本来の性能を発揮するためには、硬化初期に十分な水分を与える、適当な湿度に保つ、日光の直射や風などに対して露出面を保護する、振動や外力を与えないように保護するといった適切な養生を行う必要があります。

● 湿潤養生の期間

セメントの種類	短期・標準	長期・超長期
早強ポルトランドセメント	3日以上	5日以上
普通ポルトランドセメント	5日以上	7日以上
中庸熱および低熱ポルトランドセメント、高炉セメントB種、フライアッシュセメントB種	7日以上	10日以上

コンクリートの種類

■ 普通コンクリート

自然の岩石から採材した骨材を用いて製造されたコンクリートです。このコンクリートに混和材を加えたり、調合時の条件を変えるなどして、用途に応じた品質のコンクリートを製造します。

■ 軽量コンクリート

軽量骨材を用いるか、多量の気泡を混入または発生させ、軽量化されたコンクリートです。材料、調合、品質管理に特殊な配慮が必要となります。

■ 暑中コンクリート

日平均気温 25℃を超えるときに打設されるコンクリートのことです。コンクリートのスランプの低下や水分の急激な蒸発などのおそれがある場合に施工されます。気温が高いとコンクリートの凝結が早まるため、打込み温度は 35℃以下とし、作業時間を確保するために AE減水剤の遅延型を用います。

■ 寒中コンクリート

日平均気温 4℃以下のときに打設されるコンクリートのことで、コンクリートの打込み後の養生期間にコンクリートが凍結するおそれがある場合に施工されます。打込み温度は 5〜20℃の範囲とし、一般に 10℃を標準とします。圧縮強度が 5N/mm²になるまで 5℃以上を保ち、その後 2日間は 0℃以上を保つ必要があります。

■ マスコンクリート

部材断面の大きなコンクリートのことで、質量や体積が大きいため、セメントの水和熱による温度上昇で有害なひび割れが入るおそれがあります。適用箇所は、壁状部材で80cm以上、マット状の部材や柱部材では 100cm以上が目安となります。

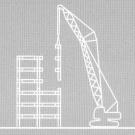

6 型枠工事

型枠とは、壁や柱、梁などの部材に形作るために流し込まれたコンクリートが固まるまで支持している仮設の部材のことです。コンクリートの打設中に変形したり、部材の寸法が狂わないようにする必要があります。

型枠の材料

型枠は直接コンクリートに接する「せき板」と、せき板を所定の位置に支持、固定する「支保工」で構成されます。せき板と支保工は締付け金物やセパレーターなどを用いて相互に緊結します。

せき板

コンクリートに直接接する板類のことで、合板製のものや金属製のものがよく使用されています。

支保工

せき板を所定の位置に固定したり、鉛直荷重を支えたりするための仮設構造物で、根太(単管パイプ)・大引(端太角)・パイプサポート(補助サポート) を用います。

● 型枠構成例

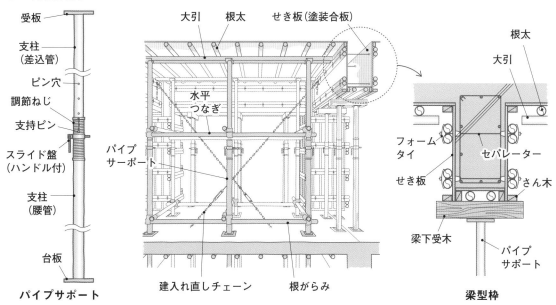

パイプサポート
長さの調節が自由にできる、上下に組み合わされた鋼管。

梁型枠

セパレーター

せき板の間隔を所定の位置に確保するために設置する締付け用ボルト部材です。型枠撤去後はコンクリート表面から露出したセパレーターの先端のねじ部をハンマーで叩いて除去します。

フォームタイ

型枠の締付け金具で、セパレーターと組み合わせて向かい合う型枠を両側から締め付けて型枠の間隔を確保します。

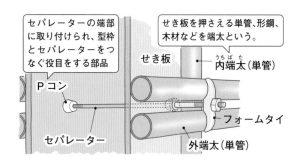

セパレーターの端部に取り付けられ、型枠とセパレーターをつなぐ役目をする部品

せき板を押さえる単管、形鋼、木材などを端太という。

せき板

内端太（単管）

Pコン

フォームタイ

セパレーター

外端太（単管）

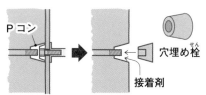

Pコン

穴埋め栓

接着剤

型枠解体後、Pコンは撤去され、穴はモルタルで左官補修されるのが一般的だったが、最近では人件費削減などから専用の穴埋め栓を使うことも多い。

コラムクランプ

主に独立柱に用いられ、柱のせき板を四方から締め付けて固定する金物です。

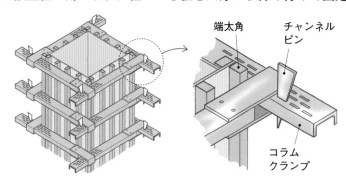

端太角

チャンネルピン

コラムクランプ

くさび形のチャンネルピンをクランプの穴に刺してハンマーで打ち込んで寸法調整して締め付ける。コラムクランプによる型枠施工は、セパレーターなどを使わないため、Pコンの跡が残らないきれいな仕上がり面、工期短縮、施工性の向上などが期待できる。

型枠の加工・組立

■ 施工上の留意点

- ●型枠は、セメントペーストまたはモルタルを継ぎ目などからできるだけ漏出させないように緊密に組み立てます。
- ●支柱は垂直に立て、また、上下階の支柱はできるだけ平面上の同一位置に立てます。
- ●型枠は足場ややり方などの仮設物に連結させないようにします。
- ●上階を受ける柱・壁の型枠の建入れ直しは一般に上階の床型枠を組み立てる前に行います。

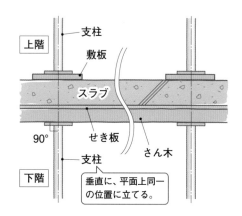

支柱

上階

敷板

スラブ

90°

せき板

さん木

支柱

下階

垂直に、平面上同一の位置に立てる。

■ 支保工の組立

パイプサポートを支柱として用いる場合

●パイプサポートを3本以上継いで使用してはなりません。

●パイプサポートを継いで用いる場合、4本以上のボルトまたは専用の金具で固定します。

●高さが3.5mを超えるものについては、高さ2m以内ごとに水平つなぎを2方向に設け、かつ、水平つなぎの変位を防止します。

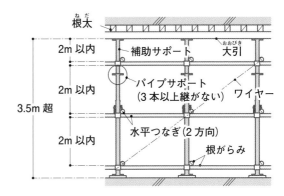

根太

2m 以内　補助サポート　大引

2m 以内　パイプサポート（3本以上継がない）　ワイヤー

3.5m 超

水平つなぎ(2方向)

2m 以内

根がらみ

鋼管 (パイプサポートを除く) を支柱として用いる場合

●高さ2m以内ごとに水平つなぎを2方向に設け、かつ、水平つなぎの変位を防止する。

型枠存置期間

コンクリートの打設後、所定の強度が得られるまでの一定期間、型枠を取り付けた状態のまま保持する必要があります。これを存置期間といいます。

■ せき板の存置期間

せき板は「コンクリートの材齢による最小存置期間」と「コンクリートの圧縮強度による最小存置期間」のうち、いずれかを満足すれば取りはずすことができます。

●コンクリートの材齢による最小存置期間

コンクリートの種類 / 気温	早強ポルトランドセメント	普通ポルトランドセメント 高炉セメント A種 シリカセメント A種 フライアッシュセメント A種	高炉セメント B種 シリカセメント B種 フライアッシュセメント B種
20℃以上	2日	4日	5日
10℃以上 20℃未満	3日	6日	8日

●コンクリートの圧縮強度による最小存置期間（湿潤養生する場合）

計画供用期間	圧縮強度
短期および標準	$5N/mm^2$以上
長期および超長期	$10N/mm^2$以上

※湿潤養生しない場合は、それぞれ $5N/mm^2$ 加えた値以上とする。

■ 支保工の存置期間

スラブ下・梁下

設計基準強度の100%以上の圧縮強度が得られたと確認されるまでとしますが、圧縮強度が$12N/mm^2$以上かつ計算により安全が確認されれば取りはずすことができます。

片持梁・庇

設計基準強度の100%以上の圧縮強度が得られたと確認されるまでとします。

⑦ 鉄骨工事

鉄骨工事は、あらかじめ工場で運搬・搬入ができる大きさに加工、製作された鉄骨を現場で組み立てて、ボルトや溶接で接合し、強固な骨組みをつくる工事です。建築物の精度はもちろん、施工中の事故防止対策も非常に重要です。

工作図と加工

設計図書を基に工作図を作成し、設計者や工事監理者の承認を受けたのち、鉄骨の加工にかかります。

■ 工作図の作成

工作図とは、設計図書に基づき、各部材や接合部に関する鋼材の加工、組立に必要な詳細な形状や寸法、材質などを表示した図面です。施工性、構造細部の納まり、設備配管用の梁貫通孔などの検討や調整を行います。場合によっては原寸図(床書き) を作成することもあります。

■ けがき

鋼材上にポンチ等を用いて、加工や組立に必要な情報を記す作業で、工作図、型板、定規などを用いて行います。けがき寸法は、製作中に生じる収縮、変形および仕上げ代を見込んでおく必要があります。

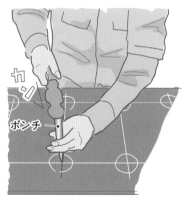

けがきの様子

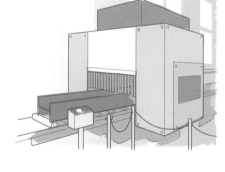

自動加工装置よる穴あけ・切断

近年ではCADで設計した製品を製造する支援ツール（CAD/CAM）が普及し、けがきの作業を省略することも多い。

■ 切断

原則として自動ガス切断機を用いますが、板厚が13mm以下の鋼材の場合は、せん断切断加工を用いることができます。

> **? せん断切断**
> ハサミのように、せん断力（ずれ合う力）によって鋼材を切断する方法。

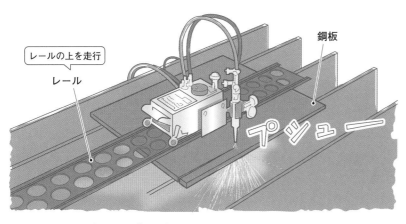

アセチレンと酸素を混合した
ガスを燃焼させながら噴射す
ることで鋼板を溶断。

自動ガス切断機（ポータブル形）

■ 孔あけ

　ドリルあけを原則としますが、板厚が13mm以下の鋼材の場合はせん断孔あけすることができます。高力ボルト用の孔あけ加工については、鉄骨部材の板厚にかかわらず、ドリルあけとします。

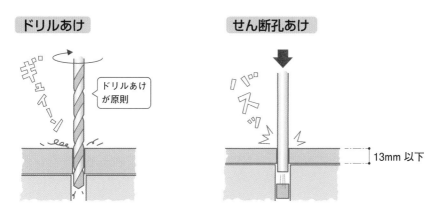

■ 曲げ

　曲げ加工を行う場合は、常温加工または加熱加工とします。加熱加工の場合、赤熱状態（850〜900℃）で行います。青熱状態（200〜400℃）では鋼材がもろくなるので加工は行いません。

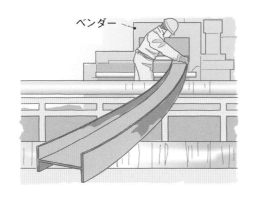

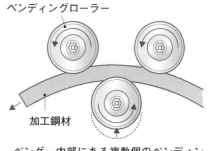

ベンダー内部にある複数個のベンディングローラーに鋼材を通して曲げ加工する。

■ 組立て溶接

組立て溶接は、仮付け溶接ともいい、部材を組み立てる際の溶接のことをいいます。本溶接と同等な品質が得られるように行います。

溶接部に割れが生じないように、必要で十分な長さと 4mm以上の脚長を持つビード（溶接による溶着金属）を適切な間隔で配置します。

● 最小ビード長さ

板厚	最小ビード長さ
6mm以下	30mm
6mmを超える	40mm

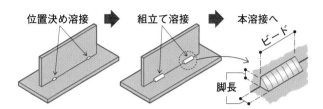

一般的に、位置決め溶接→組立て溶接→本溶接の流れになる。組立て溶接は部材の端部、小口など、工作上支障をきたすおそれがある箇所には施さない。

建方 （たてかた）

現場において構成材を組み立てることを「建方」といい、鉄骨造の建築ではアンカーボルトの埋め込みや仮ボルト締め、ゆがみ直しなどの作業があります。

■ 搬入・建方準備

建方に先立ち、事前に敷地条件や建物規模および形状、工期、工程などの条件に基づき、搬入方法や建方順序などの検討を行い、建方計画を立てます。

工場から受け入れした鉄骨部材は、変形や損傷が生じないように、受け台などの上に置くなど、養生（ようじょう）を行います。変形や損傷が生じた場合は建方前に修正する必要があります。

■ 建方の方式

建方の方式は、建方を行う場所を高さ方向に区切った「積上げ方式」と、建物を縦方向に区切った「建逃げ方式」に大別されます。

積上げ方式

各節ごとに鉄骨材をすべて組み立て、順次、その上に積み上げて行く方法です。建方中の安定性がよく、精度の高い建物にできます。

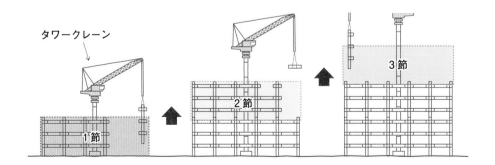

❓ 節 <small>せつ</small>

建物の高さ方向に対して、鉄骨を何分割にしているかをいう。たとえば3階建てで、各階ごと1階、2階、3階と柱を分割すれば、3節となる。

建逃げ方式

建物をいくつかのブロックに分割し、一つのブロックを最上階まで組み立て、順次、次のブロックへと後退して組み立てていく方法です。「屏風建て <small>びょうぶた</small>」ともいいます。

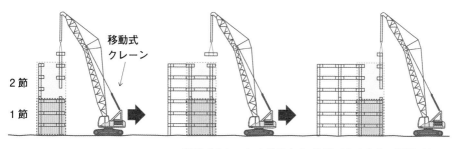

移動式クレーンを使うため、作業できる高さに限界がある。

■ 柱脚の固定

鉄骨の柱脚の固定には「露出形式」「根巻き形式」「埋込み形式」などがあります。

露出形式

ベースプレートをアンカーボルトで直接基礎に固定します。

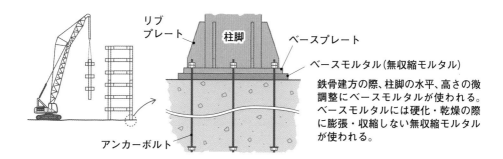

鉄骨建方の際、柱脚の水平、高さの微調整にベースモルタルが使われる。ベースモルタルには硬化・乾燥の際に膨張・収縮しない無収縮モルタルが使われる。

根巻き形式

鉄骨柱脚を鉄筋コンクリート造の柱に埋め込みます。

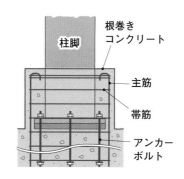

埋込み形式

鉄骨柱脚を鉄筋コンクリート造の基礎もしくは基礎梁に埋め込みます。

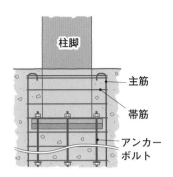

柱脚

主筋

帯筋

アンカーボルト

●柱脚固定部の詳細

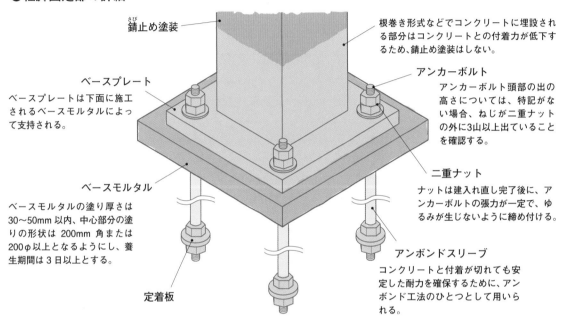

錆止め塗装

ベースプレート

ベースプレートは下面に施工されるベースモルタルによって支持される。

ベースモルタル

ベースモルタルの塗り厚さは30~50mm以内、中心部分の塗りの形状は200mm角または200φ以上となるようにし、養生期間は3日以上とする。

定着板

根巻き形式などでコンクリートに埋設される部分はコンクリートとの付着力が低下するため、錆止め塗装はしない。

アンカーボルト

アンカーボルト頭部の出の高さについては、特記がない場合、ねじが二重ナットの外に3山以上出ていることを確認する。

二重ナット

ナットは建入れ直し完了後に、アンカーボルトの張力が一定で、ゆるみが生じないように締め付ける。

アンボンドスリーブ

コンクリートと付着が切れても安定した耐力を確保するために、アンボンド工法のひとつとして用いられる。

■ 建入れ直し

建方時における柱の倒れなどを補正することで、建方精度の規定を満たす必要があります。建入れ直しは各節の建方終了ごとに行います。

面積が広くスパン数が多い場合などは、できる限り小区画に区切るなど、有効なブロックに分割して修正を行います。

建方の精度は下記の許容差内で管理しなければなりません。

建物の倒れ	高さの1/4,000に7mmを加えた値以下かつ30mm以下
柱の倒れ	高さの1/1,000以下かつ10mm以下
階高	±5mm

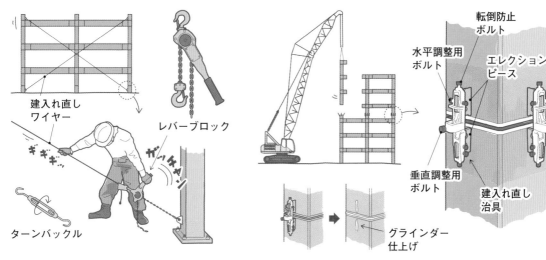

建入れ直しワイヤー

レバーブロック

ターンバックル

建入れ直しワイヤーをレバーブロックやターンバックルで引っ張り、柱を垂直にする。

転倒防止ボルト

水平調整用ボルト

エレクションピース

垂直調整用ボルト

建入れ直し治具

グラインダー仕上げ

柱の突合せ継手部分には工場出荷段階でエレクションピースが取り付けられており、専用の建入れ直し治具により建入れ直しがされる。溶接完了後にはエレクションピースは撤去され、グラインダー仕上げされる。

高力ボルト接合

　高力ボルト接合は、鋼材を強い力で締め付け、鋼材間を錆の発生やブラストにより粗面にすることで発生する摩擦力によって、力を伝達させる接合方法です。

■ 高力ボルトの種類

　一般に高力六角ボルトおよびトルシア形高力ボルトが使われ、いずれもボルト、ナット、座金の3つがセットとなっています。

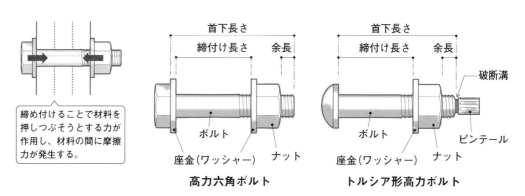

締め付けることで材料を押しつぶそうとする力が作用し、材料の間に摩擦力が発生する。

首下長さ
締付け長さ　余長

ボルト
座金（ワッシャー）　ナット

高力六角ボルト

首下長さ
締付け長さ　余長

破断溝

ボルト
ピンテール
座金（ワッシャー）　ナット

トルシア形高力ボルト

■ 摩擦面の処理

　高力ボルト摩擦接合部の摩擦面となる部分については、鉄骨に錆止め塗装を行いません。接合部の摩擦面のすべり係数（摩擦面の「すべりにくさ」を表す値）は 0.45以上とします。そのために発錆処理もしくはブラスト処理を施します。

発錆処理

　適切なすべり係数を確保するために、屋外に自然放置して、表面が一様に赤く見える程度の赤錆を発生させます。

ブラスト処理

ショットブラストまたはグリットブラストにより摩擦面(まさつめん)を粗くする処理を行います。

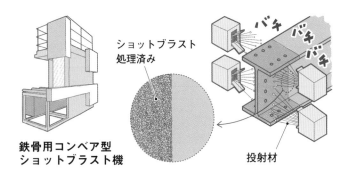

ショットブラスト
処理済み

鉄骨用コンベア型
ショットブラスト機

投射材

ショット（細かな鋼球）やグリット（角の鋭い鉄の粒）を高速に打ち付けて表面に微細な凹凸を付ける処理をブラストといいます。

■ 接合部の組立て

はだすきの処理

接合部に1mmを超える「はだすき」（隙間(すきま)）が生じる箇所には、フィラープレートを使用します。

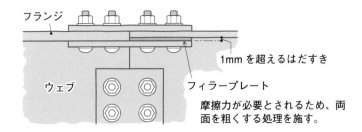

フランジ

1mmを超えるはだすき

ウェブ

フィラープレート

摩擦力が必要とされるため、両面を粗くする処理を施す。

補修

接合部の組立て時に積層した板間に生じたボルト孔のくい違いの修正は、2mm以下ならリーマ掛けで、2mmを超えた場合はスプライスプレートで措置します。

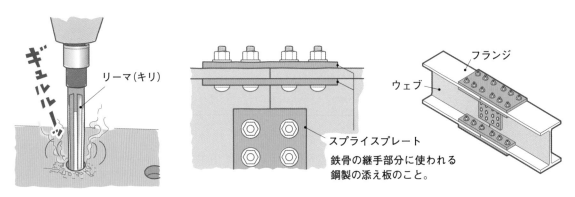

リーマ(キリ)

リーマ掛け

スプライスプレート

鉄骨の継手部分に使われる
鋼製の添え板のこと。

スプライスプレートの使用

フランジ

ウェブ

■ 締付け

高力ボルトの締付け作業は、一次締め、マーキングおよび本締めの3段階で行います。
高力ボルトと溶接の併用継手については、高力ボルトを締め付けた後に、溶接を行います。

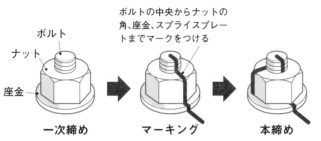

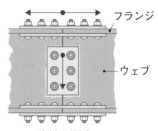

ボルトの中央からナットの
角、座金、スプライスプレー
トまでマークをつける

一次締め
規定の張力ですべて
のボルトを均等に締
め付ける。

マーキング
白チョークまたは
白ペンキでマーク
をつける。

本締め
標準張力で締め付
ける。

締付け順序
一群のボルトの締付けは原則、本締め
の場合、フランジは中央から端部へ、
ウェブは上から下に向かって行う。

第4章 躯体工事

■ 本締め後の検査

トルシア形高力ボルト

● ボルトの余長が、ナット面から突き出た長さがねじ山1〜6山出ていることを確認します。
● ピンテールが破断していることを確認します。
● 目視検査において、一次締め後に付したマークのずれにより共回りや軸回りがないことを確認します。
● ナット回転量に著しいばらつきの認められるボルト群については、その群のすべてのボルトのナット回転量を測定して平均回転角度を算出し、平均回転角度±30°の範囲のものを合格とします。

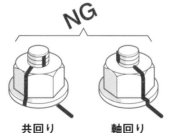

ピンテールが破断
ナットのマーキングのみ移動し
ていればOK。

共回り
座金とナットの
マーキングが移
動。

軸回り
ボルトのマーキ
ングが移動。

本締めではシャーレンチが使われる。
ソケット部分にはナットを回すアウ
ターソケットとピンテールを回すイ
ンナーソケットがあり、所定のトルク
がかかるとピンテールが破断する。

高力六角ボルト

● すべてのボルトについて、一次締め完了後に付したマークのずれにより、ナットの回転量が120°±30°の範囲にあるものを合格とします。

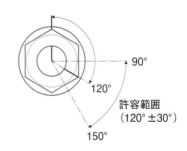

90°
120°
150°
許容範囲
（120°±30°）

ナットの角にマーキング
する理由は、2つ目の角が
120°になり、目視で回転
量を判断しやすいから。

溶接接合

溶接接合は、接合しようとする母材を溶かし、そこに溶接棒を溶かした溶着金属を溶かし込み、接合部を一体化する接合方法です。強度を得やすい一方、品質が溶接工の技量に大きく左右され、また風、雨、気温などの気象条件の影響を受けやすいので、十分な性能を発揮させるために細心の注意を払う必要があります。

■ アーク溶接の種類

一般に、溶接棒と母材を電極として、その間にアーク（放電により発生する青い光）を発生させ、このアークによって発生した熱を利用して溶接棒を溶かして接合するアーク溶接が使用されます。

アーク溶接には主に次のような種類があります。

被覆アーク溶接

溶接部を大気による錆から守るために被膜剤で覆った溶接棒を用いる溶接です。溶接棒は湿らせると性能が落ちるので防湿には十分な注意が必要です。

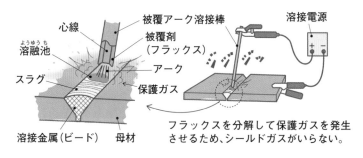

フラックスを分解して保護ガスを発生させるため、シールドガスがいらない。

ガスシールドアーク溶接

大気による酸化を防ぐため、溶接機の先端から炭酸ガスなどの不燃ガスを吹き出しながら溶接します。適切な防風処置を講じたときを除き、風速が 2m/s以上の場所では使用できません。

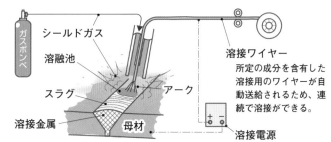

溶接ワイヤー
所定の成分を含有した溶接用のワイヤーが自動送給されるため、連続で溶接ができる。

■ 溶接の施工における注意事項

● 気温が−5℃を下回る場合は溶接を行ってはいけません。−5℃～5℃の場合は、接合部から100mmの範囲の母材部分を適切に加熱すれば溶接を行うことは可能です。

● 溶接に先立ち、開先（鋼板同士を突き付けたときに溝ができるように先端部を斜めに加工した部分）が適切か否かを確認します。不適切な開先の場合には、溶接を行ってはいけません。

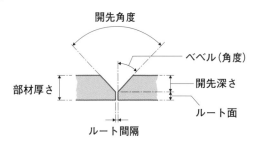

開先には V 形、レ形、K 形などがあり、母材の材質、厚さ、施工性などを考慮して形状、角度が設計される。

●開先のある溶接の両端には、健全な溶接ができるように適切なエンドタブを取り付けることを原則とします。

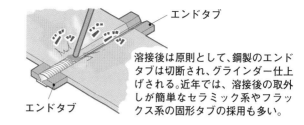

溶接後は原則として、鋼製のエンドタブは切断され、グラインダー仕上げされる。近年では、溶接後の取外しが簡単なセラミック系やフラックス系の固形タブの採用も多い。

●柱梁接合部において、エンドタブを取り付ける場合には、裏当て金に取り付け、直接、母材の組立て溶接をしないように施工します。

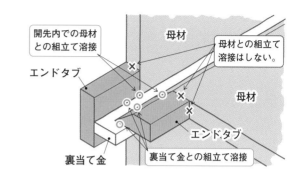

●裏当て金を用いた柱梁接合部における裏当て金の組立て溶接については、梁フランジ幅の両端から 5mm以内の位置には行いません。

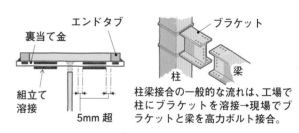

柱梁接合の一般的な流れは、工場で柱にブラケットを溶接→現場でブラケットと梁を高力ボルト接合。

■ 接合方法の種類

突合わせ溶接

母材相互の接合面の全断面を完全に溶け込ませて接合する方法です。すべての応力を負担できるので応力の大きい箇所に適しています。

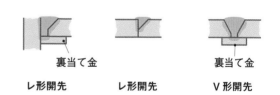

レ形開先　レ形開先　V形開先

隅肉溶接

母材を重ねたり、一方の母材の端部を他の母材の表面に取り付けてできる隅角部に溶着金属を盛っていく溶接です。

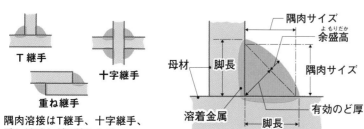

隅肉溶接はT継手、十字継手、重ね継手などに使われる。

隅肉溶接は通常、脚長を等しくします。両脚長に著しい差があってはなりません。また隅肉のサイズは薄いほうの部材の厚さ以下にする必要があります。

■ 溶接の欠陥

溶接部の検査には、次のような方法があります。

●超音波探傷試験・・・・超音波を発信し、反射波の状態をみることで、溶接部の内部に生じた
欠陥を発見する方法

●浸透探傷試験・・・・・・溶接部の表面に特殊な赤色の塗料を吹き付け、その赤色の状態で表面
に生じた欠陥を発見する方法

有害な欠陥がある溶接部分は、削除して再溶接します。

	欠陥の種類		原因	対策
内部欠陥	溶込み不良	溶接境界面が十分に溶け合っていない。	運棒速度の速すぎ 溶接棒の棒径過大 電流過少 開先角度が狭すぎ	不良箇所をはつり取って実際の位置を確認し、両端より20mm程度除去し、舟底形の形状に仕上げてから再溶接する。
	ブローホール	ガスによって生ずる溶着金属中の球状の空洞。	吸湿した溶接棒の使用 アークが不安定	
	スラグ巻込み	溶着金属内部にスラグが混じる。	運棒不適 電流過少	
	クラック	溶着金属内部に割れが生じる。	不良溶接棒 電流過大 母材不良	割れの範囲を確認し、その両端から50mm以上はつり取って舟底形に仕上げ、補修溶接する。
表面欠陥	アンダーカット	溶接の端部に沿って母材が掘られて、溶着金属が満たされず溝となって残る。	運棒不適 電流過大 溶接棒の選択不適	必要に応じて整形した後に、ショートビードにならないように補修溶接し、さらに必要な場合はグラインダ仕上げを施す。
	ビット	溶着金属表面に生じる小さなくぼみ状の穴。	著しい電流過大 運棒不適	欠陥箇所を削除した後、補修溶接する。
	オーバーラップ	溶着金属が止端で母材に融合しないで重なる。	運棒不適(遅い) 電流不適 溶接棒の棒径過大	グラインダなどで削除し、整形する。

? 運棒

溶接棒の移動操作のこと。

⑧ 補強コンクリートブロック工事

コンクリートブロックを積み上げ、鉄筋で補強して、壁頂部を鉄筋コンクリート造の梁でつなぎ一体化した形式の構造で、ブロック塀など簡易的な建物に用いられる場合が多い工事です。

補強コンクリートブロックの材料

主な材料となるコンクリートブロックは、空洞ブロックがもっとも多く用いられており、その形状には基本型、横筋型、コーナー型などがあります。

基本型

一般的に使われるもので、空洞部分に鉄筋を挿入し、モルタルまたはコンクリートを充填させて使用します。

横筋型

横筋を固定するモルタルが、空洞を埋めないために用います。

コーナー型

壁面の横端部に用います。

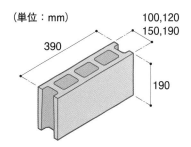

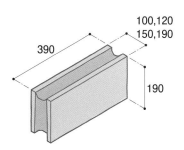

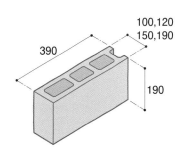

補強コンクリートブロックの施工

積上げ

コンクリートブロックは、フェイスシェルの厚さの大きいほうを上にして積み上げます。
1日の積上げ高さの限度は、1.6m程度を標準とします。

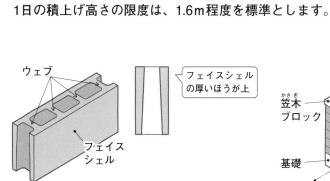

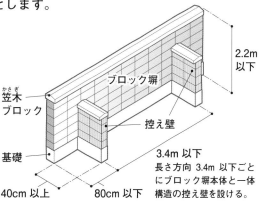

L型やT型に交差する場所は、ブロックの一部を欠き取って固定するか、その部分をコンクリート打ちとします。

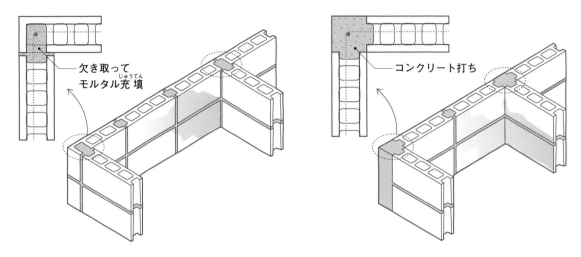

欠き取って
モルタル充填（じゅうてん）

コンクリート打ち

■ 配筋

塀（へい）の壁内には、径9mm以上の鉄筋を縦横に80cm以下の間隔で配置します。

縦筋はブロック内で原則、継手（つぎて）を設けてはいけません。

耐力壁の横筋は、縦筋と結束し、ブロックから20mm以上のかぶり厚さを確保します。

■ モルタル、コンクリートの充填

組積2～3段ごとに、モルタル、コンクリートの充填を行います。

モルタル、コンクリートの打継ぎ面はブロック上端から5cm程度下がった位置とします。

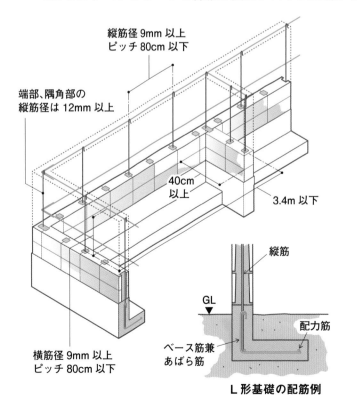

縦筋径9mm以上
ピッチ80cm以下

端部、隅角部の
縦筋径は12mm以上

40cm
以上

3.4m以下

横筋径9mm以上
ピッチ80cm以下

縦筋

GL

ベース筋兼
あばら筋

配力筋

L形基礎の配筋例

横筋　縦筋

縦筋
横筋

かぶり厚さ
20mm以上

ブロック壁体・控え壁のかぶり厚さ

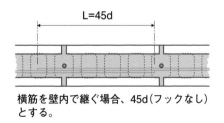

L=45d

横筋を壁内で継ぐ場合、45d（フックなし）
とする。

横筋の継手長さ

第 5 章

仕上工事

仕上工事は、外壁や屋根、居室の壁や床といった内装など、建物が完成した際に目に見えてくる部分を作る工事のことです。建築工事の中盤から完成に向けて、多数の工事が同時に進むこともあり、また、建物の快適性や美しさに直接関わる工事なので、不具合や欠陥などが発生しないように、各工事の内容や工程などを正しく理解することが必要不可欠です。

① 防水工事

雨や生活用水が室内に入り込むことを防ぐ工事です。特に屋根や屋上、ベランダやバルコニー、窓枠といった雨漏りの原因となる場所には大切な工事となります。防水工事には主に、アスファルト防水、改質アスファルト防水、シート防水、塗膜防水といった工法があります。

アスファルト防水

　液状に溶解したアスファルトを接着材として、防水性の高いアスファルトルーフィング（紙や不織布にアスファルトを染み込ませた防水紙）などを重ね張りして、厚みのある防水層を作る方法で、密着工法と絶縁工法があります。

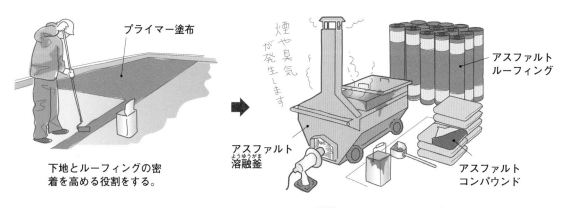

プライマー塗布

下地とルーフィングの密着を高める役割をする。

煙や臭気が発生します

アスファルト溶融釜

アスファルトルーフィング

アスファルトコンパウンド

現場でアスファルトコンパウンドを加熱、溶融する。溶融温度は 220〜270℃と高温。

高温作業で夏は大変

溶融アスファルトをかけながらルーフィングを張り付ける。

■ 密着工法

下地面の全面に防水層を密着させる工法です。屋上防水や室内防水などで用いられます。建築物の工事を行う場合には、工事現場の周辺に 1.8m 以上の仮囲いを設置する必要があります。

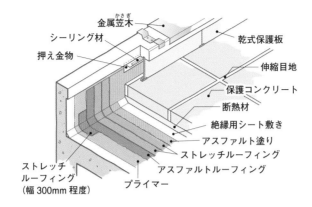

■ 絶縁工法

一般部は下地面に防水層を全面接着させず部分接着とし、立上がり部や周辺部を密着張りとする工法で、下地のひび割れや継ぎ目の動きによる防水層の破断を防ぐことができます。穴あきルーフィングを用いる工法が多く用いられ、下地の湿気を排出させるために脱気装置を取り付けます。

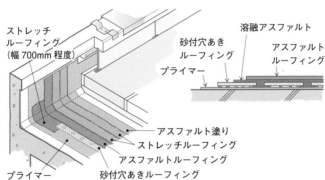

施工上の留意点

●ルーフィング類の張付けは原則としてアスファルトプライマー（下塗り材）を塗布した翌日として、十分乾燥させることが望まれる。

●ルーフィングの張付け前に、補強のための増張りを行う。

密着工法の場合 ➡ 出隅部や入隅部にはストレッチルーフィングを幅 300mm 程度

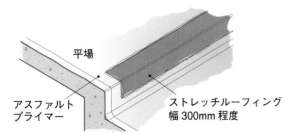

密着工法の出隅部の増張り

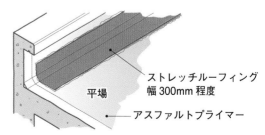

密着工法の入隅部の増張り

絶縁工法の場合 ➡ 出隅部や入隅部にはストレッチルーフィングを幅700mm程度、その際、平場部には500mm程度張りかける。

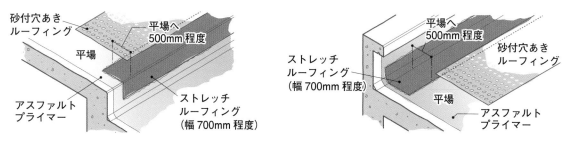

絶縁工法の出隅部の増張り　　　　　　絶縁工法の入隅部の増張り

●コンクリートの打継ぎ部やALCパネル版のパネル下地の継手目地部などには、幅50mm程度の絶縁テープを張り付けた後、幅300mm程度のストレッチルーフィングを用いて増張りする。

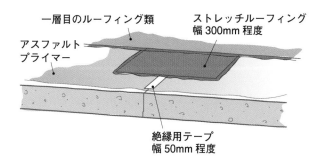

● PCパネルの継手部分には、両側のパネルに100mm程度かかる幅のストレッチルーフィングを増張りする。

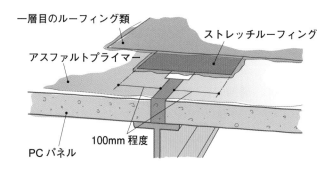

●ルーフィングは水下から水上に向かって流し張りにする。重ね幅は長手、幅方向ともに100mm 程度とする。

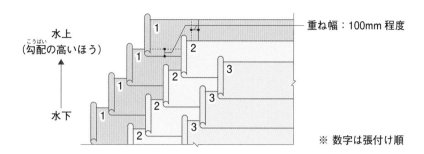

●防水層の下地からの水蒸気を排出するために、脱気装置を 50 〜 100m² に 1 箇所の割合で設置する。

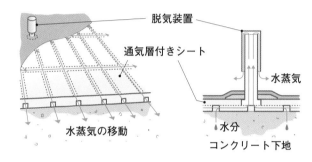

改質アスファルト防水

溶融アスファルトを用いないで、合成ゴムやプラスチックを添加して、温度特性や耐候性をさらに強化した改質アスファルトシートを直接躯体に接着する方法です。トーチ工法と常温粘着工法があります。

■ トーチ工法

改質アスファルトシートの裏面と下地をトーチであぶり、密着させて防水層を形成する工法です。

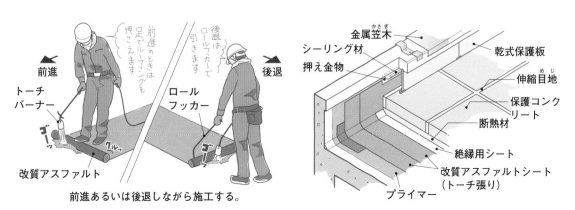

前進あるいは後退しながら施工する。

■ 常温粘着工法

溶融窯（ようゆうがま）や大きな裸火を使用せず、粘着層付きアスファルトを積層させる工法です。工事中に二酸化炭素や煙、臭気が発生しないので環境に優しい工法です。

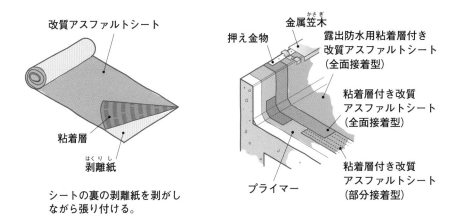

改質アスファルトシート

粘着層

剥離紙（はくりし）

シートの裏の剥離紙を剥がしながら張り付ける。

押え金物

金属笠木（かさぎ）

露出防水用粘着層付き改質アスファルトシート（全面接着型）

粘着層付き改質アスファルトシート（全面接着型）

プライマー

粘着層付き改質アスファルトシート（部分接着型）

✍ 施工上の留意点

● 平場のシート張りに先立ち、出入隅角（でいりすみかど）にはあらかじめ200mm角程度の増張（ましは）り用シートを張り付ける。

● 重ね幅は長手、幅方向ともに100mm以上とする。

● 先に張り付けたシートの接合箇所は、シートの表面と張り合わせるシートの裏面とをトーチであぶり、改質アスファルトがはみ出す程度まで十分に溶融し、密着させる。

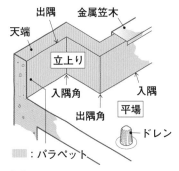

天端

出隅

金属笠木

立上り

入隅角

出隅角

入隅

平場

ドレン

: パラペット

屋上各部位の名称

入隅、出隅などがからむパラペットの立上り部、平場のドレン廻りなどは漏水（ろうすい）の原因になりやすいため、増張りが必要。

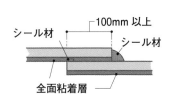

シール材

100mm 以上

シール材

全面粘着層

一般的な常温工法の例

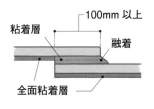

粘着層

100mm 以上

融着

全面粘着層

粘着と融着の併用例

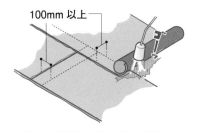

100mm 以上

防水の信頼性が高い施工方法として、粘着層による粘着とトーチバーナーによる融着を併用してシートを一体化させる方法がある。

シート防水

　合成ゴムや塩化ビニルなどの薄い不透水性の合成高分子ルーフィングシートを接着剤で下地に張り付けたり、金属製の固定金具を介して下地に固定したりする工法です。下地の動きに対して追従性がよく、施工の工程数を少なくすることができるという特徴があります。

　シートの材料には、加硫（かりゅう）ゴム系のものと塩化ビニル樹脂（じゅしけい）系のものがあります。加硫ゴム系はテープ状のシール材を一緒に用いて接着剤で接合します。塩化ビニル樹脂系は液状シール材などを一緒に用いて溶剤または熱によって接着します。

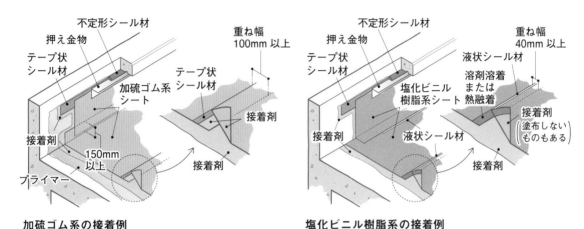

加硫ゴム系の接着例　　　　**塩化ビニル樹脂系の接着例**

●重ね幅と接合方法

	重ね幅		
	縦	横	立上がり
加硫ゴム系	100mm以上	100mm以上	150mm以上
塩化ビニル樹脂系	40mm以上	40mm以上	40mm以上

塗膜防水（とまく）

　合成樹脂製の防水剤をはけやローラーで塗り、防水層を構成する工法です。屋根や庇（ひさし）、開放廊下（ろうか）やベランダなどの防水に用いられます。ウレタンゴム系密着工法やゴムアスファルト系・絶縁工法などがあります。

 施工上の留意点

● 平場のコンクリート下地は金ごてによる仕上とする。
● コンクリートの打継ぎ目地（めじ）やひび割れ箇所はU字形にはつり、シーリング材を充填（じゅうてん）し、幅100mm以上の補強布を用いて補強塗りを行う。
● 出入隅（でいりすみ）、ルーフドレン、配管などの取合いは、幅100mm以上の補強布を用いて補強塗りを行う。
● 塗継ぎの重ね幅は100mm以上とし、補強布の重ね幅は50mm以上とする。

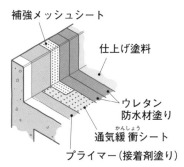

ウレタン塗膜防水（通気絶縁工法）の例

❓ 用語解説

ルーフドレン

屋根やベランダ、バルコニーの床などに設けられる金物で、落ち葉などのゴミを集め、雨水だけを竪樋にスムースに流し、排水する。

🏢 シーリング

サッシやガラスなどの部材の接合部の隙間や、躯体や仕上げ材で振動や気温変化による伸縮がある場所などには、水密性や気密性、変形の緩衝効果を得るために、シーリング材を充填します。

■ 目地の構造

目地はムーブメント（温度変化、風圧力、地震力などによって、部材間に生じる動き、変化、変形）の大きさによって、ワーキングジョイントかノンワーキングジョイントを使用します。

ワーキングジョイント

シーリング材と構成部材が相互の2面接着となるように、目地底に接着させないように、3面接着の防止を施します。

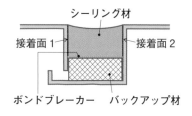

2面接着は、動きのある目地にシーリングが追従できるように目地底を接着させない。

●バックアップ材

シーリングを施す目地底に設ける合成樹脂または合成ゴム製の成形材で、充填深さの調整、目地底の形成を目的としています。裏面に接着剤がついているものは目地幅より1mm程度小さいもの、裏面に接着剤がついていないものは目地幅より2mmほど大きいものを使用します。

●ボンドブレーカー

紙、布およびシリコーン等からなるテープ状の材料で、目地底が浅い場合に用います。

ノンワーキングジョイント

コンクリートの打継ぎ目地やひび割れ誘発目地、RC造のサッシ周りなどの目地は、目地底に水が浸入しないように、シーリングが目地底に接着する3面接着とします。

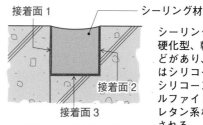

接着面1 ── シーリング材

接着面2

接着面3

動きの少ない目地に3面接着が使われる。

シーリング材には湿気硬化型、乾燥硬化型などがあり、湿気硬化型はシリコーン系、変成シリコーン系、ポリサルファイド系、ポリウレタン系などに細分化される。

❓ 用語解説

ひび割れ誘発目地

乾燥収縮によって発生するひび割れを、事前に想定した位置に発生させ、その場所以外へのひび割れが発生しないようにするための目地。

✎ 施工上の留意点

●シーリング材の充填の例を以下に示す。3面接着を防ぐためには、バックアップ材を装填する。

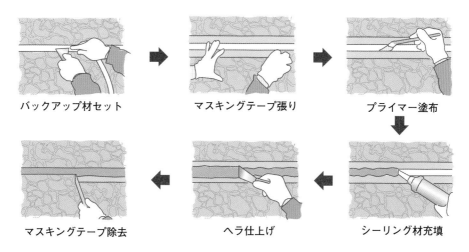

バックアップ材セット → マスキングテープ張り → プライマー塗布

マスキングテープ除去 ← ヘラ仕上げ ← シーリング材充填

●シーリング材の充填は、目地の交差部またはコーナー部から始める。

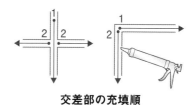

交差部の充填順

●シーリング材の打継ぎ箇所は、目地の交差部およびコーナー部を避け、そぎ継ぎ（小口を斜めにそぎ落とす）とする。

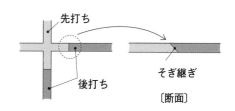

先打ち

後打ち

そぎ継ぎ

〔断面〕

第5章　仕上工事

② 石工事

石は建物の内外装の壁や床の仕上から家具などの造作まで、幅広く用いられています。代表的な石材には、硬く耐候性にも優れる花崗岩（御影石）や安山岩（鉄平石）、耐火性に優れる凝灰岩（大谷石）や砂岩、光沢が色や模様が豊富な大理石などがあります。また、壁や床への張り方には、乾式工法と湿式工法があります。

石の仕上げ

色調や紋様が美しく表れるように表面を磨いた光沢のある磨き仕上げと、滑らないように表面をバーナーの強い火炎で焼いて剥離させるなどの粗面仕上げがあります。

磨き仕上げは、ダイヤモンドなどの砥石によって磨きます。その表面の粗さが大きいものから順に、粗磨き、水磨き、本磨きと分類されます。特に本磨きは平滑で艶があり、石本来の色や柄が出る仕上げです。

粗面仕上げには、人の手で仕上げる手加工と機械で仕上げる機械加工があります。
● 手加工……割肌、のみ切り、びしゃん、小叩きなど
● 機械加工……ジェットバーナー、ブラスト、ウォータージェットなど

割肌

石を割ってそのまま表面がでこぼこした状態に仕上げる。

のみ切り

割肌面をノミで削って仕上げる。

びしゃん

びしゃんと呼ばれる複数の刃がついたハンマーで叩いて平面に仕上げる。

ジェットバーナー

ジェットバーナーで表面を加熱して石の中の結晶をはじかせて仕上げる。

写真提供　三国産業株式会社

外壁乾式工法

ファスナーという取付け金物を用いて、石の荷重1枚ずつ受ける工法です。躯体(くたい)の変位や反(そ)り、ねじれによる影響を受けにくいので、耐震対策に有効です。

🖊施工上の留意点

●材料

石材の有効厚さは、外壁の場合は30mm以上、内壁の場合は25mm以上とし、石材の大きさは右のとおりとする。

幅	1,200mm 以下
高さ	800mm 以下
面積	1.0m² 以下
重量	70kg以下

●施工

- だぼ用の穴の位置は石材の上端横目地合端(うわばよこめじあいば)に2箇所、両端部より石材幅の1/4程度の位置に設ける。また板厚方向に対しては中央とする。
- ファスナーは、ステンレス製（SUS30または同等以上）とする。
- 石材の裏面と躯体コンクリートの間隔は70mm程度とする。
- 目地幅は8mm以上とし、シーリング材を充填(じゅうてん)する。

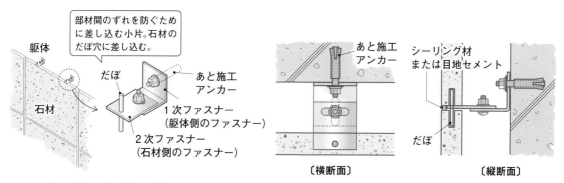

ファスナーを用いた石材取付け

外壁湿式工法

取付け金物と石材を緊結(きんけつ)し、石材と躯体の間全体に裏込めモルタルを充填する工法です。裏込めモルタルがあるので耐衝撃性がありますが、躯体の影響を受けやすいので耐震性には劣り、白華(はっか)（表面に浮き出る白い粉状の結晶物）の発生や反(そ)り、ねじりなどに注意する必要があります。

🖊施工上の留意点

- ●石材の厚さは30mm以上70mm以下とする。
- ●裏込めモルタルは容積比でセメント1に対し、砂3の調合として、十分充填できるよう流動性をもたせる。
- ●目地幅は6mm以上とする。

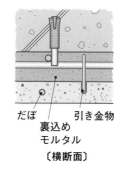

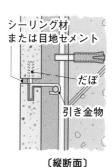

3 タイル工事

タイルは粘土を成形し、吸水や凍害防止のためにうわぐすり（釉薬）をかけて高温で焼き上げて作られます。材料が丈夫で色彩や形状が豊富なことから、キッチンや浴室などの内装や外壁、玄関周りなどの仕上げ材料として広く用いられています。

タイルの種類と目地

■ タイルの種類

タイルは吸水率の大きさによって磁器質、せっ器質、陶器質に分類されます。

分類	吸水率	性質
Ⅰ類：磁器質	1.0%以下	素地が緻密で吸水性がない。たたくと金属のような音を発する。
Ⅱ類：せっ器質	5.0%以下	素地は硬く、吸水性がごく少ない。
Ⅲ類：陶器質	22.0%以下	素地は多孔質で吸水性がある。たたくと鈍い音を発する。

■ 目地

外壁のタイルには伸縮調整目地を設けます。目地幅は 10mm 以上とし、躯体・下地のひび割れ誘発目地と必ず一致させます。

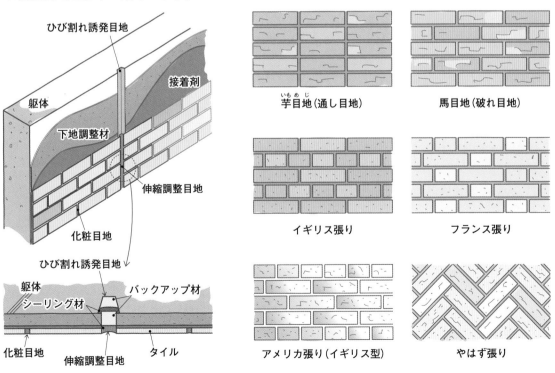

ひび割れ誘発目地
接着剤
躯体
下地調整材
伸縮調整目地
化粧目地
ひび割れ誘発目地
躯体
バックアップ材
シーリング材
化粧目地　伸縮調整目地　タイル

伸縮調整目地の納まり

芋目地（通し目地）　　馬目地（破れ目地）

イギリス張り　　フランス張り

アメリカ張り（イギリス型）　　やはず張り

タイルの張り方（目地割り）のパターン

外壁湿式工法

　壁へのタイルの施工法は、施工が終わった躯体にタイルを張る「後張り工法」と、型枠にタイルを取り付けてコンクリートを打設したり、PC板にタイルを打ち込んでおく「先付け工法」に分類されます。後張り工法においては、張るタイルの種類や形状、大きさ、また張付けモルタルの塗り面によって、改良圧着張りや密着張りなど、数種類の工法があります。

■ 改良圧着張り

　タイル裏面に張付けモルタルを塗り付け、タイルを圧着する工法です。

施工上の留意点

● 張付けモルタルの1回の塗りつけ面積は2m²程度とする。
● 張付けモルタルの塗り厚は下地面は4～6mm、タイル側は1～3mmとする。
● タイルは1枚ずつ張る。

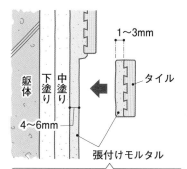

下地側とタイル側の両方に張付けモルタルを塗るため、接着力が強い。

■ 密着張り

　タイル張り用振動機（ヴィブラート）を用いて、下地面に塗った張付けモルタルに埋め込むように密着させ張り付ける工法です。

施工上の留意点

● 張付けモルタルの1回の塗付け面積は2m²程度とする。
● 張付けモルタルの塗り厚は5～8mmとし、2回に分けて塗る。
● 上部から下部へと張る。

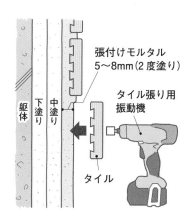

■ 改良積上げ張り

　タイル裏面に張付けモルタルを平らに塗りつけ、1枚ずつ下地に押さえつけ、木づちなどでたたき締めて張る工法です。

施工上の留意点

● 張付けモルタルの塗り厚は7～10mmとする。
● タイルは下部から上部へと張る。
● 1日の積み上げ高さは1.5m程度とする。

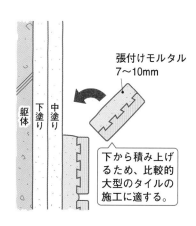

下から積み上げるため、比較的大型のタイルの施工に適する。

■ モザイクタイル張り

下地面に張付けモルタルを塗り、タイルの大きさが25mm角以下のモザイクユニットタイルをたたき押さえして張り付ける工法です。

施工上の留意点

● 張付けモルタルの塗り厚は3〜5mmとする。
● 張付けモルタルの1回の塗りつけ面積は3㎡程度とする。

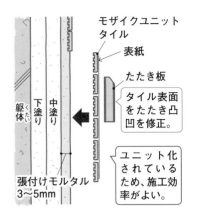

モザイクユニットタイル
表紙
たたき板
タイル表面をたたき凸凹を修正。
ユニット化されているため、施工効率がよい。
躯体
下塗り
中塗り
張付けモルタル 3〜5mm

■ マスク張り

モザイクタイル張りの短所である接着力のばらつきを少なくし、安定した接着力を得るように改良した工法です。

施工上の留意点

● 張付けモルタルの塗り厚は3〜4mmとする。

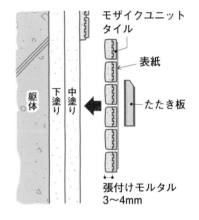

モザイクユニットタイル
表紙
たたき板
躯体
下塗り
中塗り
張付けモルタル 3〜4mm

■ 接着剤張り

接着剤を使って、ほぼ圧着張りと同様の工程でタイル張りする工法です。

施工上の留意点

● 接着剤の1回の塗付け面積は3㎡程度とする。
● 接着剤は塗り厚を厚くし、金ごてなどで平坦に塗布した後、くし目ゴテを用いて壁面に45〜60°の角度を保ってくし目をつける。通常の塗り厚は3mm程度とする。

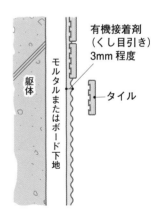

有機接着剤（くし目引き）3mm程度
タイル
躯体
モルタルまたはボード下地

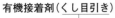

有機接着剤（くし目引き）
くし目ゴテ

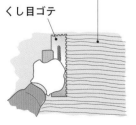

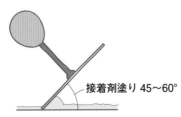

接着剤塗り 45〜60°

タイル張付け

施工後の検査

　タイルの施工はその精度や優劣によってはく落や割れを招くので、完成後の検査には細心の注意を払う必要があります。

検査方法

外観検査

　色調の不ぞろい、浮き上がりや割れ、汚れなどがないことを確認します。また、目地（めじ）の幅がそろっており、目地の色むらや目地深さの不均一さが目立っていないことなどを確認します。

打音検査

　施工後2週間以上経過した時点で、全面にわたりテストハンマーを用いてタイル壁面の表面をたたき、その音質によってタイルの損傷、浮きや剥離（はくり）の有無を確認します。

テストハンマーによる検査

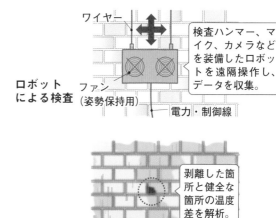

ワイヤー

ロボットによる検査　ファン（姿勢保持用）

検査ハンマー、マイク、カメラなどを装備したロボットを遠隔操作し、データを収集。

電力・制御線

赤外線画像の解析

剥離した箇所と健全な箇所の温度差を解析。

人が耳で打音を聞き分ける検査は一般的であるが、近年ではロボットによる検査や赤外線サーモグラフィーカメラの画像解析による検査なども行われている。

引張接着強度検査

　引張接着強度検査機を用いて、100m^{2}以下ごとおよびその端数につき1個以上、かつ全体で3個以上の試験体に対してタイルが十分接着しているか検査します。すべての測定結果が0.4N/mm^{2}以上、かつコンクリート下地の接着界面における破壊率が50%以下を合格とします。

測定結果表示液晶

あらかじめ電動カッターで目地を切断しておく。

アタッチメント

エポキシボンドでアタッチメントとタイルを接着。

ボンドの硬化を確認後、タイルが取れるまでハンドルを回して加圧し、強度を測定。

④ 木工事

木工事とは、木材を主原料にして加工や組立て、取付けをする工事の総称です。木工事には、天井、壁、床などの仕上げを施すための骨組を作る下地工事や、造り付け家具やドア枠、窓のカウンターなどを加工し、取り付ける造作工事などがあります。下地工事については、内装工事の項目を参照ください。本項では、木工事の材料について説明します。

木工事の材料

国内では「すぎ」がもっとも多く生産され、「ひのき」や「からまつ」などもよく使用されています。工事に用いる木材は、山・森から木を伐採し、製材したものが一般的ですが、近年ではさまざまな手法によって木材を原料とする製品が生まれています。これらはエンジニアリングウッド（EW）と呼ばれていて、合板、パーティクルボード、集成材などがあります。

■ 木取り

1本の丸太から製材を作ることを木取りといいます。天然の素材である木材は、その部位により性質が異なります。

- ●心材‥‥‥樹木の中心に近い濃い色の部分で赤身材ともいう。水分が少なく、辺材に比べ硬く、耐久性も大きい。
- ●辺材‥‥‥心材を取り囲む淡い色の部分で白太ともいう。心材に比べて耐朽性が劣り、虫害を受けやすい。
- ●木口面‥‥樹幹の軸方向に対して、垂直な平面で切断した面。
- ●柾目面‥‥年輪に直角に切断した面。
- ●板目面‥‥年輪に平行に切断した面。

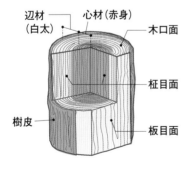

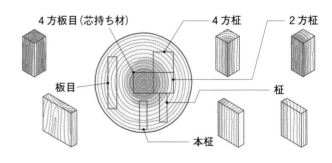

●**木表・木裏**‥‥‥丸太の外側に近いほうを木表、芯に近いほうを木裏という。木材は木表側に
反るため、木裏にひび、亀裂を生じやすくなる。そのため、柱、鴨居、長押、
床板などの仕上げ材では、木表を表面に出す。

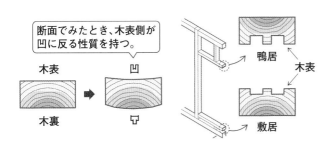

建具の枠になる敷居や鴨居は、反りによって開
閉不良を起こさないように木表側に溝を掘る。

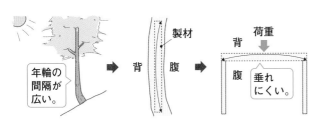

長手方向でみたとき、反った凸側を「背」、凹側を
「腹」という。製材された木材は生えていた素性
に戻る性質があるため、梁、鴨居などの横架材は
背を上に使うと垂れにくい。

■ エンジニアリングウッド（EW）

製材に対し、複数の板や小片を組み合わせて作る EW には、以下のものがあります。

合板

木材を薄くむいた単板を互いに繊維方向が直交するように接着したもの。一般的にベニヤと
呼ばれます。

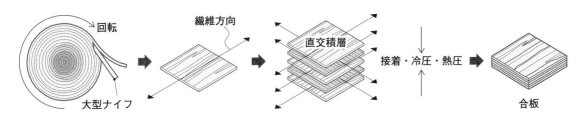

パーティクルボード

砕いた木材の小片を接着剤と混合し、熱圧成形したもの。断熱性や遮音性に優れます。

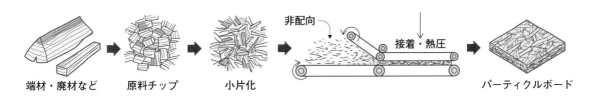

MDF(中質繊維板)

　乾燥した木材繊維を接着剤と混合し、熱圧成形したもの。加工がしやすく、家具や造作材などに適しています。

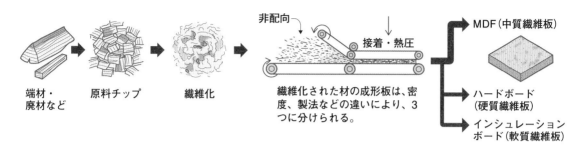

OSB(配向性ストランドボード)

　薄い木片（ストランド）の向きをそろえて積層し、それらが直交するように重ねて接着、成形したもの。

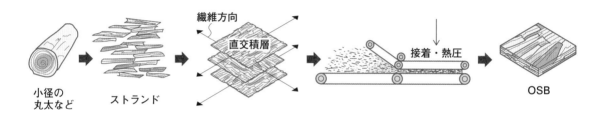

集成材

　製材した板を繊維方向をそろえて平行に接着したもの。

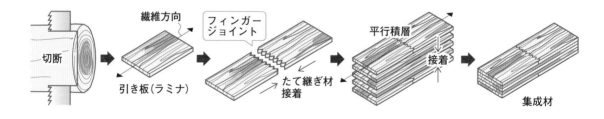

⑤ 屋根工事

建築の主要構造部の一つである屋根を屋根材を用いて仕上げる工事です。瓦やスレート、金属板で屋根を葺くほか、屋根に断熱なども施します。施工に問題があると雨漏りなどの重大な事態を招くおそれがあるので、屋根の防水はとても重要です。

屋根の材料

伝統的な屋根材として瓦や銅板のほかに、スレート板やアスファルトシングル、金属鋼板などが多く用いられています。最近では軽量で耐候性が大きいステンレスやチタンなども使用されています。

❓ 用語解説

スレート板

現在もっとも普及している屋根材の1つで天然スレートと化粧スレートがある。前者は粘板岩を素材とし青黒色で独特の模様が特徴。後者はセメントに繊維素材を混ぜて薄い板状に加工したもの。

アスファルトシングル

ガラス繊維の基材にアスファルトを浸透させて表面に砂粒や石粒を吹き付けた材。

■ 瓦

【粘土瓦】

製法により以下のように区分されます。
- **ゆう薬**‥‥釉薬をかけたもの。耐寒性・耐水性に富む。
- **いぶし**‥‥焼き上げた瓦の上にすすをすり込んだもの。
- **無ゆう**‥‥素焼きのもの。耐寒性に優れる。

形状により以下のように区分されます。

●**本葺瓦**　　　●J形瓦　　　●S形瓦　　　●F形瓦

素丸

本平

古くから社寺・城郭などに用いられてきた伝統的な瓦　　日本瓦　　西洋瓦　　全体的に丸みのない直線的なもの

プレスセメント瓦

セメントと細骨材を主原料として、加圧脱水成形して作られたもの。形状および塗装の有無で区分されます。

■ 繊維強化セメント板（スレート波板）

屋根材としては波板形をしたものを用います。小波板（谷の深さが 15mm）、中波板（25mm以上）、大波板（35mm 以上）があります。

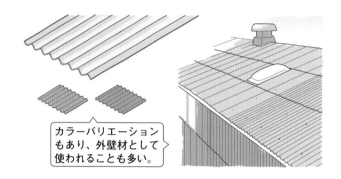

カラーバリエーションもあり、外壁材として使われることも多い。

■ 金属製折板

金属板を V 字形の断面に加工したものを用います。部材の結合形式や耐力などにより、以下のように区分されます。

●結合形式による区分
  ➡ 重ね形／はぜ締め形／かん合形
●耐力による区分
  ➡ 1 種 980N/m² ／ 2 種 1,960N/m² ／ 3 種 2,940N/m² ／ 4 種 3,920N/m² ／ 5 種 4,900N/m²
●材料による区分
  ➡ 鋼板製／アルミニウム合金板製

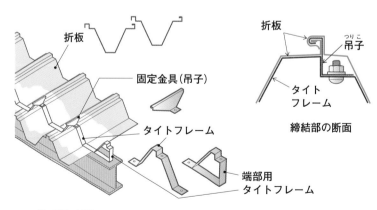

はぜ締め形
2 枚の金属屋根材の端と端をタイトフレームという取付金具に取り付けた固定金具に巻き込んで固定する。

屋根の施工

屋根は使用する材料によって葺き方が異なるので、それぞれの特徴に見合った工法で正しく施工する必要があります。

粘土瓦葺

粘土瓦を釘や銅線などの緊結線で固定する方法（から葺き工法）や、瓦の裏についている突起を野地板に取り付けた横桟に引っ掛けて固定する方法（引掛桟瓦葺き工法）などがあります。

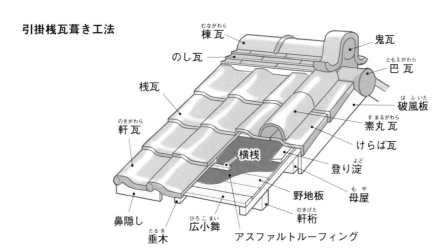

引掛桟瓦葺き工法

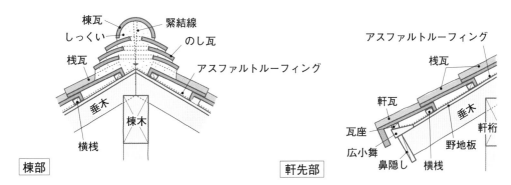

棟部　　軒先部

施工上の留意点

● 屋根の勾配は 3/10 以上が望ましい。
● 屋根勾配が 4/10 未満で流れが 10m を超える場合には、漏水の危険があるので野地板の上に改質アスファルトルーフィングを使用する。
● 屋根の谷部の下葺材は、谷の両側に約 200mm ずつ振り分けて、幅約 400mm にわたって二重葺きとする。

■ 繊維強化セメント板（スレート波板）葺

下地に野地板を用いないで鉄骨の母屋に繊維強化セメント板を直接取り付ける葺き方です。主に工場や倉庫などの鉄骨造に用いられます。

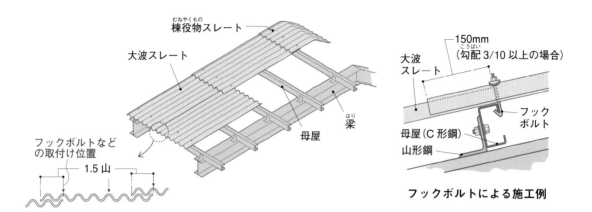

フックボルトによる施工例

施工上の留意点

● 波板の重ねは、横方向では 1.5 山、縦方向では勾配が 3/10 以上は 150mm、勾配が 3/10 未満はシール材を使用する。

● 軒の出は、受材の端より 300mm 以下とし、樋受け金物は受材に取り付ける。

■ 金属板葺

金属板葺には、金属板を水平方向に一直線状（一文字）や菱形に重ねて葺く「平葺」や、垂木と瓦棒（棒状の細長い角材）で野地板をはさみ付けて固定する「瓦棒葺」などがあります。

施工上の留意点

● **下葺き**

・金属板の下にアスファルトルーフィングを、上下（流れ方向）は 100mm 以上、左右は 200mm 以上重ね合わせて敷く。

・重ね合わせ部は間隔 300mm 内外に、その他は要所に、タッカー釘などで留め付ける。

● **材料**

・金属板の厚みは 0.35 ～ 0.4mm。

・止付け用の釘、小ねじ、タッピングねじ、およびボルト類は、亜鉛めっきまたはステンレス製を使用する。

● **加工**

・金属板の折曲げは切れ目を入れず、めっきおよび地肌に亀裂を生じさせないように行う。

・2 枚の金属板の端を折り曲げて、互いに引っ掛けて接合することを小はぜ掛けという。小はぜ掛けの下はぜの折返し幅は、15mm 程度とする。

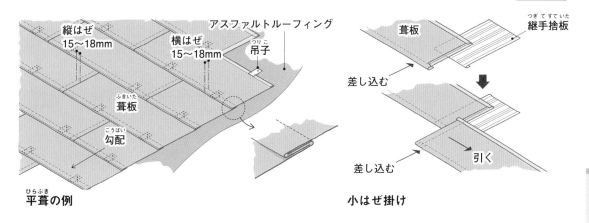

縦はぜ
15～18mm

横はぜ
15～18mm

アスファルトルーフィング

吊子

葺板

勾配

平葺の例

葺板

継手捨板

差し込む

差し込む

引く

小はぜ掛け

■ 金属製折板葺

　金属製折板を用いる葺き方で、断面がV字形をしているので、強度が大きく、鉄骨造において、母屋の本数を少なくすることができます。折板の形に加工したタイトフレームを鉄骨梁の上に溶接して取り付け、この上に金属製折板を重ね、ボルトで固定します。

🖋 施工上の留意点

●タイトフレームの取付け

・タイトフレームを鉄骨梁に取り付けるための墨出しは、山のピッチを基準に行う。
・下地への溶接は隅肉溶接（111ページ参照）とし、側面の隅肉溶接の効果を高めるため、まわし溶接を行う。

●折板の固定

・各山ごとにタイトフレームに固定する。
・緊結ボルトの間隔は600mm以下とする。

●けらば納め

　切妻屋根の妻側の端部をけらばといい、けらば先端部には1.2m以下の間隔で、折板の山の間隔の3倍以上の長さの変形防止材を取り付ける。

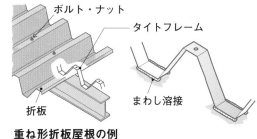

ボルト・ナット

タイトフレーム

折板

まわし溶接

重ね形折板屋根の例

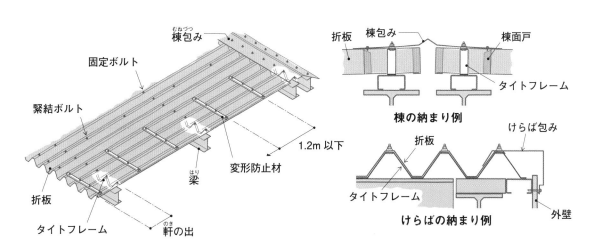

棟包み

固定ボルト

緊結ボルト

折板

タイトフレーム

軒の出

梁

変形防止材

1.2m以下

折板

棟包み

棟面戸

タイトフレーム

棟の納まり例

けらば包み

折板

タイトフレーム

外壁

けらばの納まり例

⑥ 金属工事

金属工事は、壁や天井の内部下地を軽量の構成材料で組み立てる工事や、バルコニーや屋上に笠木や手すりを設置する工事です。鉄、アルミ、ステンレスなどの金属製品を取り扱うので、それぞれの特性を理解した上で設計し、組み立て、取り付ける必要があります。

表面処理

金属は耐食性向上や美観のためにその表面に仕上を施します。表面に被膜を作る「めっき」や、磨いて光沢や模様を作る「研磨」などがあります。

■ 亜鉛めっき

電気亜鉛めっき

対象となる金属をプラス極、亜鉛をマイナス極にして、電解質液の中で電気を通して表面に被膜を作ります。めっきの層が薄く、短時間に防錆効果が失われるので、そのままで使用せず、屋外ではめっきの上に塗装して仕上げます。

溶融亜鉛めっき（どぶづけ）

溶融した亜鉛に、対象となる金属を漬けて亜鉛の被膜を作ります。厚いめっき層が形成できるので、屋外でも塗装なしで使用することができます。ただし、亜鉛を漬けて浸すための槽の大きさにより、一度にめっきできる製品の大きさが制限されます。

■ ステンレスの表面仕上げ

ステンレスには、意匠性や機能性などを上げるためにいろいろな表面仕上げが施された製品があります。

仕上げの名称	表面仕上げの状態
BA	鏡面に近い光沢をもった仕上げ
HL（ヘアライン）	長く連続した研磨目をもった仕上げ
バイブレーション	無方向性のヘアライン研磨仕上げ
鏡面	研磨目なし。もっとも反射率が高い仕上げ
エッチング	化学処理により模様付けされた仕上げ
エンボス	凸凹の浮き出し模様の付いた仕上げ

BA
BA は Bright Annealed の略で、光沢のある仕上がり。

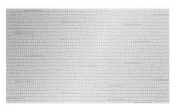

髪の毛のような細い傷をつけた仕上がり。

HL

HL の傷をさまざまな方向につけた仕上がり。

バイブレーション

軽量鉄骨下地

　壁や天井に内装の仕上げ材を施すために、躯体に下地を作る必要があります。その下地として、表面に亜鉛めっきを施し成形した軽量鉄骨（LGS）を用いる工事です。木材を用いた下地のように反りや曲がり、割れがなく、施工性もよいので、近年はマンションやオフィス、店舗など多くの場所で使用されています。

■ 軽量鉄骨壁下地

　壁下地は、Ｃ型の断面形状にしたスタッド（縦材）と床面とスラブ面に取り付けるランナー（横材）、スタッドの変形を防ぐスペーサー、スタッドの揺れや傾きを防ぐための振止めなどで構成されています。

材料

　壁下地には以下のような規格品が使用されます。

	スタッド〔mm〕	ランナー〔mm〕	振止め〔mm〕	スタッド高さによる区分
50形	50×45×0.8	52×40×0.8	19×10×1.2	2.7m以下
65形	65×45×0.8	67×40×0.8		4.0m以下
90形	90×45×0.8	92×40×0.8	25×10×1.2	4.0mを超え4.5m以下
100形	100×45×0.8	102×40×0.8		4.5mを超え5.0m以下

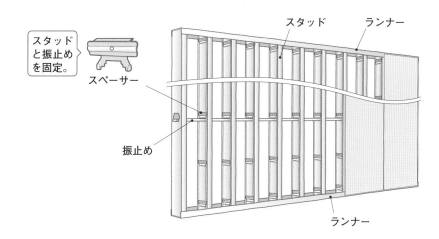

スタッドと振止めを固定。
スペーサー
スタッド
ランナー
振止め
ランナー

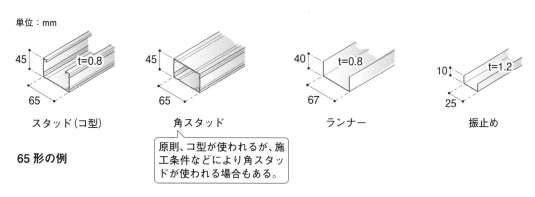

単位：mm

45　t=0.8　65
スタッド（コ型）

45　65
角スタッド

40　t=0.8　67
ランナー

10　t=1.2　25
振止め

65形の例

原則、コ型が使われるが、施工条件などにより角スタッドが使われる場合もある。

施工上の留意点

●スタッド

・間隔は、下地あり（ボード 2 枚張り）の場合 450mm 程度、直張り（ボード 1 枚張り）の場合 300mm 程度とする。

・スタッドの建込み間隔の精度は ± 5mm とする。

・スタッドの天端と上部ランナー溝底との隙間が 10mm 以下となるよう切断する。

●ランナー

端部から 50mm 程度の位置で押さえ、900mm 間隔程度に打込みピンなどで床、梁下、スラブ下などに固定する。

●振止め

フランジ側を上に向け、床面ランナー下端から 1.2 m ごとに設ける。

●スペーサー

各スタッドの端部を押さえ、間隔 600mm 程度に留め付ける。

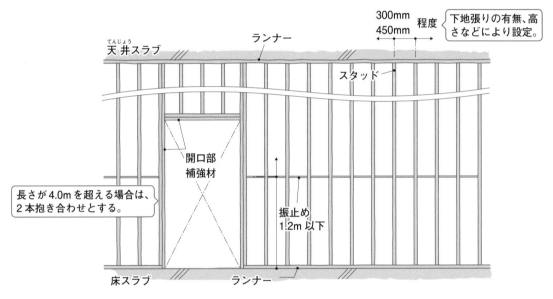

壁下地の設置
（65 形使用、H が 4.0m 以下の例）

■ 軽量鉄骨天井下地

天井下地は骨組みとなる野縁と野縁受け、それらを躯体から吊り下げる吊りボルトなどで構成されています。

材料

野縁には以下のようなサイズの製品が使用されます。

また、吊りボルトは直径 9mm とします。

（単位：mm、幅×高さ×厚さ）

	シングル野縁	ダブル野縁	野縁受け
19型（屋内）	25×19×0.5	50×19×0.5	38×12×1.2
25型（屋外）	25×25×0.5	50×25×0.5	38×12×1.6

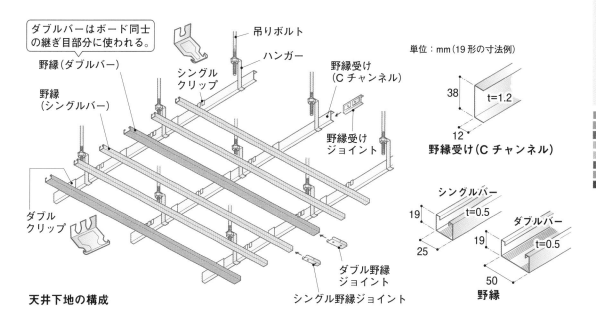

ダブルバーはボード同士の継ぎ目部分に使われる。

野縁（ダブルバー）
野縁（シングルバー）
ダブルクリップ
吊りボルト
ハンガー
シングルクリップ
野縁受け（C チャンネル）
野縁受けジョイント
ダブル野縁ジョイント
シングル野縁ジョイント

天井下地の構成

単位：mm（19 形の寸法例）

38　t=1.2
12
野縁受け（C チャンネル）

シングルバー　t=0.5
19
25
ダブルバー　t=0.5
19
50
野縁

施工上の留意点

● 野縁受け、吊りボルトおよびインサートの間隔は 900mm 程度とし、周辺部は端から 150mm 以内とする。

● 野縁の間隔は、下地あり（ボード2枚張り）の場合 360mm 程度、直張り（ボード1枚張り）の場合 300mm 程度、屋外の場合 300mm 程度とする。

● 野縁の吊下げは、吊りボルト下部の野縁受けハンガーに野縁受けを取り付け、これに野縁クリップを用いて留め付ける。クリップのつめの向きは交互にする。

● 野縁は野縁受けから 150mm 以上はね出してはならない。

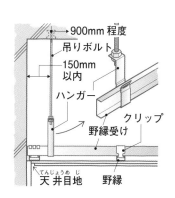

900mm 程度
吊りボルト
150mm 以内
ハンガー
クリップ
野縁受け
天井目地　野縁

野縁の吊下げ

笠木、手すり

パラペット（建物の屋上やバルコニーなどの外周部の先端に設けられた低い立ち上がり部分の壁）や手すり壁、塀などの頂部にかぶせる仕上げ材である笠木や、階段や屋上などに設置される手すりには、アルミ製やステンレス製などの金属製のものがよく使用されます。

■ アルミニウム製笠木

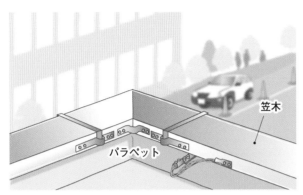

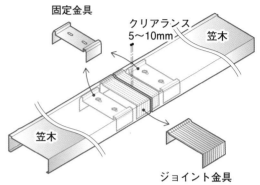

施工上の留意点

●笠木と笠木のジョイント部はオープンジョイント（目地内を外気に開放し、内外の圧力差をなるべく小さくすることで雨水の浸入を防ぐ方式）を原則として、温度変化による部材の伸縮への対応や排水機構のため、5〜10mmのクリアランス（隙間）を設ける。

●固定金具については、通常、1.3m程度の間隔で取り付ける。

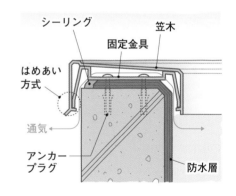

■ 手すり

施工上の留意点

●手すりと手すり支柱または手すり子の接合は、通常小ねじ留めとする。

●手すりが長くなる場合、金属の温度変化による部材の伸縮を考慮して、通常、5〜10mm程度に伸縮調整部を設けるのが望ましい。

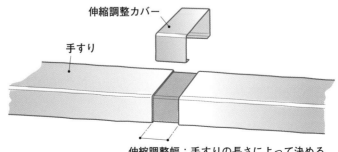

❼ 左官工事

左官工事は建築物の仕上げや躯体（くたい）の保護を目的に施される工事です。左官工事には古来から土や漆喰（しっくい）などが用いられてきましたが、近年はセメントなどの化学化合物が一般的に使用されてきています。水を使用する湿式なので、材料の取扱いや施工時の環境などに注意を払う必要があります。

セメントモルタル塗り

セメントモルタル塗りは左官工事においてもっとも一般的な工法です。材料はポルトランドセメントを使用し、各種の下地に施工可能で、強度・防火・耐久性などを有しています。また、材料素材を変化させることによって多様なテクスチャー表現が可能なので、仕上げとしてもよく使用されています。

■ 工程

セメントモルタル塗りは次のような手順によって進められます。

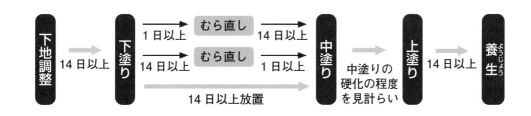

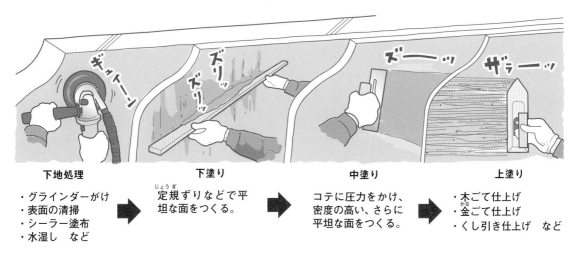

下地処理
・グラインダーがけ
・表面の清掃
・シーラー塗布
・水湿し　など

下塗り
定規（じょうぎ）ずりなどで平坦な面をつくる。

中塗り
コテに圧力をかけ、密度の高い、さらに平坦な面をつくる。

上塗り
・木ごて仕上げ
・金（かな）ごて仕上げ
・くし引き仕上げ　など

内壁で下地がコンクリートの例

143

■ 材料・調合

モルタルの調合は、塗る下地の種類や部位によって、次のように決められています。

下地の種類	部位		下塗りラスこすり		中塗りむら直し		上塗り			塗り厚の標準値〔mm〕
			セメント	砂	セメント	砂	セメント	砂	混和材	
コンクリート、コンクリートブロック、ブロック、れんが	床	仕上げ	-	-	-	-	1	2.5	-	30
		張り物下地	-	-	-	-	1	3	-	
	内壁		1	2.5	1	3	1	3	適量	20
	外壁その他		1	2.5	1	3	1	3	-	25
ラスシート、ワイヤラス、メタルラス	内壁		1	2.5	1	3	1	3	適量	15
	外壁		1	2.5	1	3	1	3	-	20

モルタルの収縮によるひび割れを防ぐためには、仕上げに支障のない限り、できるだけ粒径の大きい骨材を使用します。

下塗りにおける調合の割合（セメント1：砂2.5）を富調合（ふちょうごう）といいます。また、中塗り、上塗りにおける調合の割合（セメント1：砂3）を貧調合（ひんちょうごう）といいます。

■ 仕上げの工法

金ごて仕上げ（かな）

金属製のこてで、むらが出ないように表面を平滑に仕上げます。モルタル塗り、プラスター塗り、コンクリート直押え（じかおさ）などに用います。

木ごて仕上げ

木製のこてで、表面が粗面になるように仕上げます。中塗りやタイルの下地などに用います。

従来は「木ごて」が使われていたが、最近では木ごてと同様の仕上げが得られ、軽くて耐久性があるプラスチック製のこてが使われることも多い。

144

くし引き仕上げ

　木ごてを用いた後、金ぐしを用いて表面に粗いくし目を付ける仕上です。下塗りに用いて中塗りの付着性を高めるときなどに用います。

くし目ごて

はけ引き仕上げ

　金ごてや木ごてを用いた後、材料が硬化する直前に水を含ませたはけで、表面にはけ目をつける仕上げです。土間や駐車場など滑り止めが必要な場所などに用います。

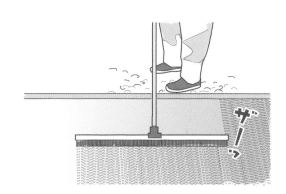

施工上の留意点

●塗り厚

　床を除き、1回の塗り厚は 7mm 程度とし、床の塗り厚は、標準値を 30mm 程度とします。

●下地処理

　ひずみ、不陸(ふろく)(でこぼこがあること。「ふりく」ともいう)などの著しい箇所は目荒らし(表面を細かいざらざらした状態にすること)、水洗い等の上、モルタルで補修し、夏期は 7 日以上、冬期は 14 日以上放置します。

●壁塗り

・下塗りは 7mm 程度とし、不陸があればむら直しをする。

・下塗りおよびラスこすりは 14 日以上放置し、ひび割れ等を十分発生させてから次の塗付けを行う。

? 用語解説

ラスこすり

壁下地に用いるメタルラス面などに最初にモルタルを塗り付けること。

セルフレベリング材塗り

　流し込むだけで均一な水平性を形成する自己水平性を持つセルフレベリング材を流し込むことで平滑な床を形成することができます。工期を短縮することができますが、職人の熟練度によって平滑さにばらつきが生じるので注意が必要です。

■ 下地処理

　コンクリート下地を掃除機で清掃後、デッキブラシで吸水調整剤（シーラー）を２回塗布します。

　塗り厚は 10mm を標準とし、打継ぎ部の突起はサンダー（紙やすりを工具の底面に装着し、モーターの力で細かく振動させることで効率よく研磨する電動工具）で削り取ります。

■ セルフレベリング材の流し込み

　セルフレベリング材を、トンボやコテを用いて墨やレベルポイントに合わせ均一になるよう、静かに速やかに流し込みます。

専用ローリー車
（移動プラント式）

専用のローリー車から送られるレベラーの流し込み。

トンボやコテで均す。

施工面積、施工場所などの諸条件によっては、セルフレベリング材（通称：レベラー）専用のローリー車が使われる。現場で必要な量を水と混錬するため、材料に無駄のない適性な粘度のレベラーを供給できる。

■ 養　生

　自然乾燥で７日以上、冬期は 14 日以上とることが求められます。セルフレベリング材が施工中、風に当たると、硬化後にしわが発生する場合があるので、流し込みの作業中と硬化するまでの期間は通風を避けなければいけません。

仕上塗材

　建築物の外壁や内装の壁、天井などの表面に美装や素地の保護を目的として、吹付け、ローラー、こてなどを用いて、凸凹模様やゆず肌模様などのパターンをつくり仕上げます。

■ 仕上塗材の種類

	主な種類	呼び名	塗り厚	主な仕上げの形状	塗り方	通称（例）
薄付け仕上塗材	外装合成樹脂エマルション形薄付け仕上塗材	外装薄塗材E	3mm程度以下	砂壁	吹付けローラー	リシン
	可とう形外装合成樹脂エマルション形薄付け仕上塗材	可とう形外装薄塗材E		砂壁ゆず肌		弾性リシン
	内装水溶性樹脂系薄付け上塗材	内装薄塗材W		京壁繊維壁		じゅらく
厚付け仕上塗材	内装セメント系厚付け仕上塗材	内装厚塗材C	4〜10mm程度	スタッコ	吹付けこて塗り	スタッコ
	内装けい酸質系厚付け仕上塗材	内装厚塗材Si				シリカスタッコ
複層仕上塗材	合成樹脂エマルション系複層仕上塗材	複層塗材E	3〜5mm程度	ゆず肌月面平たん	吹付けローラー	吹付タイル
	防水形合成樹脂エマルション系複層仕上塗材	防水形複層塗材E				弾性タイル

砂骨ローラー

ローラーが網目状になっていて、粘度の高い塗料を多く含んで厚みのある凹凸のパターンをつくることができる。

砂骨ローラー

リシン吹付け

小さい石、砂などの骨材と塗料を混ぜたものをスプレーガンなどで吹き付ける。ザラッとした砂壁風の仕上がりが特徴。

リシン吹付け

第5章 仕上工事

■ **工程**（防水形合成樹脂エマルション系複層仕上塗材［防水形複層塗材E］の場合）

複層仕上塗材の場合、施工は次のような手順で進められます。

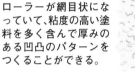 

下地の処理 → 下地の調整 ひび割れ、欠損などの補修 → 下塗り 下地の清掃下地調整 → 主材塗り 塗り見本との照合 → 上塗り 塗り見本との照合 → 養生（ようじょう）

✍施工上の留意点

● 下塗材の所要量は 0.1 〜 0.3kg /m² とする。

● 主材塗りは基層塗りと模様塗りに分かれており、基層塗りを2回終えた後、16時間以上あけてから模様塗りを行う。

● 模様塗りが終わってから1時間以内に凸部の処理をする。

● 入隅（いりすみ）、出隅（ですみ）、開口部まわりなど、均一に塗りにくい箇所は、はけやローラーなどで増塗り（ましぬり）を行う。

⑧ 建具工事

工作物に木製または金属製の建具<ruby>建具<rt>たてぐ</rt></ruby>などを取り付ける工事です。スチール製のドア、アルミサッシ、ガラス、網戸などを設置する金属製建具取付け工事、室内用の木製建具や扉などを設置する木製建具取付け工事のほか、ふすま工事、シャッター取付け工事、自動ドア取付け工事なども建具工事です。ここでは特に施工上注意が必要な「金属製建具」と「シャッター」について解説します。

建具の種類と名称

建具には、開閉の有無や可動の仕方などで様々な種類があります。

建具の種類

代表的な建具の形状、種類には次のようなものがあります。

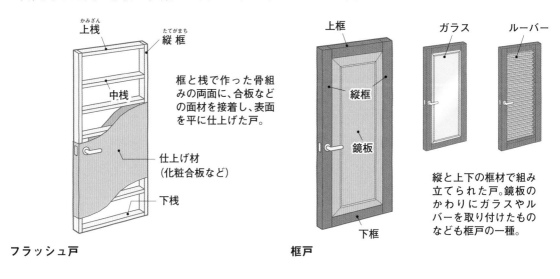

上桟（かみざん）
縦框（たてがまち）
中桟
仕上げ材（化粧合板など）
下桟

框と桟で作った骨組みの両面に、合板などの面材を接着し、表面を平に仕上げた戸。

フラッシュ戸

上框
縦框
鏡板
下框
ガラス
ルーバー

縦と上下の框材で組み立てられた戸。鏡板のかわりにガラスやルーバーを取り付けたものなども框戸の一種。

框戸

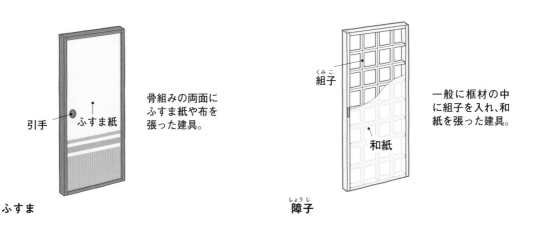

引手　ふすま紙

骨組みの両面にふすま紙や布を張った建具。

ふすま

組子（くみこ）
和紙

一般に框材の中に組子を入れ、和紙を張った建具。

障子（しょうじ）

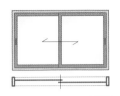

2枚のガラス戸を左右にスライドさせて開閉する。

引違い窓

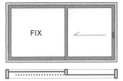

1枚のガラス戸をスライドさせて開閉。FIX窓と組み合わせて使われる。

片引き窓＋FIX窓

開閉できない窓。採光、眺望、意匠などの目的で使われる。

FIX窓（はめ殺し窓）

左右どちらかに扉のように開閉する。

片開き窓

上下にスライドさせて開閉する。

上げ下げ窓

室内外に滑り出して開閉する。

縦滑り出し窓

一般に室外側に滑り出して開閉。ガラス戸が庇の役割をする。

横滑り出し窓

ルーバー窓

横滑り出し窓を縦に複数並べた形状で、ハンドル操作により開閉。似たタイプで枠のないスリット状のガラスを並べたものをルーバー窓という。

オーニング窓

窓枠の下部を回転軸に、室外側に倒して開閉。排煙窓にも採用され、室内の高所によく使われる。

外倒し窓

建具の各部位は次のような名称となっています。

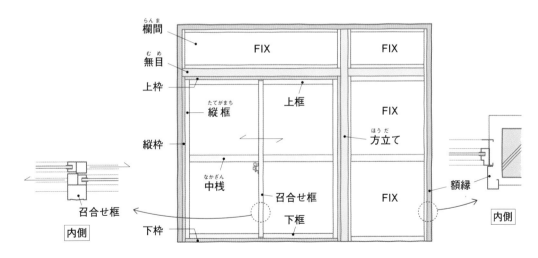

上下の窓を仕切る材を「無目」、横に並ぶ窓を仕切る材を「方立て」という。最近では高さのある窓が主流になり、図のような欄間付き窓は少なくなっている。

アルミニウム合金製建具の例

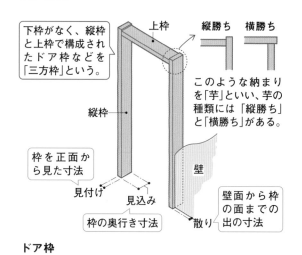

下枠がなく、縦枠と上枠で構成されたドア枠などを「三方枠」という。

上枠

縦枠

壁

枠を正面から見た寸法

見付け

見込み

枠の奥行き寸法

散り

壁面から枠の面までの出の寸法

ドア枠

縦勝ち　横勝ち

このような納まりを「芋」といい、芋の種類には「縦勝ち」と「横勝ち」がある。

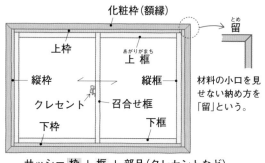

化粧枠（額縁）

留

上枠　　上框（あがりがまち）

縦枠　　縦框

クレセント　召合せ框

下枠　　下框

材料の小口を見せない納め方を「留」という。

サッシ＝ 枠 ＋ 框 ＋ 部品（クレセントなど）

上図のようなアルミサッシの窓は、枠＋框＋部品で構成され、サッシを納める化粧枠が取り付けられる。化粧枠の見付け、見込み、散りは左図のドア枠と同様。

窓枠

金属製建具（たてぐ）

金属製建具にはアルミ製、鋼製、ステンレス製などがあります。設置する場所や大きさ、意匠性（しょうせい）に合わせて材質を選択します。

■ アルミニウム製建具

アルミは、金属のなかでも軽量で耐久性、耐食性に優れます。形材を使用して製作するのが一般的で、曲げ加工ではできないような複雑な断面を一体成型できます。窓の種類が豊富で、外観や室内を彩るデザイン性に富んでいます。

🖉 **施工上の留意点**

● アルミニウム板を加工して、枠、框、水切りなどに使用する場合の厚さは、1.5mm 以上とする。

● アルミニウム材と周辺モルタル・鋼材などとの接触腐食を避けるため、絶縁処理する必要がある。

● 枠、くつずり、水切りなどのアンカーの間隔は、開口部より 150mm 内外を端とし、中間は 500mm 以下とする。

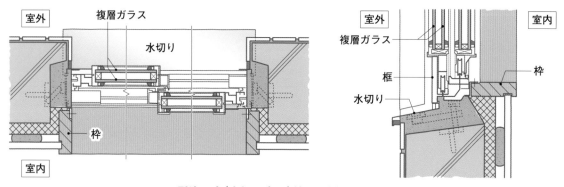

引違い窓（水切り含む）納まり例

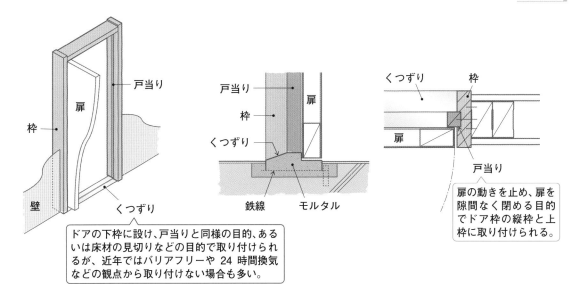

戸当り

扉

枠

壁

くつずり

ドアの下枠に設け、戸当りと同様の目的、あるいは床材の見切りなどの目的で取り付けられるが、近年ではバリアフリーや 24 時間換気などの観点から取り付けない場合も多い。

戸当り

枠

扉

くつずり

鉄線　モルタル

くつずり　枠

扉

戸当り

扉の動きを止め、扉を隙間なく閉める目的でドア枠の縦枠と上枠に取り付けられる。

■ 鋼製建具 （こうせいたてぐ）

すべてがオーダーメイドで鉄板を曲げることにより形を作るので、様々な形状・寸法の製品を製作することができます。通常は錆止め塗装まで行います。

施工上の留意点

● 板厚は、力がかかる部分は 2.3mm、他の部分は 1.6mm（美観上 2.3mm）とする。

● 工場で加工し組み立てる建具は溶接とし、屋内で加工と組立てが必要な場合、溶接に代えて小ねじ留めとする。

● フラッシュ戸の中骨は、間隔 300mm 程度に配置する。

■ ステンレス製建具

鋼製建具同様に様々な形状・寸法の製品を製作することができます。錆（さび）に強いので、塗装をしなくてもよく、金属の風合いをそのまま生かすことができます。ヘアライン仕上げが一般的ですが、鏡面仕上げ、バイブレーション仕上げなどもあります（ステンレスの仕上げについては 138 ページ参照）。

施工上の留意点

● ステンレス鋼板は SUS304 のヘアライン仕上げを標準とする。

● ステンレス製建具に使用するステンレス鋼板の加工には、普通曲げと角出し曲げ加工があり、角出し曲げ加工ができる板厚は 1.5mm 以上。ただし著しく強度を弱めるため、裏板補強が必要。

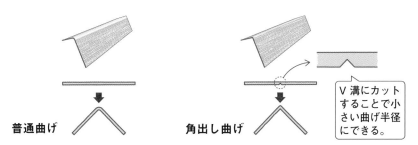

普通曲げ　　　　　角出し曲げ

V 溝にカットすることで小さい曲げ半径にできる。

シャッター

シャッターは間口の広い開口に、建具または建具の保護として用いられます。構造と動作から「軽量シャッター」と「重量シャッター」の区別があります。

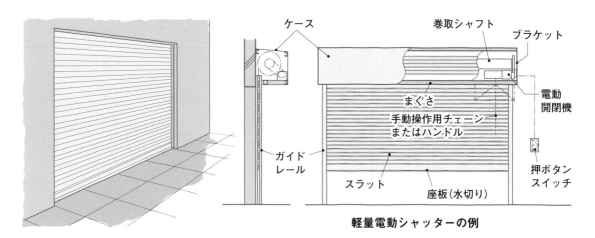

軽量電動シャッターの例

■ 軽量シャッター

スラットの厚さが 1.0mm 以下のもので、スプリング巻き上げ形式、電動巻き上げ形式があります。車庫や店舗、倉庫など比較的小さな間口に用いられ、主として防犯を目的にしています。

■ 重量シャッター

スラットの厚さが 1.2mm 以上（特定防火設備に用いる場合は 1.5mm 以上）のもので、外壁開口部においては外部からの延焼や防犯などを目的として、建築内部においては火災発生時の延焼防止として使用されます。スラットが重いので電動式のものが多く使用されています。

？ 用語解説

特定防火設備

通常の火災による火熱に対して、1 時間はその加熱面以外の面に火を出さない性能の防火設備。

施工上の留意点

● 降下速度は 2m/ 分以上を標準とする。
● 出入口および開口面積が 15m^2 以上の電動シャッターは不測の落下に備え、二重チェーン急降下制御装置、急降下停止装置（ガバナー装置）等を設ける。
● スラットの形式はインターロッキング形とする。ただし防煙用の場合はオーバーラッピング形とする。

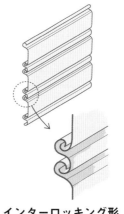
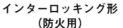
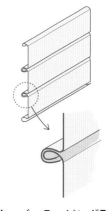

インターロッキング形　　**オーバーラッピング形**
（防火用）　　　　　　　　**（防煙用）**

⑨ ガラス工事

ガラス工事は、工作物にガラスを加工して取り付ける工事です。ガラスは外壁開口部には必ず入りますし、内装材としても使用される非常にポピュラーな材料ですが、塑性で非常に割れやすいので、その取扱いや施工には細心の注意を払う必要があります。

板ガラス

　ガラスには性質やデザインによって様々な種類があります。それらの特徴をよく理解した上で、設置場所や用途に応じてガラスを使い分けることが重要です。

■ 板ガラスの種類

板ガラスの種類	特徴
フロート板ガラス	一般的な透明ガラスで、表面が平滑。
型板ガラス	2本の水冷ロールの間に溶融ガラスを通過させて、型模様をつけたもの。
すりガラス	フロートガラスの片面をけい砂や金属砂、金属ブラシなどで、すり加工し半透明にしたもの。
網入り板ガラス	ガラスの中に金属網もしくは線材を入れ、割れても飛散しないようにしたもの。防火性に優れる。
強化ガラス	ガラスを熱処理することで約 3〜 5倍の静的破壊強度を有したもの。割れた場合でも破片は粒状となるので安全性にも富む。
倍強度ガラス	フロートガラスの 2倍以上の強度を持つガラス。フロートガラスと同じようなひび割れは起こすが粉々になることはない。加工後のガラスの切断はできない。
複層ガラス（ペアガラス）	2枚または 3枚の板ガラスの間に乾燥した空気を密閉したもの。断熱性・遮音性に優れ、結露防止に効果がある。
合わせガラス	2枚または 3枚の板ガラスの間に樹脂の膜をはさんで、高温高圧で接着したもので、割れても破片が飛散せず、防犯性に富む。
熱線吸収ガラス	ガラスの原料に微量の金属を添加して着色したもので、可視光線や太陽光輻射熱を吸収し、冷房負荷を軽減できる。ただし、熱割れしやすい。
熱線反射ガラス	ガラスの片面または両面に金属酸化被膜をコーティングしたもので、太陽光輻射熱を反射、吸収するので冷房負荷を軽減できる。

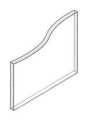

フロート板ガラス

網入り板ガラス

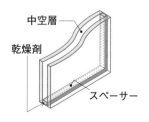

複層ガラス

中空層
乾燥剤
網
スペーサー

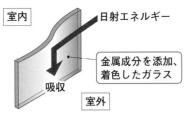

熱線吸収ガラス

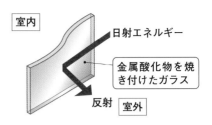

熱線反射ガラス

取付け構法

ガラスを窓枠や躯体などに取り付ける構法には、はめ込み構法、ガラススクリーン構法、SSG 構法などがあります。

■ はめ込み構法

窓枠などに設けた溝に板ガラスをはめ込み取り付ける構法です。不定形シーリング材構法、グレイジングガスケット構法、構造（ジッパー）ガスケット構法などがあります。

人力によるガラス工事

機械（グレイジングマシン）によるガラス工事

不定形シーリング材構法

弾性シーリング材（ゴムのような弾性を有するシーリング材）を用いる構法で、止水排水性が厳しく求められる部分に用います。

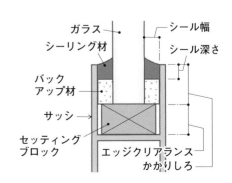

グレイジングガスケット構法

　定形シーリング材（工場で所定の断面形状・寸法・大きさに成形・加工したシーリング材）を用いる構法で、水密性や気密性を確保するために用います。定形シーリング材には、C型のような断面の1つの部材でガラスを留め付けるグレイジングチャンネルと、2つ以上の部材でガラスを両面からはさみ込むようにして留め付けるグレイジングビードがあります。

　グレイジングチャンネルを用いる場合、ガラスの四周に取り付けるとき、その継ぎ合わせ箇所は上框（あがりがまち）の中央とします。

　グレイジングビードを用いる場合、継ぎ合わせ箇所は上框の中央とし、ガラスが溝の中央に位置するように両面より同時に挿入します。

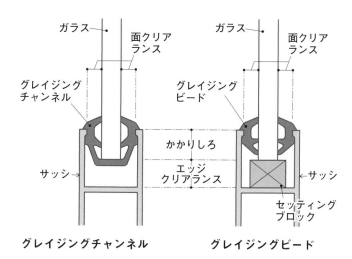

グレイジングチャンネル　　**グレイジングビード**

構造（ジッパー）ガスケット構法

　ガラスの支持や水密性確保のために用いられる構法です。

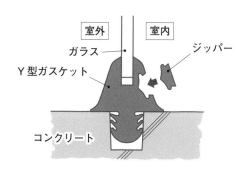

Y型ガスケット

コンクリート・石などのU字形溝にY字形の構造ガスケットを介してガラスをはめ込む。

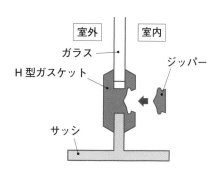

H型ガスケット

金属枠などにH形のガスケットをとめる。

■ ガラススクリーン構法

　寸法の大きなフロートガラス板を上下の枠に取り付けてガラス面を構成する工法で、自立型と吊下げ型があります。強化ガラスにあけた点支持用孔に点支持金物を取り付け、支持構造と連結することで透明な大きなガラス面を構成するDPG構法もあります。

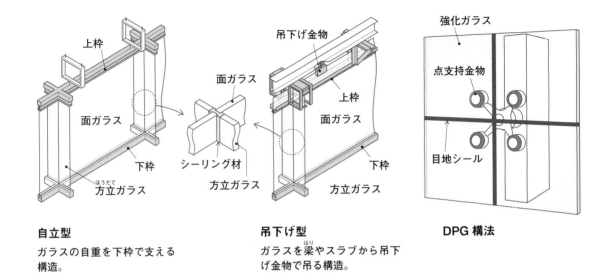

自立型
ガラスの自重を下枠で支える構造。

吊下げ型
ガラスを梁やスラブから吊下げ金物で吊る構造。

DPG構法

■ SSG 構法

　SSGはStructural Sealant Glazing（構造シーラント工事）の略。シリコンゴム系などの構造シーラント（ガラスの受けた風圧を、シールの接着力のみでサッシに伝える場合に用いられる特殊なシール材）をガラスとの支持部材の間に充填して接着させ、ガラスに加わる外力に対して安全に固定する構法です。

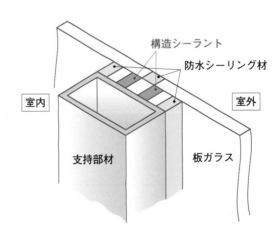

⑩ 外装工事

外装とは外壁や屋根など建築物の外から見える部分の仕上げや装飾のことを指しますが、ここでは外壁について解説します。外壁の材料にはタイルやレンガ、サイディングなどが主に用いられ、近年、ALC や押出成形セメント板などといった新しい材料が用いられることも多くなってきました。それらの特徴をよく理解し、取り扱い、施工する必要があります。

？ 用語解説

サイディング

外壁素材の一種で、窯業系、金属系などがある。窯業系はセメント質と繊維質を主な原料とし板状に形成したもので、金属系はガルバリウム鋼板などの金属を成型したもの。

ALC パネル

ALC パネルは、高温高圧で蒸気養生された軽量気泡コンクリート（Autoclaved Light-weight Concrete）の板のことで、防塵処理を施された鉄筋によって補強されています。ALC パネルは工場で製造したものを現場に持ち込み、施工するので、入念に施工計画をする必要があります。

■ 縦壁ロッキング構法

構造躯体の変形に対して、ALCパネルが1枚ごとに微少な回転をすることで追従する構法です。
● 梁外面とALCパネル裏面との間隔は30mm以上を標準とする。
● パネルの短辺相互の接合部、出隅・入隅部、ならびに他部材との取合い部には伸縮目地を設ける。

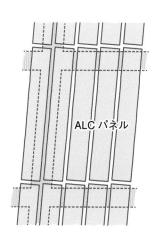

躯体の変形に対する
パネルの追従

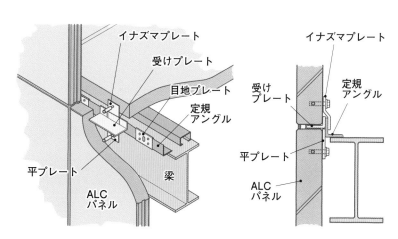

躯体への取付け例

■ 横壁アンカー構法

構造躯体の変形に対して、上下段のALCパネルが相互に水平方向にずれ合って追従する構法です。

● 本柱とパネル裏面の間隔は70mm以上、間柱とパネル裏面の間隔は25mmとする。

● パネル積上げ段数5段ごとに受け金物を設ける。

● パネルの縦目地および自重受け鋼材を設けた横目地には10〜20mmの伸縮目地を設ける。

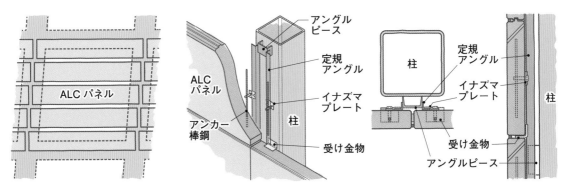

躯体の変形に対する
パネルの追従

躯体への取付け例

🔏 施工上の留意点

● 仮置き

パネルはねじれ、反りおよびひび割れなどが生じないように仮置きし、汚れや吸水などがないように養生します。パネルを積み重ねて保管する場合は、原則として高さ2.0m以下とします。

● 加工

・ALCパネルに器具を取り付けるためなど溝掘りを施す場合、外壁パネル1枚当たり1本、かつ幅30mm以内、深さ10mm以内とする。

・ALCパネルに配管などのために孔をあける場合、屋根パネル、床パネルについては1枚当たり1カ所とし、主筋の位置を避け、孔径は50mm以下とする。外壁パネルについては1枚当たり1カ所とし、主筋の位置を避け、孔径はパネル短辺幅の1/6以下とする。

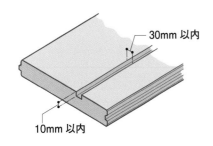

ALCパネルの溝掘り
外壁パネルの溝掘りは、規程の大きさ以内で1本のみとし、屋根・床パネルの溝掘りは原則禁止とする。

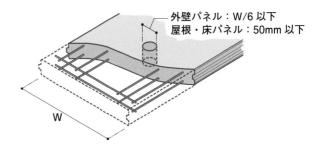

ALCパネルの孔あけ
孔をあける場合は、強度に影響の出ないようパネル内部の鉄筋の切断に注意する。

●耐火目地材

・耐火性能を必要とする伸縮目地には耐火目地材（ロックウール保温板に規定する密度程度のもの、またはセラミックファイバーブランケットに材質と同等以上の品質と規定の密度程度のもの）を充填する。

・耐火目地材は 20%程度圧縮して使用し、その幅は 50mm 以上のものを用いる。

押出成形セメント板

押出成形セメント板は、セメント・ケイ酸質・繊維質原料および混和剤を混ぜ合わせ、高温高圧で蒸気養生して中空を有するパネル状に製作したものです。鉄骨造の非耐力壁や間仕切り壁に用います。

| 表面がフラット | リブやエンボス | タイル張付け用の溝 | 固定材 |

専用タイル

表面がフラットなパネル、表面にリブ形状やエンボス加工が施された意匠性の高いパネル、専用タイルを引っ掛けるための溝が設けられたパネルなどさまざまなタイプがある。

■ 縦張り工法

パネルの長辺を鉛直方向として取り付ける工法で、躯体の層間変位をパネルが固定される（ロッキング）ことによって吸収する工法です。

●躯体とパネル間の開き寸法は 35mm とする。

●目地幅は縦 15mm、横 10mm とする。

●各段ごとに構造体に固定した下地鋼材で受ける。

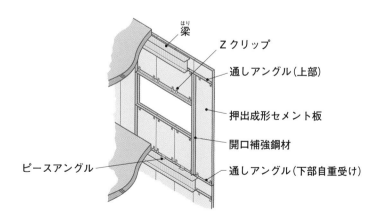

梁
Z クリップ
通しアングル（上部）
押出成形セメント板
開口補強鋼材
ピースアングル
通しアングル（下部自重受け）

? 用語解説

層間変位

建築物が風や地震などによって変形するとき、上下の階に生ずる水平方向の動きの差。

■ 横張り工法

パネルの長辺を水平方向として取り付ける工法で、躯体（たい）の層間変位（そうかんへんい）を、パネルが左右に動く（スライド）ことによって吸収する工法です。

● 躯体とパネル間の開き寸法は 75mm とする。
● 目地幅（めじはば）は縦 10mm、横 15mm とする。
● 積上げ枚数 3 枚以下ごとに構造体に固定した自重受け金物で受ける。

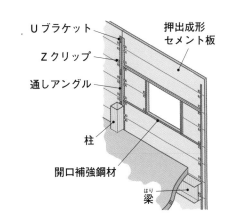

Uブラケット
Zクリップ
通しアングル
柱
開口補強鋼材
梁（はり）
押出成形セメント板

📝 施工上の留意点

● 加工

・パネルには溝掘りを行ってはならない。
・パネルに欠込みを設ける場合、その幅は、パネル幅の 1/2 かつ 300mm 以下とする。

● 取付金物（Zクリップ）

下地鋼材に 30mm 以上のかかり代を確保し、取付ボルトが Z クリップのルーズホールの中心に位置するように取り付ける。

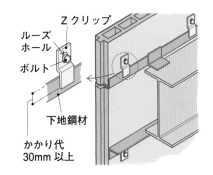

Zクリップ
ルーズホール
ボルト
下地鋼材
かかり代
30mm 以上

🏢 カーテンウォール

カーテンウォールとは、建築物の主要な構造を柱と梁として、建物の荷重を直接負担しない壁のことです。カーテンウォールは一般的には、工場で生産された製品を構造体に張り架けて施工します。

外壁をカーテンウォールで
施工した例

■ カーテンウォールの種類

メタルカーテンウォール

　アルミニウム、スチール、ステンレスなどの押出形材による金属系の材料を用いたカーテンウォールで、方立方式が一般的です。

プレキャストコンクリートカーテンウォール

　コンクリート系の部材を用いたカーテンウォールです。建築物の周囲に作業用の足場を設置することなく室内側からの作業で外装を仕上げることができます。

■ 取付方式

層間方式

　スラブ間（層間）にまたがる大型部材を、上下階の梁またはスラブ間（層間）に掛け渡す方式です。

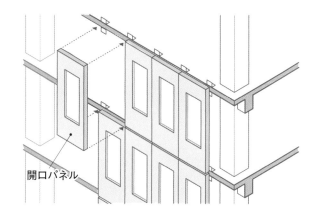

開口パネル

スパンドレル方式

　腰壁部分と下がり壁部分を一体化させた部材を、同一階の梁またはスラブに取り付ける方式です。

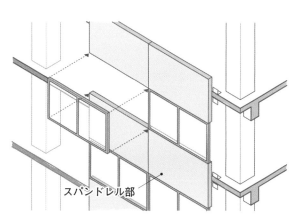

スパンドレル部

柱・梁方式

梁を覆う部材と柱を覆う部材を組み合わせる方式で、梁を覆う部材が連続する梁通し型と、柱を覆う部材が連続する柱通し型があります。

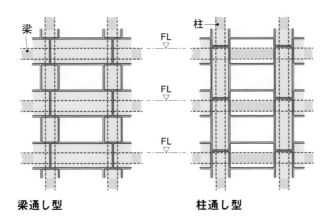

梁通し型　　　　　　　　　　柱通し型

方立（マリオン）方式

細長い方立を上下階の梁またはスラブ間（層間）に掛け渡す方式です。

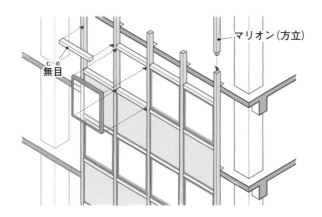

施工上の留意点

●取付け

躯体に取り付ける金物の取付位置の寸法許容差は、次のとおりです。

・鉛直方向➡　±10mm

・水平方向➡　±25mm

カーテンウォールの取付位置の寸法許容差は、次のとおりです。

・目地の幅➡　±3mm

・目地の心の通り➡　2mm

・目地両側の段差➡　2mm

・各階の基準墨から各部材までの距離➡　±3mm

⑪ 塗装工事

塗装工事は、風雨や日光による汚れや摩耗（まもう）などから躯体（くたい）や仕上を守る「保護」という役割と、外装や内装などに意匠（いしょうせい）性を施す「化粧」という役割があります。施工にかかる前には塗料の見本を提出し、設計者や工事監理者の承認を受ける必要があります。

素地（そじ）ごしらえ

　塗装がよりきれいに仕上がり、塗装の付着をよくし、耐久性が向上するように下地の処理をすることを素地ごしらえといいます。素地ごしらえは、木、鉄、モルタル、コンクリート、石こうボードなどに対して、それぞれ異なった材料と工法を用います。

■ 鉄鋼面の素地ごしらえの手順

手順	項目	内容
1	汚れ、付着物除去	スクレーパー、ワイヤブラシなどで除去。
2	油類除去	溶剤ぶきなど。
3	錆（さび）落とし	スクレーパー、ワイヤブラシなどで除去。放置せずに次の工程へ。
4	化成皮膜処理	りん酸塩化皮膜処理後、油洗い乾燥。放置せずに錆止め塗装を施す。

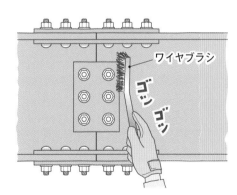

錆落とし

■ コンクリート面の素地ごしらえの手順

手順	項目	内容
1	乾燥	素地を十分に乾燥させる。
2	汚れ、付着物除去	素地を傷つけないように除去する。
3	吸込止め（ALCのみ）	合成樹脂エマルションシーラーを全面に塗り付ける。
4	下地調整塗り	建築用下地調整塗材を全面に塗り付けて平滑にする。
5	研磨紙ずり	パテ乾燥後、表面を平らに研磨する。
6	パテしごき	建築用下地調整塗材または合成樹脂エマルションパテを全面にしごき取り、平滑にする。
7	研磨紙ずり	パテ乾燥後、全面を平らに研磨する。

？ 用語解説

合成樹脂エマルションシーラー

シーラーとは塗装面に一番最初に塗るもので、その後に塗る中・上塗りと塗装面の密着性を高める役割がある。合成樹脂エマルションシーラーは、シーラーの中でもっとも普及しており、耐アルカリ、耐水性に優れている。

■ 石こうボード面の素地ごしらえの手順

手順	項目	内容
1	乾燥	ボード同士の継ぎ目部分を十分乾燥させる。
2	汚れ、付着物除去	素地を傷つけないように除去する。
3	穴埋め・パテかい	合成樹脂エマルションパテまたは石こうボード用目地処理材にて、釘頭、たたき跡、傷などを埋め、不陸を調整する。
4	研磨紙ずり	パテ乾燥後、表面を平らに研磨する。
5	吸込止め	合成樹脂エマルションシーラーを全面に塗り付ける。
6	パテしごき	全面に合成樹脂エマルションパテまたは石こうボード用目地処理材をしごき取り、平滑にする。
7	研磨紙ずり	パテ乾燥後、全面を平らに研磨する。

塗料の種類

塗装材料の種類は大変多く、素地（そじ）との組み合わせや塗り方などで、適切な選択が必要となります。

■ 代表的な塗料の種類と使用できる主な素地の種類

塗料の種類		木	鉄	亜鉛めっき	コンクリート	モルタル	アルミニウム	ALCパネル	石こうボード
ペイント類	油性調合ペイント（OP）	●	●	●					
	合成樹脂調合ペイント（SOP）	●	●	●					
	合成樹脂エマルションペイント（EP）	●			●	●		●	●
エナメル系	塩化ビニル樹脂エナメル（VE）				●	●			
	フタル酸樹脂エナメル（FE）	●	●	●					
	アクリル樹脂エナメル（AE）		●	●	●	●			
クリアラッカー（CL）		●							
エポキシ樹脂塗料			●	●	●	●	●		
フッ素エナメル（FUE）			●	●	●	●	●		
オイルステイン（OS）		●							

※表頭「素地の種類」

塗装の施工

■ 管理

● 塗装場所の気温が5℃以下、湿度が85％以上となるおそれがある場合、原則として施工は行いません。また、外部の塗装は、降雨のおそれがある場合や、強風時にも原則、施工は行いません。

● 塗装を行う場所は、溶剤による中毒を起こさないように、換気に十分注意します。

● 爆発、火災などの事故を起こさないように火気にも注意します。また、塗料が付着した布などは自然発火を起こすおそれがあるものもあるので、作業終了後、速やかに処理します。

■ 工具と塗装法

● はけ塗り

塗装箇所や塗料に合わせたはけを用います。毛の種類には馬毛や羊毛、混合繊維（せんい）などがあります。色の境目が出ないように注意し、一定方向にはけを動かします。

広い面より、細かいところを先に塗るんだョ

塗料の含みがよく、広い面の塗装に適する。
寸胴ばけ

細い部材や隅部の塗装に適する。
筋交いばけ

目地ばけ
細い目地や隅部など、繊細な作業に適する。

隅切りばけ
隅部や狭い箇所など、繊細な作業に適する。

●ローラーブラシ塗り

　ローラーカバー（回転部分）はウレタン製や酢酸ビニルの発泡製などがあります。<u>塗料材料の飛散や模様くずれのないように均一に塗り付け</u>、隅やちり周りなどは小さなはけまたは専用のローラーブラシを用いてあらかじめ塗っておきます。

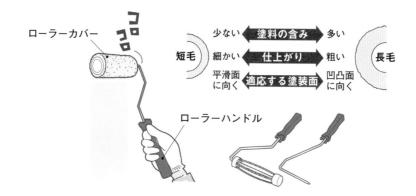

ローラーカバー

ローラーハンドル

塗料の含み　少ない　多い
短毛　　　　　　　　　　　　　長毛
仕上がり　細かい　粗い
平滑面に向く　適応する塗装面　凹凸面に向く

●吹付塗り

　スプレーガンは塗面から30cm程度離し、直角に保ちながら平行に移動して吹き付けます。1秒間に30cmぐらいの速度で連続して使用し、吹付パターンが1/3程度重なるようにして吹き付けます。

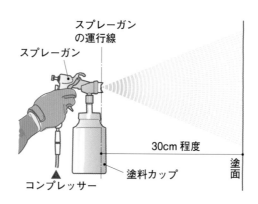

スプレーガンの運行線

スプレーガン

30cm程度

塗面

塗料カップ

コンプレッサー

塗装の欠陥

塗装時の気象条件や塗料および塗装方法の選択など、それらの1つにでも問題があると塗膜の欠陥が生じます。欠陥が生じないようにするためには、事前に十分な計画と対策を施すことが大切です。

欠陥の種類	原因	主な対策
だれ	・厚塗りしすぎ ・希釈しすぎ ・素地に吸込みがない	・厚塗りしない ・希釈しすぎない
しわ	・油性塗料を厚塗り ・乾燥時に温度を上げる ・下塗りの乾燥不十分なまま上塗り	・厚塗りしない ・下塗り塗料の乾燥を十分に行ってから上塗りする
リフティング（重ね塗り塗膜に起こるしわ）	・下地の乾燥が不足	・塗装間隔を考慮する ・油性の上に溶剤系を塗らない
白化	・乾燥硬化時に湿度が高い ・塗装後気温が下がる	・湿度が高いときは塗装を避ける ・塗装対象物の温度を室温まで上昇させて塗装する
刷毛目	・塗料の粘度が高すぎ	・十分均一になるようはけを替えて塗り広げる ・希釈を適切にする
色分かれ	・混合が不十分 ・溶剤の加えすぎ	・十分に混合する ・希釈溶剤の量を少なくする
ひび割れ	・下塗りの乾燥が不十分な上に上塗り ・厚塗り	・乾燥時間を十分にとる ・厚塗りを避ける
はじき	・素地に水や油が付着している	・素地ごしらえをやり直す
つやの不良	・シーラーなど下処理不十分で下地の吸込みが著しい	・下塗り塗料の再塗装

だれ

塗料が垂れて塗りが不均一になること。

しわ

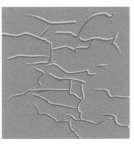

塗料が乾燥する際にしわが生じること。

白化

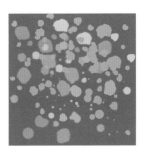

塗料が劣化により白い粉状になること。

刷毛目

はけのあとが塗料に残ること。

第5章　仕上工事

⑫ 内装工事

内装工事は、木材やモルタル、コンクリートなどの下地に仕上げ材を取り付ける工事で、床工事と壁・天井工事に大別されます。内装材は種類が多く、取り付ける下地も多種多様なので、施工に際してはその組み合わせや工法など、注意しなければなりません。

床工事

床の仕上げ材はタイルや木材を張るもの、ウレタンやエポキシ樹脂を塗るもの、カーペットや畳を敷くものなど様々あり、その装飾性と実用性の両面から選択する必要があります。

■ ビニル床シート張り

ビニル床シートは弾性があり、耐摩耗性や耐水性、耐薬品性に優れています。目地の部分を溶接で接合（熱溶接接合）します。

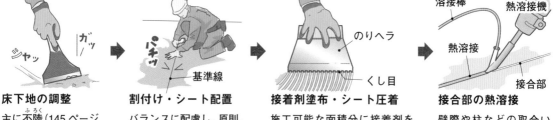

床下地の調整
主に不陸（145ページ参照）の調整をする。

割付け・シート配置
バランスに配慮し、原則、左右対称に割り付ける。

接着剤塗布・シート圧着
施工可能な面積分に接着剤を塗り、時間をおいてシートを敷き、ローラー等で圧着させる。

接合部の熱溶接
壁際や柱などの取合い部分を確実に圧着させ、接合部は熱溶接する。

📝 施工上の留意点

● 張付け時の室温が 5℃以下または接着剤の硬化前に 5℃以下になるおそれのある場合は施工を中止する。

● 接着剤は施工する場所に応じて、以下のようなものが使用される。

施工箇所	主な種別
一般の床	酢酸ビニル樹脂系、アクリル樹脂系
地下部分の最下階、給湯室、便所、洗面室など張付け後に湿気および水の影響を受けやすい箇所	エポキシ樹脂系、ウレタン樹脂系

● シートは長めに切断して仮敷きし、24時間以上放置して巻きぐせを取り、なじませる。

●張付けはハンドローラー等を用いて下地になじませ、さらに45kgローラーなどで十分に圧着する。

重量床用ローラー
(重さ：45kg)

ゴロゴロ

●接合部については、溝になった部分はV字またはU字形とし、幅は均一、深さは床シート厚の2/3程度とする。

●接合部の接合は、熱溶接機を用い、180〜200℃の温度で溶接棒と床シートを同時に溶接する。溶接棒を余盛りが断面両端にできる程度に加圧しながら溶接し、溶接完了後、溶接部が完全に冷却した後、余盛りを削り取って平滑にする。

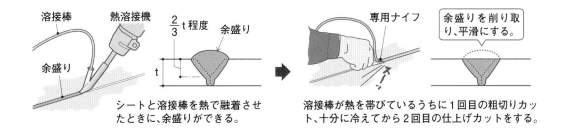

溶接棒　　熱溶接機
余盛り
$\frac{2}{3}$ t程度　余盛り
t
シートと溶接棒を熱で融着させたときに、余盛りができる。

専用ナイフ
余盛りを削り取り、平滑にする。
溶接棒が熱を帯びているうちに1回目の粗切りカット、十分に冷えてから2回目の仕上げカットをする。

■ カーペット敷き

下地の上にカーペットを敷き、接着剤などで固定します。カーペットには以下のような種類があります。

名称	特徴
段通 だんつう	麻、綿の糸に羊毛、絹、合成繊維、綿のパイル糸を絡ませた手織りの高級品。感触がよく耐久性がある。
ウィルトンカーペット	機械織りの高級品。パイル糸が連続したループタイプと切断されたカットタイプがある。
タフテッドカーペット	機械による刺繍敷物で、耐久性がある。
ニードルパンチカーペット	ポリプロピレンなどの繊維を針で刺し固めてフェルト状にした不織布のカーペットで、切り口から糸がほつれ出ないので、切断が自由で施工も容易に行える。
タイルカーペット	タフテッドカーペットを450〜500mm角にしたもの。丈夫で施工が容易。

段通 | ウィルトンカーペット | タフテッドカーペット

カーペット敷きの工法には、代表的なものとして、次のようなものがあります。

グリッパー工法

床の周囲に釘または接着剤で固定したグリッパーにカーペット端部を引っかけて張りつめる工法です。ウィルトンカーペットやタフテッドカーペットに適しています。

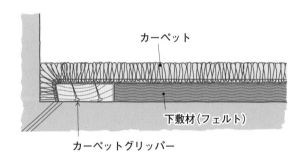

施工上の留意点

● 耐衝撃性を高めるために、下敷き材を使用する。
● 下敷き材のはぎ合わせは突き付けとし、釘留めまたは接着剤で接着する。
● 張り仕舞いはニーキッカーで伸展しながら敷き詰める。

全面接着工法

接着剤を使ってカーペットを床に固定する工法で、ニードルパンチカーペットに適します。

タイルカーペット張り工法

容易にはがせるピールアップ形接着剤を使用し、中央から端部へ敷き込む工法です。

■ 合成樹脂塗り床

コンクリートなどの下地にウレタン樹脂やエポキシ樹脂などの合成樹脂を塗って仕上げます。継ぎ目がなく、平滑に仕上がり、耐久性や耐埃性にも優れます。施工中は直射日光を避け、施工場所の気温が5℃以下、湿度80%以上、または換気が十分でない場合は原則として施工を行いません。

ウレタン樹脂系塗床

弾力性があり、耐水性や耐摩耗性に優れますが、汚れが付着しやすいので注意が必要です。事務所や学校、倉庫などに用いられます。

🖉 施工上の留意点

- ●プライマー（下地材と上塗り材の密着性を高めるための材）塗りは下地面の清掃を行ったのち、ローラーばけ、はけ、金ごてなどを用いて均一に塗布する。
- ●塗材は金ごて、ローラーばけ、はけなどで気泡が残らないように平滑に仕上げる。
- ●塗り厚は 2mm とする。
- ●1回の塗付け量は 2kg /m^2 以下とする。

エポキシ樹脂系塗床

接着性が高く、耐アルカリ性、耐薬品性に優れますが、耐候性には劣ります。工場や研究実験室、食堂などに用いられます。

🖉 施工上の留意点

- ●主剤と硬化剤の1回の練混ぜ量は、通常30分以内に使い切れる量とする。

■ フローリング張り

フローリングは、木製の床材で、現在では床暖房対応用やペット用など、多様な種類があります。モルタルやコンクリートの下地に直接張る方法や、木造の根太や合板の下地の上に張る方法などがあります。

フローリング材は大きく以下の2種類になります。

種別	特徴
単層フローリング	1つの層で作られたフローリング。一般的には無垢材で作られたものをいい、乾燥収縮による狂いが生じやすいので注意を要する。
複合フローリング	2つ以上の層で作られたフローリング。 複合1種・・・合板のみを基材とする。 複合2種・・・集成材または単板積層材のみを基材とする。 複合3種・・・上記2種以外の材料（MDF、パーティクルボードなど）を基材とする。

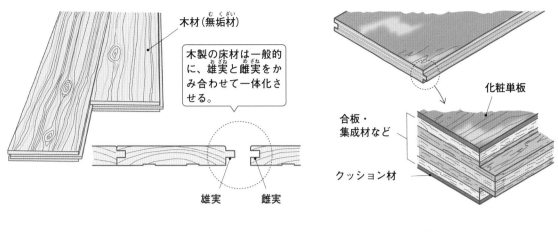

木材（無垢材）

木製の床材は一般的に、雄実と雌実をかみ合わせて一体化させる。

雄実　雌実

単層フローリング

化粧単板

合板・集成材など

クッション材

複合フローリング

施工上の留意点

● 割付（寸法に応じて取付け位置を決めること）は部屋の中心から行い、寸法の調整は出入口を避け、壁際で行う。

● フローリングボードの取付けに用いる金物は特記がない場合、板厚の3倍程度の長さの釘とする。

● 幅木および敷居下の板の側には、必要に応じて適切な隙間を設ける。

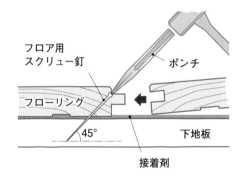

フロア用スクリュー釘

ポンチ

フローリング

45°

下地板

接着剤

釘は 45°を目安に打ち込み、ある程度打ち込んだら釘頭はポンチで沈める。

釘と接着剤によるフローリング張り

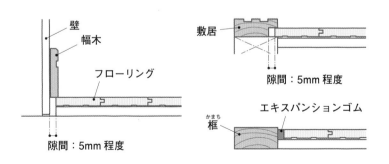

壁

幅木

フローリング

隙間：5mm 程度

敷居

隙間：5mm 程度

エキスパンションゴム

框

フローリング材は乾燥や湿気などによる膨張や収縮を考慮する必要があるため、幅木、敷居、框などとの取合い部分はゆとりを設けるか、エキスパンションゴムなどを施す。

幅木・敷居・框の納まり

■ フリーアクセスフロア

　床を二重床とし、その間に配線や配管などを収容します。事務所などで設置される通信機器やパソコンなどの OA 関連機器の移動や増設が容易にできます。

　フリーアクセスフロアには次のような種類があります。

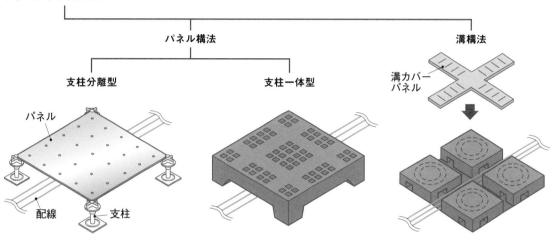

フリーアクセスフロア

パネル構法 ／ 溝構法

支柱分離型 ／ 支柱一体型 ／ 溝カバーパネル

パネル／配線／支柱

支柱とパネルで構成され、支柱の高さを変えることで床高の調整が可能なため、多様な配線プランに応える。支柱は床に接着される。

支柱とパネルが一体構造のため、床高の調整はできないが、敷設するだけなので施工性がよい。

配線用の溝がある部材と溝カバーパネルで構成されており、敷設した後に配線できるため、配線プランの変更などにも対応しやすい。

フリーアクセスフロアの寸法精度

●各辺の長さ　　　　　500mm を超える・・・± 0.1%以内
　　　　　　　　　　　500mm 以下・・・・・± 0.5%以内
●パネル平面の角度　　500mm を超える・・・± 0.1%以内
　　　　　　　　　　　500mm 以下・・・・・± 0.5%以内
●高さ・・・・・・・・・・・・・・・・・・・・・・・・・・± 0.5mm 以内

　フリーアクセスフロアについては、第 7 章 225 ページでも説明しています。

壁・天井工事

　壁や天井は、近年、施工性や耐火性、耐久性の観点から、木製や軽量鉄骨の下地の上に石こうボードを張ることが多くなっています。その上に施す仕上げも施工性や意匠性によって壁紙や塗装などが多く用いられています。

■ 石こうボード張り

石こうボードとは、石こうを心材とし石こうボード用原紙で被覆成型_(ひふくせいけい)したもので、断熱性や防火性、遮音性_(しゃおんせい)に優れ、施工性がよい材料です。一般的な石こうボードの他、着色や表面加工を施した化粧石こうボードや、防水処理を施したシージング石こうボード、防火性能を高めた強化石こうボードなどがあります。

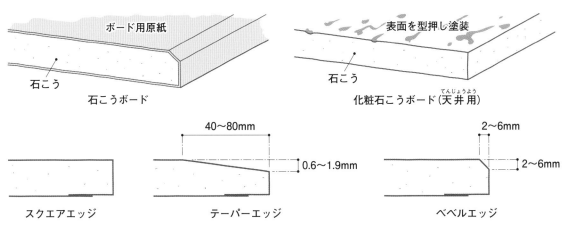

石こうボードのエッジの形状

石こうボードの接合(ジョイント)

❶下塗りおよびテープ張り

継ぎ目部分の溝(傾斜部分)にジョイントコンパウンドをむらなく塗り付けた上に、直ちにジョイントテープを張ります。

❷中塗り

下塗りが乾燥したのち、ジョイントテープが完全に覆_(おお)われるように、また、ボード面と平らになるように、幅150mm程度に薄くジョイントコンパウンドを塗り広げます。

❸上塗り

中塗りの乾燥を確認後、むらを直すように薄くジョイントコンパウンドを塗り、幅200～250mm程度に塗り広げて平滑にし、乾燥後、軽く研磨紙_(けんまし)ずりをして、さらに平滑に仕上げます。

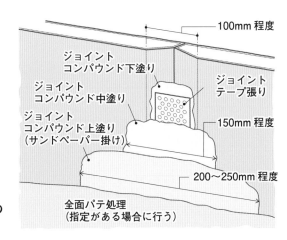

テーパーエッジボードの
継ぎ目処理例

石こうボードの取付け

下地材に直接張り付ける場合、留付け用小ねじ類（ドリリングタッピンねじ）の間隔は、以下のように基準が定められています。

下地	施工箇所	下地材に接する部分の留付け間隔	
		周辺部	中間部
軽量鉄骨下地 木造下地	天井 （てんじょう）	150mm程度	200mm程度
	壁	200mm程度	300mm程度

🖐 施工上の留意点

● ボード周辺部は端部から10cm程度内側の位置で留め付ける。

● 鋼製下地へ取り付ける場合、鋼製下地の裏面に10mm以上余分に入り込むような長さのドリリングタッピンねじを用い、頭が石こうボードの表面から少しへこむように締め込む。

● 木製下地に釘打（くぎう）ちする場合は、ボード厚の3倍程度の長さの釘を用い、頭が平らになるまで打ち付ける。

接着剤を用いて、じかに取り付ける場合、接着剤の間隔は、右のような基準が定められています。

施工箇所	接着剤の間隔
ボード周辺部	150〜200mm
床上1.2m以下の部分	200〜250mm
床上1.2mを超える部分	250〜300mm

🖐 施工上の留意点

● 1回の接着剤の塗付け面積は張り付けるボードの1枚分とする。

● 張付け用接着剤の盛上げ高さは仕上げ厚さの2倍以上とする。

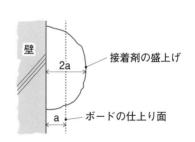

● 接着剤の乾燥とボードの濡れ防止のため、ボード下端と床面の間にスペーサーを置いて10mm程度浮かせて圧着する。

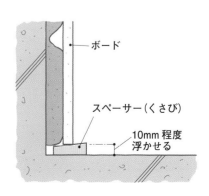

⓭ 断熱工事

断熱の施工は居住性の向上、省エネルギー、建物内部の結露防止などを目的に行います。施工を誤ると効果がないばかりでなく、構造材や仕上げ材を腐らせてしまったりするので、細心の注意が必要です。

工法の種類

断熱材にはグラスウール、ロックウール、硬質ウレタンフォームなどがあり、断熱の目的や構造体の種類に適合した種類や工法で施工することが大切です。

■ 吹付け工法（硬質ウレタンフォーム吹付け工法）

現場で発泡するウレタンフォームを壁面などに吹き付ける工法です。

● コンクリート面に吹き付ける場合、吹付け面の温度は20〜30℃が適当である。

● 換気の少ない場所では、酸欠状態となりやすいので、強制換気などの対策を行う。

● 吹付け作業は、随時厚みを測定しながら作業し、吹付け厚さの許容誤差は0から＋10mmとする。

● 厚みが25mm以上となる場合は多層吹きとし、1回当たりの吹付け厚みは25mm以下、1日の発泡総厚みは80mm以下とする。

■ 張付け工法（押出法ポリスチレンフォーム張付け工法）

コンクリートや合板などの下地にポリスチレンフォームなどの断熱材を張り付ける工法です。セメント系下地調整塗材を用いて隙間ができないようにしてから、断熱材を全面接着で張り付けます。

■ 打込み工法（押出法ポリスチレンフォーム打込み工法）

鉄筋コンクリート造の型枠組立時にボード状のポリスチレンフォームを取り付けておく工法です。断熱材の継ぎ目は突付けとし、テープ張りをしてからコンクリートを打ち込みます。

開口部や窓枠廻りなど、取合いの複雑なところから張り始めるのが一般的。接着剤は断熱材に必要な量をくし目ゴテで塗布し、割付けに従って張り付け、当て木、ゴムハンマーなどで均等に圧着する。

張付け工法

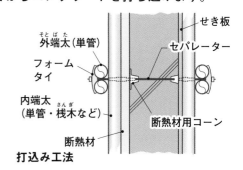

打込み工法

第6章

設備工事

生活環境、ライフスタイルの変動、居住環境の変化、地域環境の変動から建築設備の重要性が日ごと増しています。環境配慮の観点から、ゼロエミッション、ゼロエネルギー、サスティナブルなどの用語が建築業界で取り扱われていますが、これらのシステムの維持は、建築設備を熟知して管理をする必要があります。

① 建築と設備のかかわり

昔の建物では、建物内の灯りは行灯のみで、暗くなれば寝て、暑いときは戸を開け、寒くなれば火鉢を使い、屋外に井戸と汲取り便所がありました。これでは、建築と設備のかかわりがあるとはいえません。現代は、行灯が電灯になり電気が引かれ、火鉢もなくなり 空調が整備され、屋外の井戸も便所も建物内の水道・下水として取り込まれ、建築と設備の連携が不可欠となりました。

🏢 建築と設備の工事区分

建築工事、空調工事、衛生工事、電気工事などが、各工程で互いに関わってくることが多くあります。建築と設備の各担当者は工事区分について、設計図、特記仕様書の内容を把握して、それぞれの責任範囲を確認し、効率的な施工ができるように検討・調整を行います。

■ 工事区分の確認

他の工事と関連性がある部分の工事区分を確認します。以下に建築・空調・衛生の工事区分の例を示します。

	項目	建築	空調	衛生
共通	工事用電力・上下水道・ガス料金	●		
	本設上水引込み工事			●
基礎	機械基礎（モルタル仕上げ含む）	●		
	同上アンカーボルト、箱入れ、埋込み		●	●
躯体貫通	地中梁の連通管、通気管、人通口、補強	●		
	鉄骨造、鉄骨鉄筋コンクリート造の梁貫通スリーブ、補強	●		
	鉄筋コンクリート造の梁貫通スリーブ	●	●	●
	同上補強	●		
排水	屋内、敷地内雨水排水工事	●		
	敷地内汚水排水工事			●
便所	ユニットバス、ユニットトイレ	●		
	同上給排水管接続			●
	排気用ダクト工事		●	

工事内容を把握する場合は、工事区分が他業者と関連のある範囲については、関連業者に確認します。また、別途工事の確認、支給材受け渡し場所、時期の検討を行い、設計図書の変更、修正が起きた場合、関連事項の変更処置を行います。

❓ 用語解説

特記仕様書

標準仕様書に書けない個別の項目をまとめた仕様書で、標準仕様書より優先される。特記仕様書の様式は、各設計事務所や特定行政庁ごとに違う。

② 共通工事

建築設備工事には、建築の躯体<ruby>躯体<rt>くたい</rt></ruby>に影響を与えるものが多くあります。躯体を利用した設備工事、設備機器の基礎工事、材料機器の搬入計画、配管工事などの工事の中で、建築・空気調和・給排水・その他の設備工事に共通する事項の説明をします。

躯体を利用した設備工事

　建築躯体工事に関連する設備工事は、躯体工事完了後の修正・変更が不可能で、施工性・維持管理方法・将来の設備更新など、施工中から<ruby>竣工後<rt>しゅんこうご</rt></ruby>の建物管理までと関連が大きいため、事前に検討を行う必要があります。

　設備工事の施工は、建築工事で割付した<ruby>基準墨<rt>きじゅんすみ</rt></ruby>（69ページ参照）に従って行います。各工程で遅滞なく基準墨出しを実施することが重要となります。

■ <ruby>基礎梁貫通<rt>きそばりかんつう</rt></ruby>

　基礎梁に設備の配管（通気管、雨水管、<ruby>湧水管<rt>ゆうすいかん</rt></ruby>、汚水排水管、ガス管など）を貫通させる場合、基礎梁のコンクリート打設前にあらかじめ人通口・連通管・配管用のスリーブ・点検用スリーブを設けます。基礎梁打設後の貫通孔の追加、変更は無理なため、十分な打合せと確実な施工が必要となります。

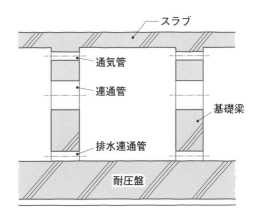

? 用語解説

スリーブ

　配管・ダクト類が、建築の梁、壁、床などの構造躯体を貫通する場合、その開口を確保するもの（181ページ以降参照）。

■ 配管ピットと<ruby>床下水槽<rt>すいそう</rt></ruby>

　建築の基礎梁の空間を利用したピットには、地下配管を通すための空間（配管ピット）やピットを利用して水槽を設けます。地下水槽は、汚水槽、排水槽、湧水槽、消防用水槽などとして利用されます。ピットをつくることで、1階の配管を通し、配管の維持管理が容易になります。

湧水槽
(ゆうすいそう)

　湧水排水ポンプを設置し、躯体底部、地中壁を通して浸み込んできた湧水を処理する槽のことです。

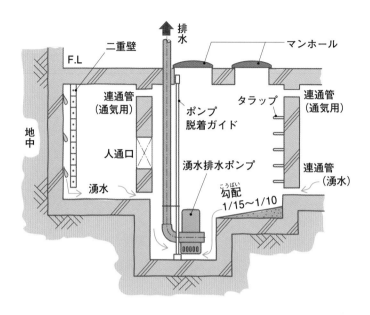

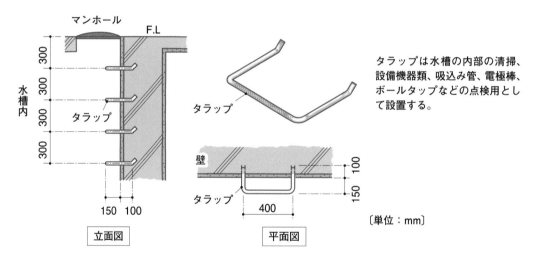

タラップは水槽の内部の清掃、設備機器類、吸込み管、電極棒、ボールタップなどの点検用として設置する。

〔単位：mm〕

| 立面図 | | 平面図 |

汚水槽

　汚水槽は、地階部分のトイレや厨房（ちゅうぼう）などからの汚水、排水を貯留する水槽のことで、貯留した汚水を汚水排水ポンプにより下水本管に排水します。

雨水貯留槽

　雨水貯留槽は、敷地内に降雨した雨水をそのまま集め、一時的に溜める槽です。水害などの治水対策や水資源の再利用対策として使用します。雨水再利用の場合は、ろ過や消毒の処理が必要となり、再利用水は、トイレ用水、公園の噴水、植木の散水、非常時の緊急用水などとして利用されます。

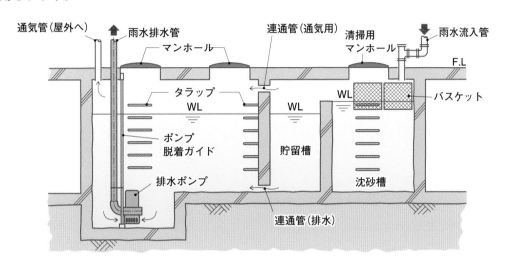

■ 躯体施工時の設備工事

　建築工事が、基礎、地中梁などの作業から躯体のコンクリート工事に移ると、床や壁への初期のスリーブ入れ、箱入れ、インサート入れの作業を行います。

鉄筋コンクリート造・鉄骨鉄筋コンクリート造のスリーブ

　スリーブは、コンクリート打設前に取り付けるので、現場担当者は次のような内容を十分に注意しなければなりません。

- ●スリーブの大きさは、断熱材の厚みを加算したもので、施工性がよいサイズとする。
- ●スリーブの取付けは、型枠の立込み後、配筋前に心出しを行い、配筋検査終了後に行う。
- ●ボイド管、硬質塩化ビニル管はコンクリート打設後に撤去する。
- ●スリーブの材料は、鋼管製、スパイラル鋼板製、ポリ塩化ビニル樹脂製、紙製（ボイド）などが用いられる。

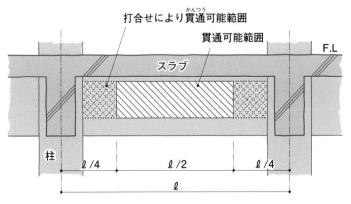

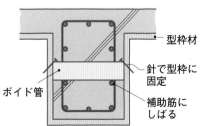

ボイド管は、耐水加工をした粗紙製のスリーブ管用材の一種で、コンクリート型枠に取り付ける。

鉄骨梁のスリーブ
<ruby>鉄骨梁<rt>てっこつばり</rt></ruby>

　鉄骨梁の製作は、すべて工場加工、建築工事で対応します。現場担当者は、スリーブの口径・位置・間隔を決めて、梁貫通図を作成し、建築構造担当者の<ruby>承諾<rt>しょうだく</rt></ruby>を得て、鉄骨梁の配管用スリーブの取付け要領図を提出します。
<ruby>梁貫通図<rt>はりかんつう ず</rt></ruby>

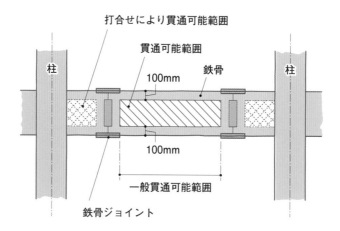

壁貫通の箱入れ

　箱入れは、主に壁を貫通するダクト・集合配管・壁埋込みの<ruby>消火栓箱<rt>しょう か せんばこ</rt></ruby>など、大きな孔をあけるときに使います。箱は、厚さ9mm以上の合板または木板を木箱にして、型枠に<ruby>釘<rt>くぎ</rt></ruby>などで固定し、箱を取り付けた後の鉄筋工事中に、開口部まわりの配筋補強を行います。

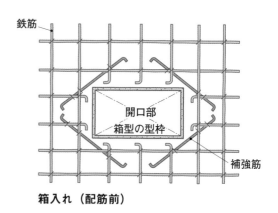

箱入れ（配筋前）

床貫通の箱入れ・スリーブ

　箱入れ・スリーブは、鉄筋工事の配筋前に行います。

📝 施工上の留意点

● 箱材は、厚さ9mm以上の合板または板とし、型枠に釘などで堅固に固定する。

● スリーブ材は、鋼管（白）、<ruby>亜鉛鉄板<rt>あ えんてっぱん</rt></ruby>、硬質塩化ビニル、ボード（厚紙）などを使用する。

● 箱材、スリーブ材の高さはコンクリートの天端＋50mm以上とする。

● 床貫通のスリーブ、箱型型枠入れは、必要に応じて鉄筋補強を行う。

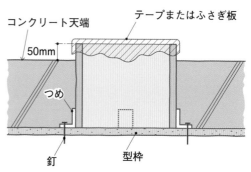

床貫通のスリーブ取付け

インサート打ち工事

ダクトや配管を天井スラブ下面より吊りボルトで吊り支持するために、床スラブのコンクリート打設前や配筋作業後に型枠にあらかじめ鋼製インサート金物を打ち込みます。

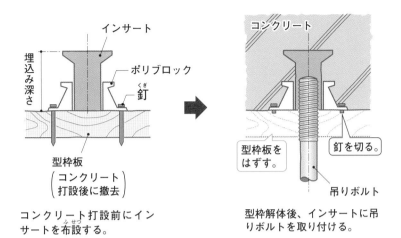

コンクリート打設前にインサートを布設する。

型枠解体後、インサートに吊りボルトを取り付ける。

あと施工アンカー

建物ができあがった後に、鉄筋コンクリート躯体に孔を空け、その部分にアンカー本体を埋め込み、機器などを支持・固定します。このあと施工アンカーには、金属系アンカーボルトと接着系アンカーボルト（ケミカルアンカーボルト）があります。

金属系アンカーボルトは、あらかじめ穿孔した孔にアンカーを打ち込むと拡張部が開き、孔に固着するものです。接着系アンカーボルトは、打ち込むだけで樹脂と硬化剤が混合され施工ができる樹脂カプセル形アンカーと、接着剤を孔に注入する形の2種類があって、工法によって使い分けます。

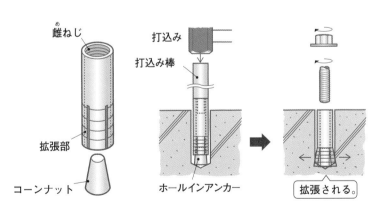

金属系アンカーボルト（雌ねじ形）

施工面からの露出がないので、あらゆるボルトとの組み合わせができる。

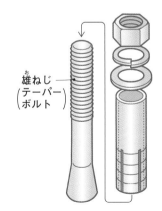

金属系アンカーボルト（雄ねじ形）

雄ねじ形は雌ねじ形より許容引抜き荷重が大きい。

設備機器の基礎工事

　機器の基礎工事は、箱入れ、スリーブ、インサートなどと同じで、機器搬入据付工事の前に完全に完成させておかなければならない工事です。その良否は、建物ができあがった後への影響が大きく、一度打設されるとその後の変更が簡単ではないためです。

■ 機器の基礎工事

　設備機器は、床の上に直接機器を設置せずに、コンクリートで作った基礎や鋼材の架台上に設置します。基礎や架台の役割は、機器の運転や地震などによる機器類の移動、転倒を防ぐことです。

📝 施工上の留意点

●屋上など防水層のある床に、防水層立上げ基礎を設置する場合は、コンクリート基礎に定着筋を配筋し、スラブに緊結する。

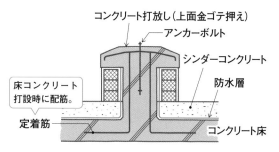

防水層立上げ基礎

●シンダーコンクリート（防水層押えコンクリート）上にコンクリート基礎を打設する場合は、シンダーコンクリートの表面を目荒しして、打ち水後にコンクリート基礎を打設し、基礎とシンダーコンクリートの間にダボ鉄筋を配筋する。

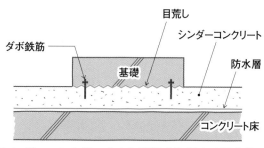

シンダーコンクリート上に基礎を打設する場合①

❓ 用語解説

目荒し・打ち水

　シンダーコンクリートとコンクリート基礎を付着させるために行うもので、目荒しは、シンダーコンクリートの表面に凹凸をつけて粗面にすること。打ち水は、シンダーコンクリートの表面を湿潤状態にし、コンクリート基礎が水とセメント反応して固まる状態に整えること。

ダボ鉄筋

　基礎と床スラブをつなぐため、両材接触面に差し込む鉄筋のこと。

● シンダーコンクリート上にコンクリート基礎を打設する場合は、基礎下部のシンダーコンクリートにメッシュの配筋を行い、コンクリート基礎とシンダーコンクリートは、つなぎ鉄筋で緊結する。

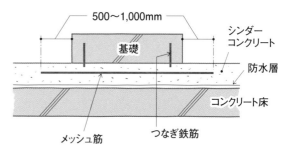

シンダーコンクリート上に基礎を打設する場合②

● 一般床スラブ上にシンダーコンクリートが打設されている場合のコンクリート基礎は、基礎とシンダーコンクリートの間につなぎ鉄筋を配筋する。

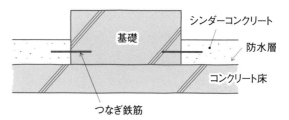

床スラブ上にシンダーコンクリートが打設されている場合

● スラブ上にシンダーコンクリートがないコンクリートの基礎の場合は、スラブ表面上を目荒らしして、打ち水後にコンクリート基礎を打設する。

材料・機器の搬入計画

設備機器の搬入や揚重（あげおろし）は、建築工事の工程計画と関係することが多いので、早い時期に建築総合工程を確認し、場内の状況、安全面などについて把握し十分考慮した搬入計画が必要となります。

材料・機器の搬入経路

機器の大きさ、重量、種類などを考慮し、大型機器、小型機器、配管材料、仮設機材、機械工具類に分けて搬入計画書を作成します。その際、以下の事項に留意します。
①使用揚重機、搬入時期の検討がされている。
②突起物がなく、搬入経路の高さ、幅の検討がされている。
③搬入用の開口、マシンハッチの位置、大きさが適切に計画されている。

搬入用開口は、エレベーターシャフトもしくは共通仮設荷揚げ用開口を利用可能か検討し、利用不可の場合は、図に示すような仮設の搬入用開口を設ける。

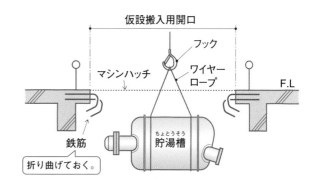

④搬入経路の床、壁、天井の仕上げに必要な養生の検討がされている。

⑤搬入経路の床、梁の耐荷重の検討がされている。

⑥搬入機器の外形サイズ、荷姿、分割可能サイズ、重量の検討がされている。

⑦搬入階、据付場所の確認が完了している。

配管工事

　建築躯体が立ち上がり、型枠が外されると、配管工事の着手になります。配管工事は、配管を切断、加工して各種設備機器等に接続する作業のことです。

■ 配管作業時の留意点

①建築躯体型枠工事とともに、スリーブ並びに支持金物用インサートを取り付ける。その他、躯体に必要な穴あけの木枠などを取り付ける。

②コンクリート打設時に必要な埋込み配管は、時期を逃がすことなく施工し、配管の養生を共に行う。

③コンクリート打設後や型枠が外された後は、不必要になったスリーブ材、穴あけ用仮枠材を撤去する。

④建築の基準墨が行われた後は、施工図にもとづき設備の施工墨を出し、配管に着手する。

⑤配管作業は、一般に横主管、立て主管、各枝管（195ページ参照）の順で行い、建築主体工事、他の設備工事の進捗状況を把握して施工する。

⑥配管完了後、建築躯体貫通部分の配管周辺の穴埋めは、もれなく行われているか確認する。

⑦外壁貫通部分の穴埋めは、防水に留意し、防火区画貫通部分の穴埋め補修は、見落としがないように注意を払って行う。

■ 配管材料の種類

　配管（パイプ）は、金属管と樹脂管に大別され、JIS規格のほかに業界の規格があります。空気調和設備工事や衛生設備工事で使用する配管、継手、バルブ類は、設計図書や施主から指定されたものになりますが、用途や圧力などの検討も加えて選定します。

　建築設備に用いられる配管には、鋼管、ステンレス鋼管、ライニング鋼管、鋳鉄管、銅管、セメント管、プラスチック管などがあります。

鋼管

●配管用炭素鋼鋼管（SGP）

　通称「ガス管」と呼ばれ、亜鉛めっきを施した白ガス管（SGP白）と亜鉛めっきを施していない黒ガス管（SGP黒）の2つがあり、冷温水、冷却水、排水、通気、消火など幅広い用途に用いられます。

亜鉛めっき
鋼管（SGP）
亜鉛めっき

SGP白

●水配管用亜鉛めっき鋼管（SGPW）

黒ガス管に亜鉛めっきを施したもので、水道や給水以外の空調配管、消火管、排水管などに使用します。飲料用の水道管には使用できません。

溶融亜鉛めっき
（白ガス管より亜鉛付着量が多い。）

鋼管（SGP）

亜鉛めっき

●圧力配管用炭素鋼鋼管（STPG370）

350℃程度以下で使用する圧力配管に用いられ、亜鉛めっきをしない管（黒管）と亜鉛めっきを行った管（白管）があります。呼び厚さはスケジュール番号によりスケジュール10、20、30、40、60、80に区分され、番号の大きいほうから管の厚さが厚くなります。

? 用語解説

スケジュール番号

スケジュール管の呼び厚さを表す番号のことで、Sch（スケジュール）のあとにSch40、Sch80など番号をつける。番号は肉厚を表し、番号が大きいほど高圧に耐えられる。作業現場では、Sch80はスケハチ、Sch40はスケヨンなどと呼ばれる。

ライニング鋼管

●水道用硬質塩化ビニルライニング鋼管

配管用炭素鋼鋼管（SGP）の内面を、硬質ポリ塩化ビニル管でライニング加工したものです。

以下に種類を示します。

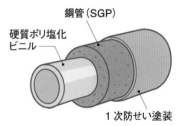

鋼管（SGP）

硬質ポリ塩化ビニル

1次防せい塗装

SGP-VA

水道用硬質塩化ビニルライニング鋼管A（SGP-VA）	外面をさび止め塗装、内面を硬質ポリ塩化ビニル管でライニングしたもの。
水道用硬質塩化ビニルライニング鋼管B（SGP-VB）	外面に亜鉛めっきしたもので、屋内配管や屋外露出配管に用いられる。
水道用硬質塩化ビニルライニング鋼管D（SGP-VD）	外面に硬質塩化ビニル被覆したもので、地中埋設配管や屋外露出配管に用いられる。

●水道用ポリエチレン粉体ライニング鋼管

配管用炭素鋼鋼管（SGP）の内面に塩化ビニルの代わりに、粉体ポリエチレンを融着させたものです。

以下に種類を示します。

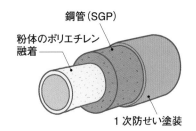

SGP-PA

水道用ポリエチレン粉体ライニング鋼管A（SGP-PA）	外面をさび止め塗装したもの。
水道用ポリエチレン粉体ライニング鋼管B（SGP-PB）	外面に亜鉛めっきしたもので、屋内配管や屋外露出配管に用いられる。
水道用ポリエチレン粉体ライニング鋼管D（SGP-PD）	外面にポリエチレン被覆（1層）したもので、地中埋設配管に用いられる。

●水道用耐熱性硬質塩化ビニルライニング鋼管（SGP-HVA）

配管用炭素鋼鋼管（SGP）の内面に耐熱性硬質ポリ塩化ビニルをライニングしたもので、耐熱用として用いられます。

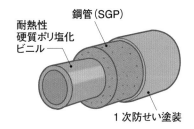

SGP-HVA

耐火二層管

硬質塩化ビニル管の外側に繊維モルタルで被覆された配管で、防火区画の貫通処理が必要な場所で使用できます。衝撃に強く、金属管と比較して軽量なため施工が容易で、防露対応も不要で、防火性・耐火性・遮音性に優れています。

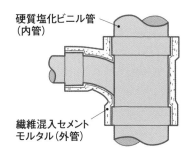

樹脂管

耐熱性、耐寒性、耐食性、耐腐食性、耐薬品性に優れ、軽量で柔軟性がある合成樹脂管です。メカニカル式継手、電気融着式継手で接合します。樹脂管には主に以下の種類があります。

架橋ポリエチレン管	耐寒性・耐熱性があるので給湯配管や床暖房などに使用できる。0〜95℃と使用可能温度の幅が広いが、硬いので曲げづらい、取り回しづらいといったデメリットがある。
水道用架橋ポリエチレン管（水道法の規定に適合したもの）	構造により、M種（単層管でメカニカル式継手で接合）とE種（2層管で電気融着式継手で接合）の2種類がある。
ポリブテン管	温泉引き湯、床暖房、ロードヒーティング、集合住宅の給水、給湯、暖房などの配管材として使用される。メカニカル式継手、電気融着式継手で接合する。比較的柔らかい素材を使っているため、耐久性が低くなる。
プラスチック管	合成樹脂管の総称で、軽量で腐食に強く、衝撃に弱く伸縮が大きいので温度変化に注意が必要となる。呼び径と厚さの組合せによって、VP（硬質ポリ塩化ビニル管、厚肉）、VU（硬質ポリ塩化ビニル管、薄肉）、HIVP（耐衝撃性硬質ポリ塩化ビニル管）、HTVP（耐熱性硬質ポリ塩化ビニル管）の4種類に区分されます。

ステンレス鋼管

一般配管用ステンレス鋼鋼管（SUS-TPD）と配管用ステンレス鋼鋼管（SUS-TP）があります。一般配管用ステンレス鋼鋼管は、給水、給湯、排水、冷温水、冷却水、蒸気環水などに用いられ、配管用ステンレス鋼鋼管は、耐食用、低温用、高温用として用いられます。

遠心力鉄筋コンクリート管（通称 ヒューム管）

大口径管を中心に、地中に埋設した場合の外圧に耐える土中埋設用排水管として作られています。型枠内に円筒形の鉄筋かごを入れ、回転させながら生コンクリートを投入して作ります。

鋳鉄管

●水道用鋳鉄管

ダクタイル鋳鉄管と水道用ダクタイル鋳鉄管、ダクタイル鋳鉄異形管などがあります。

ダクタイル鋳鉄管は、管の厚さに偏肉が少なく強度はありますが、直管の真円度が悪いという特徴があります。従来の鋳鉄管に代わり、水道管をはじめ、下水道、ガスなど幅広い分野に使用されています。

●排水用鋳鉄管

自然流下式の雨水、雑排水、汚水、通気などに用いられ、材料としてねずみ鋳鉄を溶解後、砂型により鋳造されます。

銅管

銅管は、表面に形成される保護被膜のため、酸、アルカリ、塩類などの水溶液や有機化合物に対し耐食性があります。施工性がよく、軽量で、加工性があるので給水管、給湯管、冷媒管、熱交換器のコイル配管などに使われています。リン脱さん銅継目無管および銅合金継目無管が多く用いられています。

ダクタイル鋳鉄

鋳鉄組織のグラファイト（黒鉛）の形を球状にして強度や延性を改良したもので、黒鉛部にかかる応力集中が小さく、品質が優れている。

ねずみ鋳鉄

この名称は破面が灰色、つまりネズミ色であったことからついたものである。ダクタイル鋳鉄管が製品化され普及したことから、現在はねずみ鋳鉄製の管は製造されていない。

■ 配管切断および接合

設計図や仕様書により配管の切断方法、接合方法、固定方法などについて施工要領書を作成し、承諾を得た後に施工を行います。

管の切断

使用する配管長を正確に測り、その切断面が変形しないように、管の軸線に直角に切断し、切断面は平滑に仕上げ、まくれ・ささくれが生した場合は丁寧に除去します 。

鋼管の切断用具には以下のものがあります。
- 手動工具‥‥金のこ、パイプカッター
- 電動工具‥‥のこ盤、バンドソー、砥石切断機、鋼管切断機
- ガス工具‥‥手動ガス切断機、自動ガス切断機

管材による切断の注意点は以下のとおりです。

管の種類	注意点
ライニング鋼管	切断面の局部加熱にともなう、ビニル部の焼け、変質、剥離、ずれなどの欠陥を招くおそれがあるので、細心の注意が必要。
ステンレス鋼管	金切りのこ、のこ盤などで切断する場合は、のこ刃は高速度鋼の細かい刃を使用し、切断速度に注意が必要。砥石切断機を使用する場合は、ステンレス用砥石を用い、高速回転させて切断する。
鋳鉄管	金切りのこ、のこ盤、チェーンパイレンには、タガネとハンマーを用いることもある。タガネとハンマーは、管の切断箇所の外周を平均に 1〜 2回タガネ打ちして、溝をつけたのち、ハンマーで軽く溝部を打って切断する。
排水鋳鉄管	切断端面に突出物が生じないようにすることが大事で、突出物が生じた場合は丁寧に除去する。
銅管	金切りのこ、銅管用パイプカッターまたは電動切断機を使用する。パイプカッターによる切断は、口径 10〜 65mmの範囲で行われ、銅管は薄肉で管自体もやわらかいので切り口が変形することが多い。
プラスチック管	一般的には鋼管の切断に使われる金切りのこを使用するが、ビニル用のパイプカッターを使って切断することもある。切り口は切断時の返りが残るので、管内に入らないように除去する。

管の接合

　配管の接合前に管内の点検を行い、切りくず、土砂、ごみなどの異物がないか確認します。また、作業中止の際や衛生器具の取付けに着手するまでの配管端は、プラグ止め、キャップ止め、やとい管などで閉鎖します。

●配管用ステンレス鋼鋼管の接合

❶フランジ接合

　ラップジョイント（フランジ接続用アダプター）を使用し、ラップジョイントとステンレス鋼鋼管を溶接接合して、ラップジョイントのつば部分をフランジで押さえて接合します。

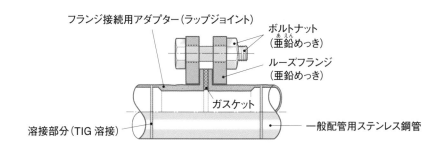

❷溶接接合

　アーク溶接と TIG 溶接（タングステンイナートガス溶接）の 2 方法が一般的に使用され、主として用いられる方法は TIG 溶接法です。ステンレス管は、薄肉のため均一溶接が必要となるので、工場で溶接加工をするのが望ましいですが、現場作業となる場合は、TIG 自動円周溶接機で自動溶接とします。

❸メカニカル継手

　一般配管用ステンレス鋼鋼管は、厚さが薄くねじ接合ができないために、いろいろなメカニカル接合が使われます。

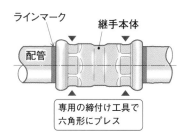

メカニカル継手（プレス式接合）

●鋼管の接合

　接合の前に、配管内部の点検をし、切粉、土砂、ごみがあれば除去して異物のないことを確認します。現場施工中の配管端は、配管内に異物が入らないように、プラグ、キャップなどで養生をします。

　鋼管の接合には、次のような方法があります。

❶ねじ接合

　配管の雄ねじを継手の雌ねじにねじ込んで接続します。切断用工具を使って配管を必要サイズに切断し、ねじ切り工具で配管の両端にねじを切ります。塗布剤（液体のシール材）を雄ねじ、雌ねじのねじ部に均一に塗り、継手をねじ込み接続します。

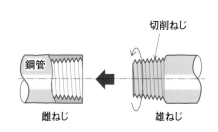

第6章　設備工事

❷溶接接合

電気溶接は、アーク放電を利用するもので、溶接部と溶接棒の間でアーク放電を発生させ、その熱で接合します。配管の溶接は、配管の端部と溶接継手の端部を突き合わせて溶接する突合せ溶接が多く用いられます。

❸フランジ接合

配管の端部にフランジを設置して、フランジ同士をボルトナットで締め付けて接合します。接合面（フランジの間）は、錆、油、塗料その他の異物を取り除き、ガスケット溝の凹部を清掃し、布入ゴムシートまたはガスケットは、両側のフランジ合わせ、所定のボルトを同一方向より挿入します。フランジは、ナットをスパナで左右一対の方向で、徐々に数回に分けて締め、固締めにならないようにします。

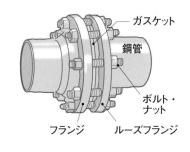

❹管端防食コアの接合

管端防食コアはライニング鋼管切断面の防食に用いる継手で、ライニング鋼管の内面に「コア」を密着させ、金属面への水の浸入を遮断して、管端部や継手本体の腐食を防止します。継手内面を樹脂で被覆し、管端防食コアが保護層と一体成型されているため、防食・耐食に優れていて、コア内蔵型のため、配管接合と同時に管端防食が行えます。

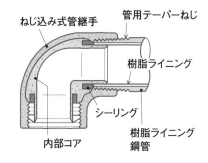

●銅管の接合

銅管の接合には、差込み接合、フランジ接合、フレア接合、ユニオン接合などを用います。

接合は、ろう付け（硬ろう付け）と、はんだ付け（軟ろう付け）のどちらかを使い、ろう付けははんだ付けに比べて接合強度に優れています。

ろう材の種類には、「りん銅ろう」「銀ろう」「アルミろう」「ニッケルろう」「金ろう」がありますが、一般的に「りん銅ろう」「銀ろう」が使われます。

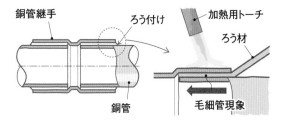

差込み接合

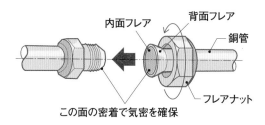

フレア接合

●樹脂管の接合

架橋ポリエチレン管、ポリブテン管などの樹脂管の接合には、金属管継手、熱融着式管継手、電気融着式管継手を使用します。

電気融着式管接合（エレクトロフュージョン）は、接合面に電熱線を埋め込んだ管継手（受口）に管（挿し口）をセットした後、コントローラから通電して電熱線を発熱させ、管継手内面と管外面の樹脂を加熱溶融して融着し、一体化させる接合方法です。

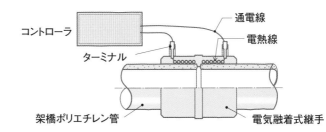

電気融着式管接合

● 鋳鉄管の接合

給水用鋳鉄管の接合には、メカニカル接合と差込み接合があり、排水用鋳鉄管の接合には、コーキング接合とメカニカル接合があります。メカニカル接合は、鋳鉄製押輪を差し口に入れてボルト、ナットで締め付け、差込み接合は差し口にゴム輪を入れて、端部を受け口の底まで差し込みます。

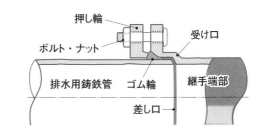

排水用鋳鉄管の接合
（メカニカル接合）

■ 弁類（バルブ類）の特徴

弁は水、油その他の液体類の流量を変えたり、流れを止めたりするもので、配管に設けて使われます。弁は以下のように分類されます。

●仕切弁

弁体が垂直に上下して、全閉、全開するもので、流体を仕切るような構造なので、仕切弁と呼ばれます。弁の材質には、青銅製、鋳鉄製、鋳鋼製があり、配管との接続には、ねじ込み形とフランジ形があります。

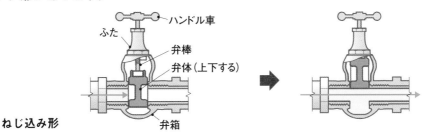

ねじ込み形

●玉型弁

弁箱が球形なので玉型弁と呼ばれます。流体は、弁体の下から上方に流れるため、弁の向きを流体の流れと逆に取り付けると弁の開放が困難になります。

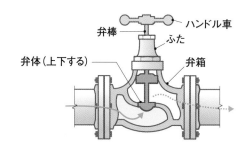

●逆止め弁（チャッキ弁）

流体を一方通行にし、逆流を防止する弁です。弁箱、弁体の形により、スイング逆止め弁、リフト逆止め弁、デュアルプレート逆止め弁、衝撃吸収式逆止め弁があります。

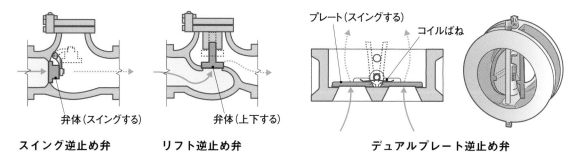

●バタフライ弁

弁箱の中に円盤状の弁体を設けたもので、円盤軸を回転させると、弁体が流路を開閉する弁です。構造が簡単で、小型軽量のため設置スペースが小さく、流体抵抗が小さく流量特性がよいという特徴があります。

●ボール弁

ボール弁は、水・温水・油・空気などに使用されます。レバーを回して、弁棒を回転させ、貫通孔の開いたボールが回転することで流体を制御します。

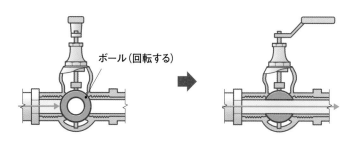

③ 給排水衛生設備工事

給排水衛生設備の工事範囲は、給水・給湯・衛生器具・排水および通気・し尿浄化槽・消火・ガス・厨房・洗たく・浴室などの設備に分類されます。本書では、水やお湯を供給し、使用後の水を建物の外へ排水するための給水・排水のシステムについて説明します。

以下に給水・排水・通気配管の系統図を示します。

❶伸頂通気管

排水立て主管の最上部に取り付けて、立て排水管の流れをよくするもの。

❷ループ通気管

2個以上の器具トラップを保護するため、通気立て管に接続するもの。

❸掃除口

排水横枝管が詰まった場合に、掃除器具を入れて掃除をする開口部。

❹量水器

水道メータのことで、使用した水の量を計るもの。

❺定水位弁

受水槽の水位を決まった水位に保つための弁。

❻受水槽

建物の水源となる貯水槽。

❼加圧給水ポンプ

高架水槽を設置しないで、受水槽からポンプで直接各給水器具に送水するポンプ。

❽排水桝

複数の排水管を合流させたり、地中埋設排水管の点検、掃除を行うための桝。

❾排水ポンプ

別名汚物水中ポンプとも呼ばれ、水中に設置して汚物を排水する。

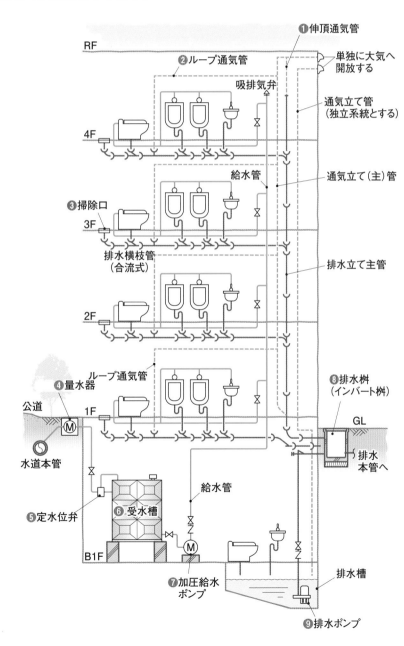

給水配管の施工

　給水の配管材料は、水道事業者や所轄の官公庁の規定に適合する検査合格品、指定品の中から選択して使用します。

施工上の留意点

①上水給水管は、雑用水給水管、井水給水管などを含め、他の配管系統と接続してはならない。

②給水配管の勾配は、上向き配管方式の場合は先上がり、下向き配管方式の場合は先下がりとし、一定の勾配（1/250 程度）で施工する。

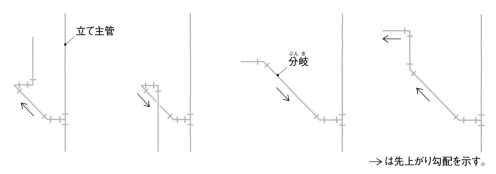

立て主管

分岐

→ は先上がり勾配を示す。

立て主管からの枝管分岐

用語解説

上向き配管方式、下向き配管方式

　上向き配管方式は、建物の最下階の床下や天井に主管を配管し、上階の器具へ上向きに給水や給湯を供給する方式。下向き配管方式は、建物の最上階の天井に主管を配管し、下階の器具へ下向きに給水や給湯を供給する方式。

③空気だまりをおこすおそれのある配管部には、止むを得ずその頂部に空気抜弁を設ける。

④横走管からの枝管の取出しは、上向き配管方式の場合は配管の上部から取り出し、下向き配管方式の場合は配管下部より取り出し、障害のない場合は横取りとする。

⑤配管の口径変更は、径違いソケットを使用し、ブッシング類は使用しない。

配管

径違いソケット

管径の異なる管を直線に接合するときに使う管継手で、両端に雌ねじと受け口がある筒状の短い形状をしている。

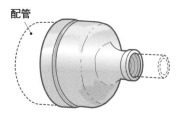

配管

ブッシング

管径の異なる管を接続するとき、Ｔ字管やエルボなどの管継手の一端の管径を小さくするために使う管継手で、両端に雌ねじと受け口がある筒状の短い形状をしている。

給湯配管の施工

給湯配管は、給湯の循環が円滑に行われるように、逆勾配や凹凸配管など、循環を阻害するような接続方法、施工方法をとってはなりません。

✍️ 施工上の留意点

①給湯配管の施工は、水の加熱によって起こる水の膨張、配管の伸縮、水中からの空気の分離を考慮して行う。

②給湯機器の膨張管は、給湯管とは別系統にて配管し、膨張管の頂部は、所定の高さに立ち上げたうえ、開放式膨張水槽に開放する。

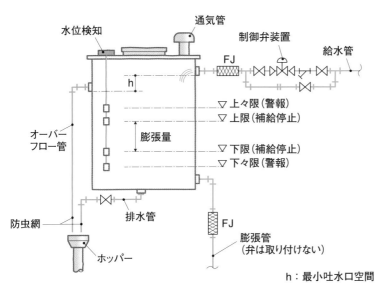

膨張水槽は、ボイラなどの加熱器による配管内の水の膨張・収縮を吸収し、装置内へ水を補給するために設置する。膨張した配管内の水は膨張管を通って膨張水槽へ送られる。

開放式膨張水槽

③給湯主管から枝管の取出しは、エルボ返しにして管の膨張応力が分岐継手部に集中しないように配管する。

④ユニオン継手の使用を避け、フランジ継手を使用する。

⑤伸縮継手には、ベローズ型、スリーブ型、ループベント（通称タコベント）などがある。

⑥立て管には各階床ごとにクランプ支持を行う。

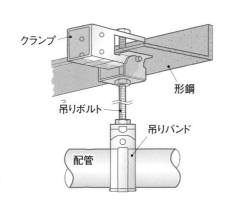

クランプは材料を作業台に固定する工具で「締め具」ともいわれ、作業時に手を使わずに安全確実に材料を押さえることができる。

クランプ支持

ユニオン継手

接続の際に配管を回転させることなく継手自身を回転させるだけで管の接合または取外しが可能な継手部品。既設配管の切断、延長、取替えなどに利用される。

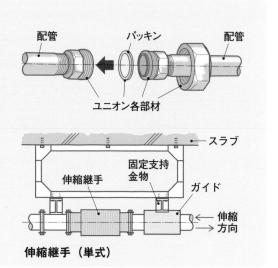

配管　パッキン　配管

ユニオン各部材

伸縮継手

配管内の流体の温度や周囲温度により、管が熱膨張し伸縮する際、その管の伸縮を吸収するための管継手。

スラブ

固定支持金物

伸縮継手　ガイド

伸縮方向

伸縮継手（単式）

通気配管の施工

通気管は、排水を円滑に下水管に流すために必要な配管です。すべての通気管は、開口部に向かって上がり勾配で配管し、管内の水滴が自然流下によって流れるように支持金物により支持します。

📝 施工上の留意点

①通気管は、排水配管から 45°以上の角度で取り出し、水平に取り出してはならない。

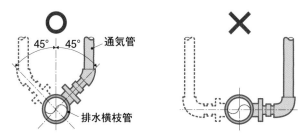

45°　45°　通気管

排水横枝管

②各階で通気管を立ち上げて通気立て管に連結する場合は、その階の器具のあふれ縁から15cm 以下で連結してはならない。

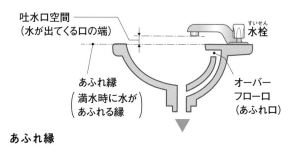

吐水口空間
（水が出てくる口の端）

水栓

あふれ縁
（満水時に水があふれる縁）

オーバーフロー口
（あふれ口）

あふれ縁

③し尿 浄 化槽の排気管は、単独で大気中に開口し、一般通気管と連結してはならない。

④通気立て管を雨水排水管と連結してはならない。

⑤汚水槽、雑排水槽には通気管を取り付け、一般の通気管と連結しないで、単独で大気中に開放する。

⑥通気枝管どうしの接続を、器具のあふれ縁以下の位置で行うことは、原則として避ける。

⑦通気管の末端にはベントキャップを取り付け、これに向かって 1/200 程度の上がり勾配で配管し、末端開口部は次の図に示す条件を満足させなければならない。

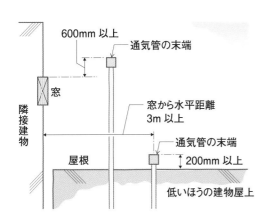

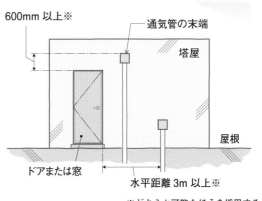

※どちらか可能なほうを採用する。

排水配管の施工

　排水配管は、勾配がもっとも重要で、衛生器具から横枝管、屋内排水主管、屋外排水主管を経て公共下水道へ至るまで、適切な勾配が取れていなければなりません。

施工上の留意点

①横走排水管は一定の勾配をとり、トラップ装置以外に溜水のできるような配管をしてはならない。

②横走排水管の曲部は、原則として大曲がり継手を使用する。

③横走排水主管と横走排水枝管の接続は、45°Y字継手、90°Y字継手を使用する。

45°Y字継手　　　　90°Y字継手　　　　90°大曲がり継手

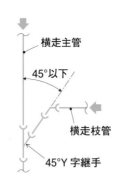 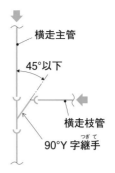

横走排水主管と
横走排水枝管の接続

平面図

④排水管の曲部、あるいは流水方向の変換する箇所に、他の排水管を接続してはならない。

⑤排水管には、原則としてユニオン継手、フランジ継手は使用しない。

⑥雨水排水管は、排水管、通気管などと兼用してはならない。

⑦ルーフドレン（122ページ参照）と雨水排水立管は直線的に配置する。

■ 屋外排水桝の施工

　排水桝は、屋外排水設備で排水管内の清掃と点検のための設備で、排水管を2本以上合流させる場合に、排水管の起点・終点・合流点・屈曲点に配置します。汚水桝、雑排水桝、雨水桝、トラップ桝などの種類があります。

●汚水桝、雑排水桝（インバート桝）

　汚水・排水配管に設置するもので、汚物や固形物が停滞しないように、底に排水溝（インバート）を設けたものです。

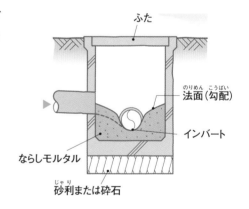

●トラップ桝

　桝の上流側に下流側の排水の臭気が侵入しないように、トラップ機能を持たせたものです。雨水桝と同様に泥だまりを設けます。

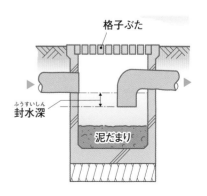

●雨水桝 _{う すいます}

雨水管に設置するもので、流入管と流出管には 20mm 程度の管底差をつけ、150mm 以上の泥だまりを設けたものです。

施工上の留意点

①桝の位置は、接続桝を除き、その建築物の下水排出口から 1m 以内とする。

②直線部分に設ける桝は、管径の 120 倍以内の距離ごとに設け、最大 30m とする。

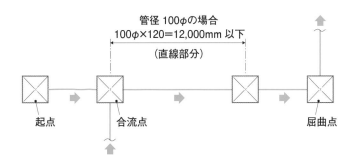

③桝は接続する排水管の内径、埋設の深さに応じて、検査または掃除に支障のない大きさとする。基礎には、割栗石または砕石を敷き詰める。

衛生器具の取付け

便器や洗面器などの衛生器具や各種器具類の取付けは、建築仕上工事完了後に行い、通水・調整時までの間、必要な養生を行います。

施工上の留意点

①大便器、小便器、浴槽など、建築仕上工事とのからみがある器具もあるので、特に床防水との納まりに注意して取り付ける。

②洗面器の軽量間仕切り壁への取付けは、補強板を取り付けた部分に行う。

③洋風大便器の給水取出し、便座の電源コンセントの位置は、壁や床の構造を検討し、騒音防止を考慮して決める。

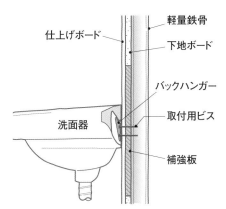

洗面器の軽量間仕切り壁への取付け

水道の引込み

建物で水道を使うときには、公道に敷設してある配水管から分岐して、止水栓、水道メーター（量水器）を経由して建物内に給水します。

施工上の留意点

① 量水器桝（りょうすい きます）は、口径 40mm 以下は既製桝、口径 50mm 以上はコンクリート製桝を設ける。

② 増圧直結給水方式は、特定区域で水道メーターの口径が 50mm 以下の建物に使用できるが、建物の用途によっては採用ができない。

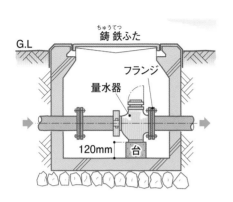

コンクリート製量水器桝

水道から引き込まれた水を受水槽にいったん貯めることなく、直接、直結給水ブースタポンプにより中高層階へ給水する方式。

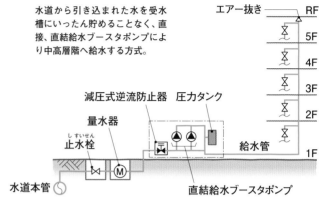

増圧直結給水方式

給排水関連機器の据付け

給排水設備機器には、受水槽、高置水槽（こうちすいそう）、給水ポンプ、給湯ボイラ、貯湯槽（ちょとうそう）、排水ポンプ、消火ポンプなどの機器類があります。機器類の据付けは、機器据付図に基き、基礎コンクリート打設後、コンクリート強度が出た段階で行います。

給水ポンプ

給水用ポンプの形式には、床上に設置する横軸ポンプ、立て軸ポンプ、水中に設ける水中ポンプなどがあります。

排水ポンプ

排水ポンプは、雑排水（台所、浴室などの排水）などを排水する雑排水ポンプと汚水排水ポンプ、汚物を排水する汚物排水ポンプに区分されます。

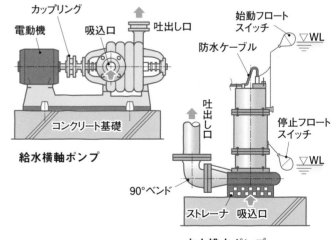

給水横軸ポンプ

水中排水ポンプ

通水

通水は配管に水を通すことで、配管作業、機器類の据付け、衛生器具および各種器具類の取付けなどの完了後、順次、配管に通水を行い、機能試験、機器・器具類の調整を行います。

通水は全館一度に行うのではなく、給水・給湯・消火管など設備別に、順次、各ブロック別に確認しながら行います。

④ 空気調和設備工事

空気調和設備は、室内の空気温度・湿度・気流・清浄度・気圧を人がコントロールするための設備です。空気調和設備は、契約が成立して工事着工から完成引渡しまでの間に、原則的な施工手順があり、この順序に従って進めて行かないと、工事の手戻りなど無駄な労力の消費を生じてしまいます。

以下に空調・換気ダクトの系統図と、空調冷温水・冷却水配管の系統図を示します。

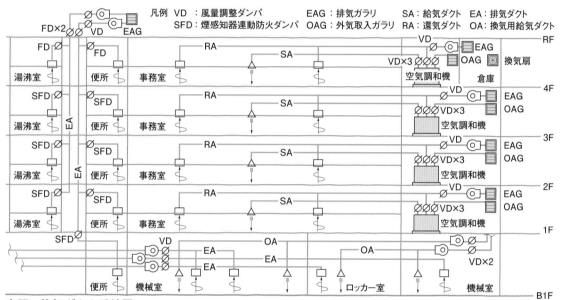

凡例　VD　：風量調整ダンパ　　　EAG：排気ガラリ　　SA：給気ダクト　EA：排気ダクト
　　　SFD：煙感知器連動防火ダンパ　OAG：外気取入ガラリ　RA：還気ダクト　OA：換気用給気ダクト

空調・換気ダクト系統図

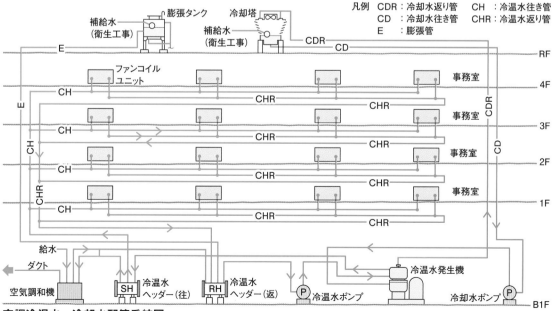

凡例　CDR：冷却水返り管　　CH　：冷温水往き管
　　　CD　：冷却水往き管　　CHR：冷温水返り管
　　　E　　：膨張管

空調冷温水・冷却水配管系統図

機器の据付け工事

　搬入、据付けは計画の立て方が重要となります。据付け工事は、法規による規制条件、機器の性能を満足させるための条件、維持管理を容易にすることなどを考慮して行います。

■ ボイラーの据付け

　ボイラーは、温水や蒸気をつくる機器で、暖房や給湯に使用されます。ボイラーの構造、容量、最高使用圧力によって、法規上「ボイラー」「小型ボイラー」「適用除外のボイラー」に区分されるので、関連法規を満足させます。

　ボイラーの運転荷重はかなり重いので、集中荷重は避けて荷重を分散させます。基礎の高さは機種により異なりますが、保守点検などのために100 ～ 200mm とします。

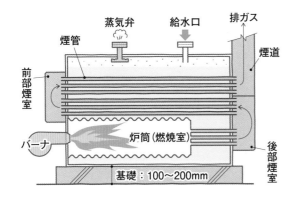

炉筒煙管ボイラー

法規上「ボイラー」に該当する。ボイラーの規模などにより、取扱いに必要とする資格が異なる。

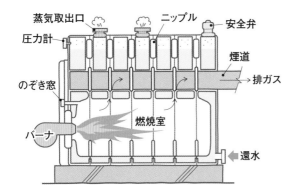

鋳鉄製ボイラー（セクショナルボイラー）

法規上「適用除外のボイラー」。取扱いに関し、資格等の規定はない。

■ 冷温水発生機の据付け

　ボイラーには該当しませんが、火を使用する設備なので、消防署への届出が必要です。燃料が油の場合は、危険物の法規に適合する施工を行います。

　冷水と温水を同時に取り出せるので、ボイラーと冷凍機を別個に設置するよりも、設置面積が小さくてすみます。運転荷重はかなり重いので、据付けには集中荷重を避けて荷重を分散させる必要があります。

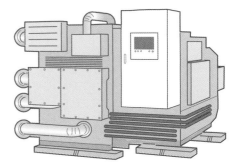

■ 冷却塔の据付け

冷却塔は、冷凍機から出た温度の高い冷却水の温度を下げる機器です。

防振装置付きの場合、冷却塔の運転荷重は据付け時の荷重より大きいため、防振装置をセットボルトで運転時の高さに調整してから冷却水配管の工事を行います。近隣の騒音対策を行う場合は、低騒音形冷却塔を使用するか、遮音壁を周囲に設けます。この場合、冷却塔の吸込空気の偏流に注意が必要となります。

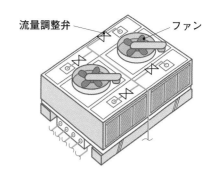

■ パッケージ型空気調和機（パッケージエアコン）の据付け

パッケージ型空気調和機は、空調機に冷凍機を組み込んだものと思えばよく、圧縮機・膨張弁・凝縮器・送風機・エアフィルタなどで構成されています。一般的には、外気熱交換器（凝縮器）を屋外に設け、ほかの主要な部品は屋内に設け、冷媒配管で接続します。

空冷ヒートポンプ型が多く用いられ、業務用として天井吊り型、天井埋込み型、ダクト型、壁掛型、床置き型などがあります。

設置するときは、メーカー規定の冷媒配管延長距離、各室内機と室外機間の高低差、分岐時の留意点を検討します。

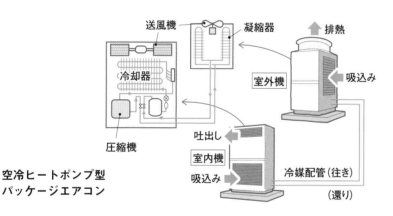

空冷ヒートポンプ型
パッケージエアコン

室外機、室内機間で冷媒を行き来させ、室内の排熱を室外機のファンで排出する。

■ ポンプの据付け

ポンプは、水などの流体を吸込み口から吸い込み、ポンプ内の羽根車で吐出し口へ送り出します。

📝 施工上の留意点

①ポンプとモーターが水平かどうか、カップリング面、ポンプ吐出口面、吸込口面に水準器を当てて調べる。

②据付けに狂いがあれば、カップリングボルトをはずし、架台とコンクリート基礎の間の、基礎ボルトの両側およびもっとも荷重のかかる箇所にライナー（水平性、鉛直性を調整する銅製の薄板）を挿入する。

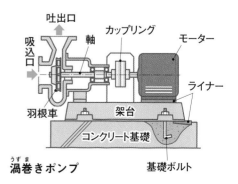

渦巻きポンプ

③架台とコンクリート基礎の隙間および基礎ボルト穴にモルタルを流し込み、10 ～ 14 日程度
　固定化した後にアンカーボルトのナットを均等に締める。

④カップリングボルトを取り付けて手回しを行い、軸受の良否、ポンプ内部を確かめ、円滑に
　回ることを確認する。

■ 送風機の据付け

　送風機は、空気（冷風・温風・排気など）に圧力を与えて送り出す装置です。送風機の大き
さを表すのに、羽根車の直径を 150mm で割った値で、#3（3 番）、#4・1/2（4 番半）などと
呼びます。

施工上の留意点

①呼び番号 #2 未満の天井吊り送風機は、吊りボルト支持とし、必要により振止めを設ける。

②メンテナンス用のスペースを確保し、ベルト駆動の送風機はVベルトの交換ができるように
　する。

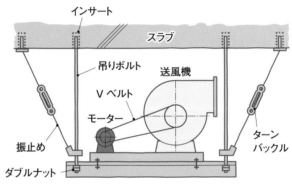

ダクト工事

　ダクトは、送風機に接続して調和空気や外気を建物内の必要な箇所へ供給し、室内の汚れた
空気や煙を建物の外へ排出するために用います。ダクトの用途を大別すると、空調用、換気用、
排煙用があります。

■ ダクトの材質

　空調や換気のダクトは亜鉛鉄板で作られ、形鋼（アングル）で補強、接続されています。

　ダクトの工法やダクトの使用目的によって、耐食性に優れたガルバリューム鋼板やステンレ
ス鋼板、防錆・防カビの処理を施した塩ビ被覆鋼板などが使用されます。

■ ダクトの形状

　形状によって、長方形ダクト、丸ダクト、オーバルダクト、フレキシブルダクトに分類され
ます。

　長方形ダクトは、長辺が 750mm を超える場合は四隅で、長辺が 750mm 以下の場合は二隅
で鉄板を突き合わせて成形します。この突合せ目を「はぜ」と呼びます（次ページ参照）。

　丸ダクトには、亜鉛鉄板を丸めて甲はぜで接続する円形ダクトと、帯状の亜鉛鉄板を甲はぜ
でらせん状に機械巻きしたスパイラルダクトがあります。丸ダクトは工場で 1 本 5m に加工
され、現場で簡単に接続できます。

　長方形ダクトが多く使用されていますが、梁貫通部や高速ダクトには丸ダクトが多く使用されます。

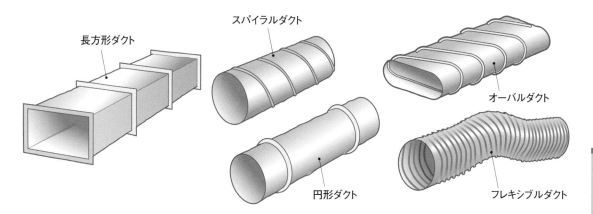

長方形ダクト
スパイラルダクト
オーバルダクト
円形ダクト
フレキシブルダクト

■ ダクトの用途による種類

空調用ダクト	空気調和機で処理した空気を室内に供給または循環させるためのダクトで、材質は亜鉛鉄板製を使用。工法はコーナーボルト工法を採用し、板の継ぎ目はボタンパンチスナップはぜを用いる。
換気用ダクト	外気を導入、または熱・臭気・湿気・ほこりなどを屋外に排出するためのダクト。厨房、浴室などの排気ダクトは継ぎ目、防錆、水抜き、漏水に注意が必要となる。材質は亜鉛鉄板製を使用。工法はコーナーボルト工法で、板の継ぎ目はボタンパンチスナップはぜを使用する。
排煙用ダクト	火災時に室内の煙を屋外に排出するためのダクト。材質は亜鉛鉄板製を使用。工法はアングルフランジ工法を用い、板の継ぎ目はピッツバーグはぜを使用する。
厨房用排気ダクト	厨房から出た油脂を含む煙を屋外に排気するダクト。材質は亜鉛鉄板製やステンレス鋼板を使用。工法はアングルフランジ工法やコーナーボルト工法を用い、板の継ぎ目はピッツバーグはぜやボタンパンチスナップはぜを使用する。

■ ダクトのはぜ

　はぜは、ダクトの縦方向に使用されます。長方形ダクトの隅各部のはぜの数により、ダクトの剛性に大きな影響を与えます。

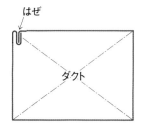
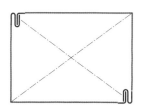
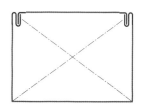
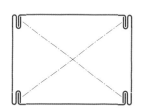

はぜ
ダクト

シングル
（はぜ1か所）
剛性は劣るが、空気の漏洩は少ない。

L字型
（はぜ2か所）
剛性はループ型に劣るが、空気の漏洩はループ型の半分になる。

U字型
（はぜ2か所）
ダクト内に残留した油脂類がダクト下面から漏れ落ちない。

ループ型
（はぜ4か所）
剛性面では一番よいが、空気の漏洩量が多い。

はぜの加工はすべて、はぜ折り機が使われます。はぜの折り方として代表的なものに以下のものがあります。

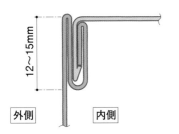

ボタンパンチスナップはぜ
空調、換気ダクトと幅広く使われ、作業性がよい。

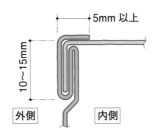

ピッツバーグはぜ
主に排煙ダクトに使われ、組立て作業に時間がかかる。

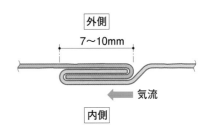

内部甲はぜ
空気の流れの直角方向および流れ方向の継ぎに使用される。

■ 長方形ダクトの接続工法

ダクト同士の接続工法は、フランジ接合が主となっており、アングルフランジ工法、コーナーボルト工法があります。コーナーボルト工法は、共板フランジ工法とスライドオンフランジ工法に分類されます。

アングルフランジ工法

ダクトの両端部にフランジを取り付けて、ボルトで接合する在来型のダクト工法です。フランジをダクトへ取り付ける際は、リベットまたはスポット溶接で行います。ダクト同士の接続は、ボルトとナットで締め付け、1か所に数本から数十本のボルトで取り付けます。

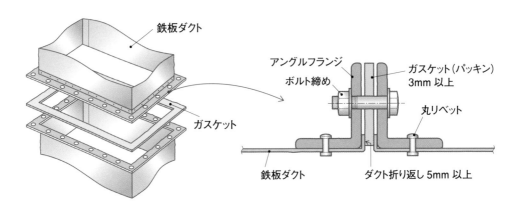

コーナーボルト工法

●スライドオンフランジ工法

鋼板を成型加工してフランジをつくり、フランジをダクトに差し込んで、スポット溶接をします。ダクトの接続は、角部の4本のボルト・ナットと専用のフランジ押え金具（クリップ、ラッツ、スナップなど）を用います。

●共板フランジ工法

ダクト本体を成型加工して共板フランジを製作し、フランジをダクトと一体化させ、組立て時にコーナー金具を取り付けます。ダクトの接続は、角部の4本のボルト・ナットと専用のフランジ押え金具（クリップ）を用います。

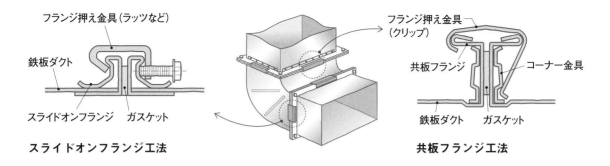

フランジ押え金具（ラッツなど）

鉄板ダクト

スライドオンフランジ　ガスケット

スライドオンフランジ工法

フランジ押え金具
（クリップ）

共板フランジ

コーナー金具

鉄板ダクト　ガスケット

共板フランジ工法

第6章　設備工事

■ 丸ダクト・フレキシブルダクトの接続工法

丸ダクト（円形ダクト・スパイラルダクト）

　小口径のダクトには差込み管継手、大口径（600mm 以上）にはフランジ管継手を用います。差込み管継手工法は、差込み管継手の外面にシーリング材を塗布後、ダクトを規定の長さまで差し込み、ビスで接合し、ダクト用テープ（アルミ箔）で二重巻きにします。

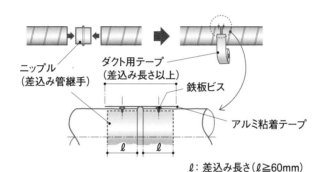

ニップル
（差込み管継手）

ダクト用テープ
（差込み長さ以上）

鉄板ビス

アルミ粘着テープ

ℓ：差込み長さ（ℓ≧60mm）

フレキシブルダクト

　フレキシブルダクトは、吹出し口チャンバとダクトとの接続箇所に用い、アルミ製、ステンレス製などがあります。ダクトが垂れ下がる場合は、1 ～ 1.5m に 1 か所の割合で、吊りバンドにて吊り上げます。

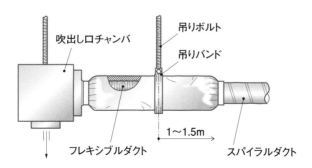

吹出し口チャンバ

吊りボルト

吊りバンド

フレキシブルダクト

1～1.5m

スパイラルダクト

■ ダクトの吊りと支持の施工

長方形ダクトやスパイラルダクトの支持や天井吊りは、形鋼（アングル）、棒鋼などを使います。

長方形ダクトの吊り

単一の横走ダクトの吊りは吊りボルトを用い、複数の横走ダクトの吊りは、アングル（山形鋼）を使います。振動するダクトを支持する場合は、防振吊り金物（ダブルナット＋スプリングワッシャ）を用います。

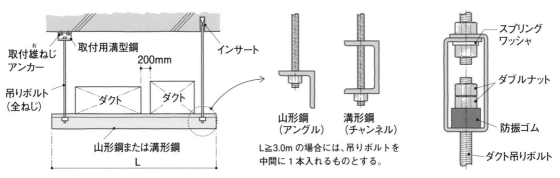

長方形ダクトの吊り

L≧3.0mの場合には、吊りボルトを中間に1本入れるものとする。

防振吊り金物

長方形立てダクトの支持

縦方向のダクトは、各階の床スラブで支持を行い、階高が4mを超えるときには、中間に支持を取ります。床の支持は、同一方向へ形鋼を2本渡し、形鋼の長さはダクトの支持方向の幅より大きくとります。

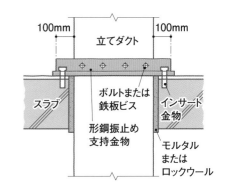

■ ダクトの付属品、ダンパ

ダクト内の空気の流れの調節、遮断などのためにダクトの中間に設ける可動板のことをダンパといい、用途によりさまざまな種類があります。

風量調整ダンパ（VD：ボリュームダンパ）

羽根の向きを変えて風量調節をします。羽根には平行翼と対向翼がありますが、風量調節には、平行翼より対向翼がに適しているといわれ、平行翼は全閉か全開の切替えに用います。

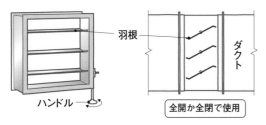

平行翼ダンパ

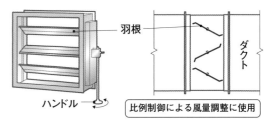

対向翼ダンパ

モーターダンパ（MD）

モーターを使い遠隔操作で風量調整ができるダンパです。構造は風量調整ダンパに準じますが、外部に羽根の軸部分が出ていて、これにモーターを取り付けてあります。

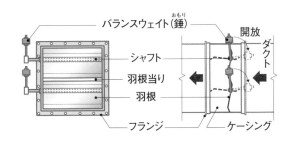

羽根
連結棒
シャフト
ダクト
モーター操作盤

逆流防止ダンパ（CD：チャッキダンパ）

風が逆向きに流れるのを防ぐのに用います。羽根は垂直でなく7°程度傾斜させ、ウェイトバランスで羽根の動きを軽くし、開度を調整します。施工時は、微小な風圧で羽根が開くので、ダクト内を流れる風の方向を考慮して取り付けます。

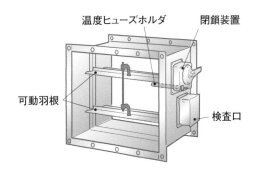

バランスウェイト（錘）
開放
シャフト
羽根当り
羽根
フランジ
ダクト
ケーシング

防火ダンパ（FD：ファイヤダンパ）

火災時の延焼や熱風を防ぐのに用いるダンパで、空気調和、換気のダクトが防火区画を貫通する場合に用います。融解ヒューズが取り付けられ、設定温度を超えた空気が通過するとヒューズが溶けて、ダンパが作動し熱風を遮断します。

温度ヒューズホルダ
閉鎖装置
可動羽根
検査口

防火兼用風量調整ダンパ（FVD：ファイヤボリュームダンパ）

防火区画用および風量調整兼用として用いる温度ヒューズ付きのダンパで、通常は風量の調整を行い、火災発生時には防火ダンパとして用います。

防煙ダンパ（SD：スモークダンパ）

煙感知器に連動して作動するダンパで、防火区画用として用い、防煙区画を貫通するダクト内に設けます。天井取付けの煙感知器に連動してダンパが閉になります。開の状態に戻すには、手動復帰方式と自動復帰方式があります。

防煙防火ダンパ（SFD：スモークファイヤダンパ）

煙感知器に連動して作動するダンパで、防煙ダンパに温度ヒューズを取り付けたもので、防火区画用として用います。

211

■ 厨房排気フード（天蓋）

調理による煙や湯気、油脂の局部排気用として使う装置で、排気にはダクトと排気ファンを用います。フードの材料はステンレス製を用い、フードの長辺により板厚を決めます。板厚が1.0mm以上の場合、板の継目は溶接とし、必要によって補強を行います。

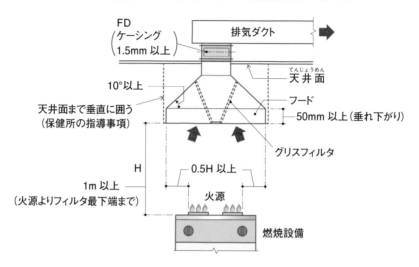

空調配管工事

空調設備で使用する配管には、冷温水配管、冷却水配管、ドレーン配管、冷媒配管などがあります。冷温水は、1本の配管で夏期は冷水、冬期は温水と切り換えて、空気調和機やファンコイルユニットなどに供給循環して使います。冷却水は、冷却水配管を使って冷凍機の凝縮器と冷却塔を結び、冷却水ポンプで循環します。冷媒配管内では、冷媒が高圧ガス・液体・低圧ガスの順に変化して循環します。

■ 配管の施工

🖊 施工上の留意点

①配管には、保守・点検が容易にできるようにサービス用バルブを設ける。

②横走り管は、送り管は先上がり、返り管は先下りとし、勾配は 1/250 とする。

③横走り管が立ち上り管となる箇所や、立て管の頂部および配管の途中が鳥居配管となりそうな箇所には、空気抜き弁を取り付け、弁からの排水は間接排水とする。

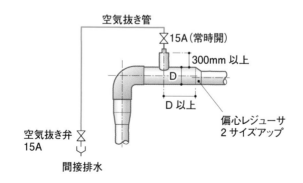

? 用語解説

間接排水

　機器具からの排水を建物の排水主管に直接接続しないで、ホッパー（じょうご）などを介して間接的に排水する方式。

④配管が防火区画の壁や床などを貫通（かんつう）する場合は、ロックウール充填材（じゅうてんざい）やモルタルなどの不燃材で壁と配管の隙間（すきま）を埋める。

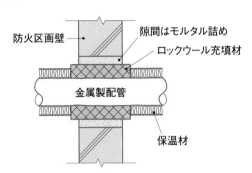

⑤地中外壁などを配管が貫通する場合は、スリーブにつば付鋼管を設ける。

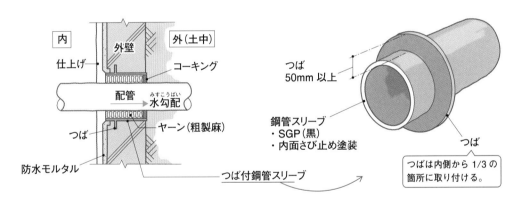

■ 配管支持の施工

　2本以上の横走配管を平行に並べる場合には、共通支持の支持形鋼で行います。Uボルトは振止めなので締めすぎないようにし、固定支持は使用しません。

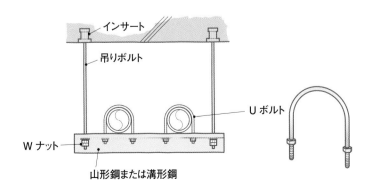

冷媒配管の施工

　冷媒配管は、配管口径が細く材質も軽量なので施工が容易とされています。配管は冷媒の種類に合った肉厚の銅管を使用し、一般には、被覆銅管（保温材で被覆した銅管）を用います。建築配管用銅管と空調冷媒用銅管は、外径が同じでも呼び径が異なるので注意が必要です。

冷媒配管の接合方法

　銅管の接合方法は、ろう付接合、フレア接合、フランジ接合、フェルール接合があります。ろう付作業時には、配管内に窒素ガスを流し空気（酸素）を追い出した状態（窒素ガス置換）で行います。

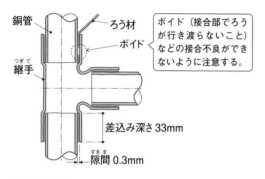

ろう付接合
ろう材を使い銅管を溶接しないで接合する。

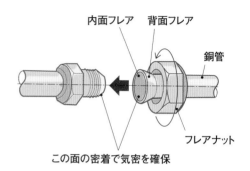

フレア接合
ラッパ状に加工（フレア）された管端にフレアナットを使って接合する。

冷媒配管の支持方法

　横走り冷媒管の支持および立て冷媒管の振止めは、結露防止のため断熱材の上から行い、分岐部分、曲りの部分、室内機器廻り、外壁貫通箇所の分岐部や機器廻りは、壁や機器の直近で支持を取ります。

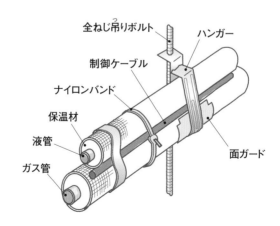

第 7 章

電気設備工事

建物に必要な建築設備には、電気、給排水、空気調和、搬送、および雷保護などの設備があります。電気設備は、電力供給会社から用途・規模に合わせた電力を受電して機械器機類、器具類、装置などに所定の電気エネルギーを供給して、構築されたシステムを省エネルギーで安定的に運転することで、求められる機能、性能を確保し、維持し安全に管理することが求められています。
搬送設備や 雷 保護設備は、建設工事の請負範囲として、電気工事に含まれる場合が多いため、本章で説明します。

❶ 建物の電気設備工事
❷ 防災設備工事
❸ 情報通信設備工事
❹ 搬送設備工事
❺ 雷保護設備工事

① 建物の電気設備工事

建築物の電気設備は、その敷地内（構内）施設の使用目的、規模に合致して必要とされる動力、照明、情報、防災、空気調和、衛生、搬送などの諸設備に電気エネルギーを供給します。この電気エネルギーは、施設の色々な設備の電気容量の総和により電力供給会社（電力会社）から高圧または特別高圧電気で受電して、各設備に適した電圧に変圧（降圧）して配電されます。

電気設備の構成

高圧または特別高圧電気で受電する構内電気設備を自家用電気工作物といいます。この自家用電気工作物の構成は、受変電設備、発電設備、蓄電池設備、幹線設備、動力設備、電灯・コンセント設備、防災設備、電話設備、雷保護設備、LAN 設備などの情報通信設備、各設備機器やシステムなどの監視および操作などの監視設備などより成り立っています。

樹木は、幹を通して大地からの養分を枝々に送り、枝にある葉の光合成によりこの樹木の生命の維持と成長を支えています。この自然現象と同様、電力供給会社から受けた電気エネルギーにより建物全体に設けられた各システムの運用で、建物の利用者の生産活動の維持、発展に寄与しています。

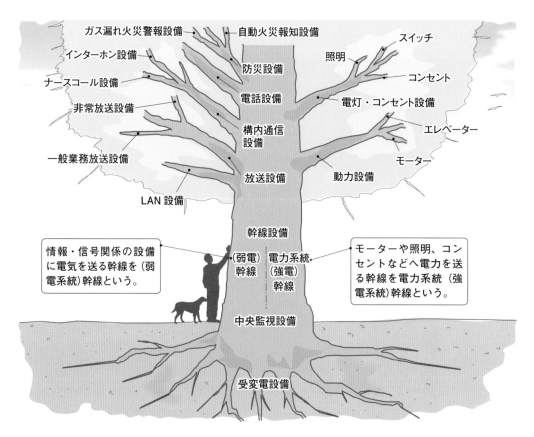

第7章 電気設備工事

用語解説

高圧電気と特別高圧電気

契約電力 50kW 以上 2,000kW 未満の場合は、通常 6,600V の高圧電気で受電し、契約電力 2,000kW 以上の場合は、20,000V の特別高圧電気で受電します。

電圧	契約電力	用途の例
低圧	50kW未満	住宅、店舗
高圧	50kW以上 2,000kW未満	小中規模ビル、工場
特別高圧	2,000kW以上	大規模ビル、工場、病院、大型店舗

電気エネルギーの有効利用

構内の施設を運用するには、電気エネルギー（電力）を各設備に送り、その設備で使用するエネルギーに変換して有効に利用できる状態とします。

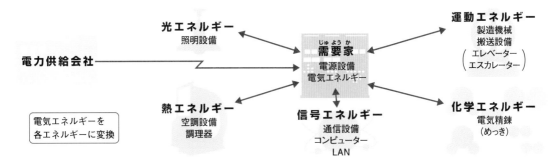

電力の引込み

電力会社の高圧または特別高圧配電網から建物に電力を引き込みます。引込みの方法には、架空引込式と地中引込式とがあります。

架空引込式は、電力会社の架空配電線路から電力を架空で引き込む方式で、建物施設者（需要家）側が地上 5m 以上の高さで引き込むための構内引込柱を建柱し、引込み区分開閉器を取り付けて、以降、ケーブルによる架空式または地中電線路で建物に取り込みます。

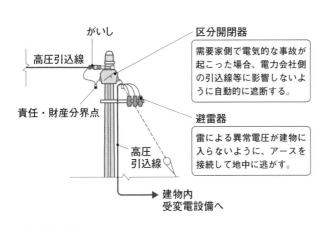

架空引込式

区分開閉器
需要家側で電気的な事故が起こった場合、電力会社側の引込線等に影響しないように自動的に遮断する。

避雷器
雷による異常電圧が建物に入らないように、アースを接続して地中に逃がす。

がいし・高圧引込線・責任・財産分界点・高圧引込線・建物内受変電設備へ

地中引込式

区分開閉器・敷地境界線・引込配管を敷地境界線より30cm突出し配管・建物内受変電設備へ

　都市部では、電柱を用いず電力会社の地中配電線路の埋設管路から電力を引き込む地中引込式が採用されており、需要家は敷地境界部より公道側に30cmほど引込管を突出し、電力会社が設置するキャビネットまでの地中配管を施工し、さらにキャビネット内に区分開閉器を取り付け、以降、電圧ケーブルによる地中電線路で建物に取り込みます。

電源設備の種類

■ 受変電設備

　電力会社から引き込んだ受電電圧を建物で使用する電圧に変圧する変電設備、および、施設での使用場所に電力を配る配電設備を総称して受変電設備といいます。受変電設備は開放形（オープン式）と受変電設備全体を箱内に収めた閉鎖形（キュービクル式）とがあります。安全面の関係で最近では屋内、屋外のキュービクル式が多いようです。

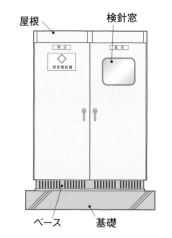
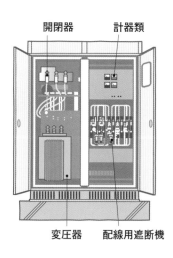

屋根　　検針窓　　　　開閉器　　計器類

閉鎖型受変電設備
（キュービクル式）　　ベース　　基礎　　　　変圧器　配線用遮断機

●開放型高圧受電設備の各部の保有距離

	前面・操作面	背面・点検面
高圧配電盤	1.0m以上	0.6m以上
低圧配電盤	1.0m以上	0.6m以上
変圧器等	0.6m以上	0.6m以上

①保守点検に必要な通路は、幅0.8m以上、高さ1.8m以上とし、充電部とは0.2m以上を確保する。
②配電盤の前面照度は300 lx（ルクス）以上とする。

●閉鎖型高圧受電設備の各部の保有距離

	保有距離
点検面	0.6m以上
操作面	1.0m＋保安上有効な距離
溶接等の構造で換気口がある面	0.2m以上
溶接等の構造で閉鎖された面	距離の規制なし

■ 発電設備

　電力会社の電力（常用電源）が停電したときの保安用の電気エネルギーを得るため、さらに大規模の施設では常用電源の通電時に電力使用時のエネルギー削減を行うためのシステムとして、自家用発電設備を準備します。

　自家用発電設備には、ディーゼルエンジン、ガスタービンエンジンなどの内燃機関を用いたものがあり、太陽光発電設備、燃料電池なども発電設備に含まれます。

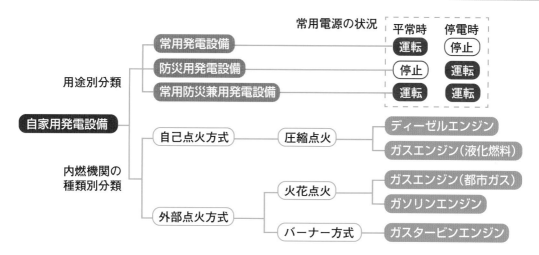

■ 蓄電池設備

蓄電池はバッテリーともいわれ、化学エネルギーを電気エネルギーに変換して直流電源として用いられる設備で、大規模の建物などでは受変電設備に併設されています。

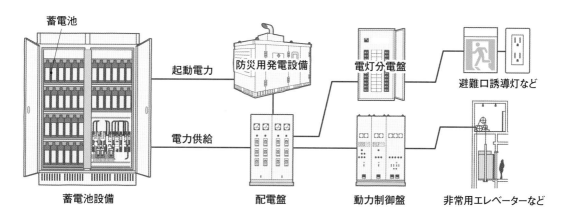

非常時は、蓄電池設備から防災用発電設備を起動させ、避難に必要な誘導灯設備や消防隊の消火作業および救出作業に必要な非常用エレベーター設備などのための電力を供給する。蓄電池からの消防用設備等への配線は、耐火性能を持つ耐火ケーブルでの施工が規定されている。

電源設備など重量機器の耐震工事

受変電設備、自家用発電設備などの重量機器は、地震力による転倒、移動などにより運転不能にならないように、アンカーボルトで機器をコンクリート基礎に固定するとともに、耐震ストッパを設置します。

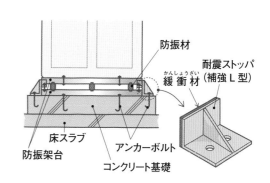

幹線設備

　受変電設備で低圧電気に降圧され低圧配電盤より各部に運ぶ動脈（ルート）を幹線といいます。動力幹線では三相3線式200V、または三相4線式240V/415Vを各エリアの動力分電盤や動力制御盤に、電灯幹線からは単相3線式100V/200Vを各エリアの電灯分電盤に配電します。

　三相4線式240V/415V方式は、大規模の建物では契約電力の抑制、省エネルギー対策、さらに使用する電線を細く抑えて、イニシャルコストおよびランニングコストなどコストパフォーマンスなどにメリットがありますが、使用する機器類は、汎用品（はんようひん）が使えないというデメリットがあります。

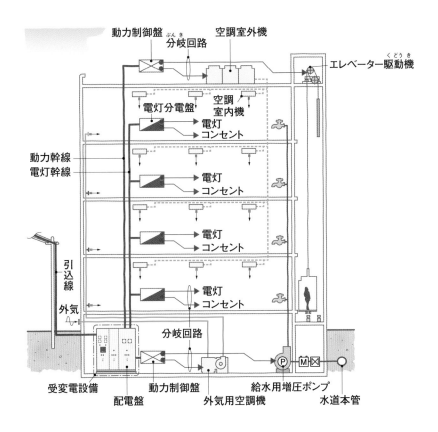

動力設備

　給排水ポンプなどの衛生機器、エアハンドリングユニットなどの空気調和機器、エレベーターなどの搬送機器等には電動機（モーター）が組み込まれています。動力用三相3線式200V、または三相4線式415Vの動力電源をモーターに送り、これらの機器、システムの運転を機能させる設備を動力設備といいます。

　動力幹線から電力を受ける動力分電盤には、制御機能を持った動力機器や制御を必要としない機器に動力電源を送るための開閉器だけが納められています。動力制御盤には、動力機器に動力電源を送る開閉器に加え、自動運転などの制御回路が組み込まれ、監視盤等での遠隔操作や動力機器の状態を管理できる監視システムが構築できます。

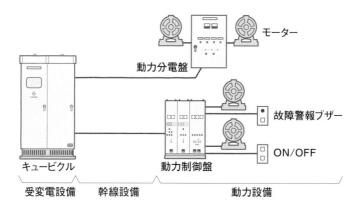

振動を伴う機器の防振工事

　発電機やモーターなど振動を伴う機器の運転に伴い、固体伝播音（でんぱんおん）が建物の構造体を伝播して、思わぬ場所に騒音を及ぼすことを防止するため、本体と基礎の間に防振架台を設置します。さらに機器への配管接続には可とう電線管を用いて、機器の振動を配管に伝えない施工を行います。

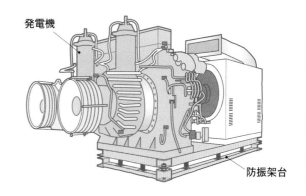

電灯・コンセント設備

　照明器具およびコンセントに単相２線式 100V の電源を送り、これらの設備、システムの運転を機能させる設備を電灯・コンセント設備といいます。電灯・コンセント幹線から受けた単相３線式（100V/200V）の電灯電力を電灯分電盤により回路分けして、必要エリアに電源を供給します。

■ 照明器具の配置

　室内の均等な明るさを得るための標準的な照明器具の配置は、天井（てんじょう）取付器具を１対２対・・・２対１となるように割付け配置をします。

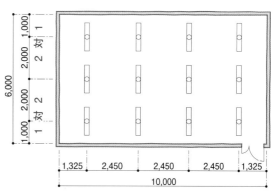

天井照明器具配置例　　（出典：『新人教育ー電気設備』日本電設工業協会編・発行）

■ 照明器具の取付け方法

　蛍光灯（けいこうとう）タイプの照明器具は、躯体（くたい）工事の段階で器具の位置を想定し、天井（てんじょう）スラブにインサートを配置して準備し、建築の天井下地の施工中に天井内配線を行います。

　天井埋込み器具の場合は、建築の天井下地の施工中に天井内配線を行い、照明器具の場所を軽量下地に墨出（すみだ）しし、軽量下地切込み補強後、仕上げ工事の下地ボードに器具の埋込寸法を墨出しし、下地ボード切込み、仕上げ材貼りが終了してから、照明器具の結線、取付けをします。

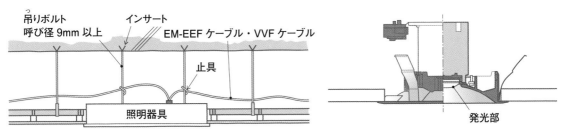

吊（つ）りボルト　　　インサート
呼び径 9mm 以上　　　　　EM-EEF ケーブル・VVF ケーブル
止具
照明器具
発光部

天井埋込み蛍光灯の取付け　　　　　　　　**天井埋込み LED の取付け**

■ コンセントの形状

　コンセントは、差込みプラグにより電気エネルギーを取り出す器具で、単相 100V および 200V 用から、三相 200V 用のものまであります。それぞれアース（接地）極付のものがあり、使用場所および用途により準備します。三相 200V 用の動力用コンセントは、小容量用で、その形状は単相用と明らかに違います。

●単相 100V、200V 用コンセント　　　　　●三相 200V 用コンセント

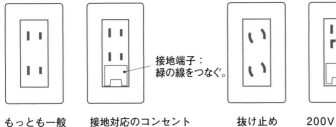
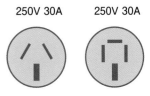

接地端子：
緑の線をつなぐ。

250V 30A　　　250V 30A

もっとも一般
的な形状　　接地対応のコンセント　　抜け止め
タイプ　　200V エアコン
などに使われる　　接地極なし　　接地極付

接地工事

　電気設備は、感電や火災などによって人や建物に損傷を与えることのないよう、適切な措置を講じなければなりません。その措置の一つとして、接地工事を行います。

　接地極として、建築工事の根伐床（ねぎりどこ）の地中に銅板、銅めっきの棒を縦に埋設します。接地極からの接地線の建物への取込みには、電線の毛細管現象による水の浸入を防ぐため、土中を避け、地中梁（ちちゅうばり）部分に水切り（電線の途中に水切りスリーブ）を鉄筋などに接触しないよう施し、以降接地抵抗値を測定するための接地端子盤へと配線します。

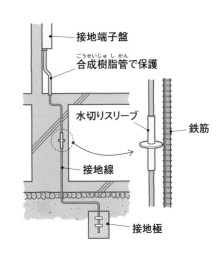

接地端子盤
合成樹脂管（ごうせいじゅしかん）で保護
水切りスリーブ
鉄筋
接地線
接地極

② 防災設備工事

防災設備は、建物内の火災などの早期発見、抑制、消火などを目的とした、警報、避難、防火、消火、消防活動用の設備で、建築基準法では設置基準や技術基準が、消防法では火災の予防や消火のための整備体系が定められています。

警報設備

警報設備は、災害の発生を監視し、災害を感知したときにベルなどで警報を発信する設備で、火災、ガス漏れなどが対象です。

■ 自動火災報知設備

自動火災報知設備は、天井に設置した感知器により、熱、煙を検出して火災の発生の信号を受信機に送り、ベルを鳴動させ、また非常放送を起動させて建物内の人々に火災の発生を知らせるもので、ガス漏れを検知して働くガス漏れ火災警報設備もあります。防火扉閉鎖、空調ダンパー閉鎖、排煙口の開放と排煙機との連動機能をもあわせ持つシステムです。

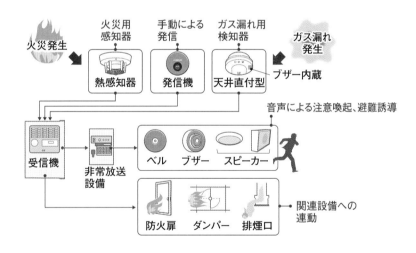

避難設備

■ 誘導灯設備

避難設備のうち、一般に電気設備に含まれる誘導灯設備について説明します。

誘導灯設備は、避難口や避難方向を明示する緑色の標識を付けた照明器具です。蓄電池を内蔵したもので、常時点灯していて、停電時には内蔵の蓄電池で20分以上点灯を続けることが規定されています。誘導灯は、目的に応じて以下の3種類に分かれています。

避難口誘導灯

直接屋外へ出られる扉、避難
に有効な階段への入口を示す。

通路誘導灯

避難口に通じる通路を示す。

客席誘導灯

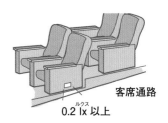

映画館や劇場の客席の足下を
常時照らす。

非常照明設備

　非常照明設備は、居室や避難通路に設置し、停電の際に即時に点灯して 30 分以上、床面の明るさを白熱灯器具では 1lx（LED 器具、蛍光灯器具では 2lx）以上確保する照明器具です。

　非常照明器具には、大規模の施設に採用される別置き蓄電池設備や自家用発電設備から停電時に通電されて点灯する蓄電池別置型非常照明器具と、器具内蔵の蓄電池に常時充電させておき停電時に内蔵の蓄電池からの電源で点灯する蓄電池内蔵型非常照明器具があります。

　蓄電池別置型非常照明器具への直流回路は、耐火性能を持つ配線としなければなりません。蓄電池内蔵型非常照明器具への配線は、スイッチで照明器具を消灯すると内蔵の蓄電池への充電用電源回路が切断されるため、スイッチを経由しない通称 3 線引きの蓄電池用の充電回路が必要です。

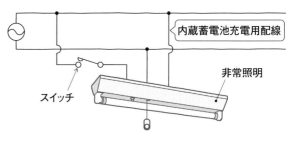

蓄電池内蔵型非常照明器具配線例

防犯設備

　防犯設備は、防犯カメラ、防犯ビデオ、電気錠、カードリーダー、呼出装置などのセキュリティを担う設備です。竣工、引渡し前に防犯設備業者が入線、機器取付け、試験調整などを行います。

監視設備

　監視設備は、建物の電力、照明、防災、防犯、給排水、空気調和、駐車場管制など、各エリアの制御盤から操作線により運転停止の操作、電力量計測、監視、状態管理を中央の監視盤で行う設備です。
　躯体工事中にエリアの制御盤と中央の監視盤の操作線の配管ルートを施工し、建築内装工事の進捗に合わせて配線、機器取付け工事を行い、竣工前に各動作の試運転調整、および試験を行います。

③ 情報通信設備工事

情報・ネットワーク機器や、防災・防犯設備、テレビ共同視聴設備など情報伝達を行うための設備を情報通信設備といいます。躯体工事中に情報通信設備の配管ルート（空配管）を施工し、一般的に建築の内装工事にあわせてこの空配管に呼び線または必要な電線を入線し、結線、機器の取付け、竣工前に試験調整とデータ測定を行いデータを記録します。

構内電話設備

　電話会社から建物に電話回線を引き込むため、電話会社の引込線を通す呼び線を入れた空配管と、電話用主配線盤（MDF）を取り付けます。MDF以降、必要箇所の電話端子盤（IDF）までの電話用幹線ルートを確保し、IDFから室内の電話機設置場所までの配管（一般的にコンクリート床埋設配管）、電話用フロアーボックスの設置までを施工します。

　一般的に竣工、引渡し後に施設者側の電話工事施工会社が電話会社から必要な回線数で引き込み、MDFおよびIDF内の整端、電話交換機の設置、構内電話の配線および電話機等の取付け、試験調整の後、回線の開通等を行います。

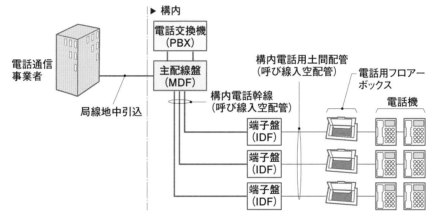

■ フリーアクセスフロア

　フリーアクセスフロアは、コンクリートの床にLAN機器用の配線用スペースを得るための二重床として設けられます。

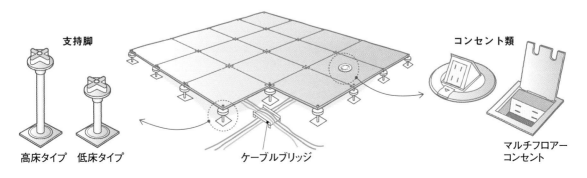

　配線スペース内には、コンセント用電源配線、電話用配線、LAN 用のケーブルを配線し、電源コンセントと通信用コンセントの両方を備えたマルチフロアーコンセントを施設者の要望の場所に施設します。

非常放送設備

　非常放送設備は、大規模の建築物、収容人員が一定以上の建築物等に設置義務が定められています。前述の自動火災報知設備（223 ページ）の受信機からの信号を受けて、構内に非常時の情報を伝えます。また、平常時には業務放送の呼出しなどの情報発信機としても使えます。
　一般的に建築の内装工事の進捗に合わせて非常放送設備の機器取付け工事を行い、竣工前に試験調整を行い、自動火災報知設備と合わせて消防検査を受けます。

テレビ共同聴視設備

　テレビ共同聴視設備は、建物の最上部にテレビアンテナを設置し、増幅器、分配器などを経て各所テレビ用コンセントからテレビの聴視ができる設備です。
　一般的に建築の内装工事の進捗に合わせて受信用アンテナ、増幅器、分配器などの機器類と、テレビ用コンセントを取り付け、試験調整工事を行います。

駐車場管制設備

　駐車場管制設備は、駐車場の車路に設置した感知装置により、入庫時には駐車場内に、出庫時には道路上の歩行者に向けて警報を発信します。さらに駐車場内では超音波式検出器により車の位置、移動方向などの検出を行い、スムースに誘導できる設備です。
　一般的に竣工、引渡し前に車路管制設備業者が入線、機器取付け、および試験調整を行います。

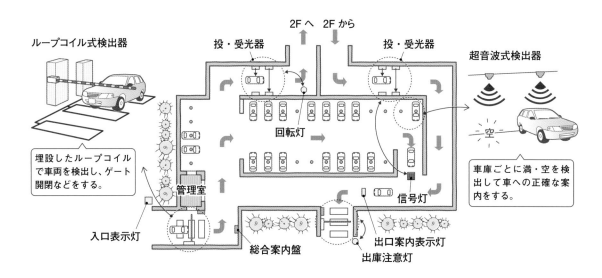

④ 搬送設備工事

建築物の搬送設備は、その建物の使用目的、規模に合わせて人や物を運ぶエレベーターやエスカレーターなどの昇降設備のことをいいます。これら搬送設備の機械（モーター）に電気エネルギーを加え、安全に上下階への移動、あるいは水平移動を可能にします。建築基準法、消防法、労働安全衛生法が関係しています。

搬送設備の種類

第7章　電気設備工事

建築物の搬送設備は、その運用方法により、人、または人および物をカゴに収容してエレベーターシャフト内を垂直に搬送するエレベーターと、階段状のステップに人を立ったまま乗せて階をまたいだ空間を斜めに搬送するエスカレーターとに二分されます。

■ エレベーター

エレベーターシャフトの設置部分は、竪穴区画として難燃材料で区画し、遮炎性能および遮煙性能を有する防火設備で乗場前を区画します。

エレベーターシャフトの最頂部には煙感知器を取り付けることが消防法で規定されています。また、エレベーターシャフトには、エレベーター設備、および操作用、通信用ケーブル以外のものの取付けは禁止されています。

エレベーター設置工事は、専門の機械器具設置工事業の許可を持つ工事業者が行います。

制御盤　機械室　綱車（つなぐるま）
そらせ車
点検扉　取付板
煙感知器
昇降路
函体（かんたい）
つり合いおもり
かご
ピット
緩衝器（かんしょうき）

ロープ式エレベーター

■ エスカレーター

エスカレーターの設置部分は、階をまたがっている吹抜けとなり、竪穴区画（たてあな）となります。

竪穴区画となるエスカレーターの周囲には、火災発生時に上階への延焼（えんしょう）を防止するため、各階に煙感知器に連動し、スチール製の自重で閉鎖される防火シャッターで防火区画を確立させることが建築基準法で定められています。さらに、エスカレーターが折り返している最上階の天井（てんじょう）部分に火災報知設備の煙感知器を取り付けることが消防法で定められています。

設置工事は、専門の機械器具設置工事業の許可を持つ工事業者が行います。

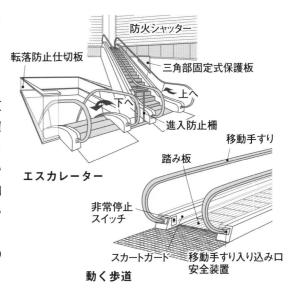

防火シャッター
転落防止仕切板
三角部固定式保護板
上へ
下へ
進入防止柵
エスカレーター

移動手すり
踏み板
非常停止スイッチ
スカートガード
移動手すり入り込み口安全装置
動く歩道

⑤ 雷保護設備工事

雷 保護設備は、落雷を受けた際の建築物の破壊、建物内の電気機器類の故障、破損等を防止する設備で、古くは避雷針設備といわれていました。落雷時の電圧は 200 万〜 10 億 V 、電流は 1 千〜 50 万 A にも達するので、その電流を安全に誘導して、大地に流します。建築基準法により高さ 20m を超える建築物に設けなければならないと規定されている建築設備です。

雷保護システムの構成

■ 外部雷保護システム

● 落雷を受ける部分（受雷部システム）は、建物最頂部に避雷針の突針、パラペットなどに棟上げ導体を設置します。

● 受雷部から大地に電流を流す部分（引下げ導線システム）は、一定以上の太さの電線、または建築構造体の鉄筋、鉄骨を用います。

● 引下げ導線から大地に雷電流を放流する部分（接地システム）は、地中に埋設します。

● 接地抵抗を測定する部分（接地端子盤）は、引下げ導線の途中に設けます。

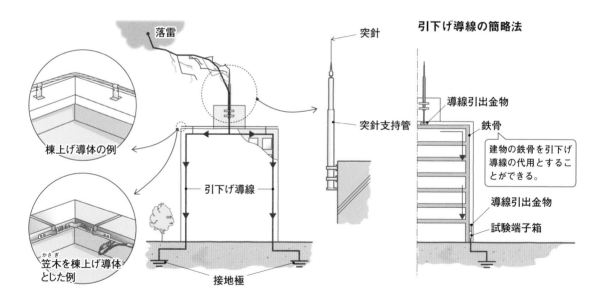

■ 内部雷保護システム

落雷があった場合、建築物の鉄筋、鉄骨構造体、および電気、ガス、水道などの金属製配管や通信線などのケーブル類に雷電流が流れ込むことがあり、建築物の構造体、金属製配管、ケーブル類の相互間に電位差が生じ、電圧（サージ電圧）が生じます。この電位差を低減する（等電位にする）ため、接地線で接続（等電位ボンディング）し、建物内で使用している電子機器類への保護を行います。

第8章

完成・保守管理

すべての工事が終了し、仮設物が撤去され、建物のクリーニング、そして、敷地全体の清掃後に、完成（竣工(しゅんこう)）検査を行います。完成検査に合格したら、検査済証が発行されて、建物を発注者に引き渡して工事は完了します。

完成した建物は、時間の経過や使用頻度(ひんど)により劣化や故障が生じる可能性があります。建物を良好な状態に保つためには、保守管理が大切です。維持保全計画書を作成し、定期的に点検や修理・修繕(しゅうぜん)あるいは改修工事が必要となります。

① 完成検査・引渡し

建物の引渡しまでに、工事請負契約で約束した建物の機能を満たしているか確認する、完成（竣工）検査が行われます。検査には、施工者が行う検査、法令に基づく関係官公署の検査、工事請負契約に基づく設計者・監理者の検査、発注者による検査があります。検査で改善等を指摘された箇所は速やかに手直しを行い、再度検査を受け、合格となり、発注者に建物が引き渡されます。

完成検査

　完成検査前に、工事の進行途中に受けた中間検査などの検査済証の用意、電気やガス、水道、消防などの設備の試運転による正常作動確認等の準備が必要です。各検査による手直し等も考慮し、工事工期日程の中に含むように、予定しておく必要があります。

完成検査の種類

●施工者が行う検査

　一般に社内検査といわれ、以後の諸検査に合格するよう細部にわたり検査を行い是正します。

●建築基準法や消防法などに基づく関係官公署の検査

　建築主事または指定確認検査機関、所轄の消防署署員による検査で、施工中の記録等も用意する必要があります。この完了検査に合格することにより、確認検査済証が発行され、建物の使用が認められます。

●工事請負契約に基づく設計者・監理者の検査

　設計図通りにできているかどうか確認する検査です。

●発注者による検査

　発注者が設計者に要求したことが、建築物に反映され満たされているかどうか確認する検査です。

●主な官公署の検査

工事種別	検査者	申請・設置届
建築	建築主事・指定確認検査機関	建築物確認申請書
	消防署	防火対象物使用開始届
	消防署	避難器具設置届
	消防署	消火器設置届
設備	消防署	消火設備設置届（屋内消火栓設備・スプリンクラー設備・不活性ガス消火設備など）
	消防署	防災設備設置届（熱・煙感知器・非常照明など）
	消防署	受変電設備設置届（変電設備の全出力500kW未満）
	経済産業省	受変電設備設置届（変電設備の全出力500kW以上）
昇降機	建築主事・指定確認検査機関	エレベーター確認申請書
	建築主事・指定確認検査機関	エスカレーター確認申請書

引渡し

　完成（竣工）検査に合格したら、引渡しです。発注者と施工者間で引渡書を取りかわします。その際、施工者から建物の使用にあたっての注意事項、設備や装置の操作・使用方法などの取扱いを説明し、建物のすべての扉の説明と鍵の照合、マスターキーやグランドマスターキーの確認をし、発注者へ鍵が引き渡されます。

　引渡しの際には、主に以下のものを用意します。

分類	名称
図面関係	・竣工図 ・設備機器完成図 ・竣工写真 ・施工図 ・工事監理報告書
関係官公署届出書類・許認可書類	・確認通知書（副本）：建築物、昇降機 ・検査済証（中間検査含む）：建築物、昇降機 ・工事完了届（写し）
維持・管理関係	・保証書 ・主な協力業者一覧 ・緊急連絡先一覧 ・設備（電気・給排水・空調・昇降機）概要 ・鍵、備品一覧 ・建築、設備使用説明書

第8章　完成・保守管理

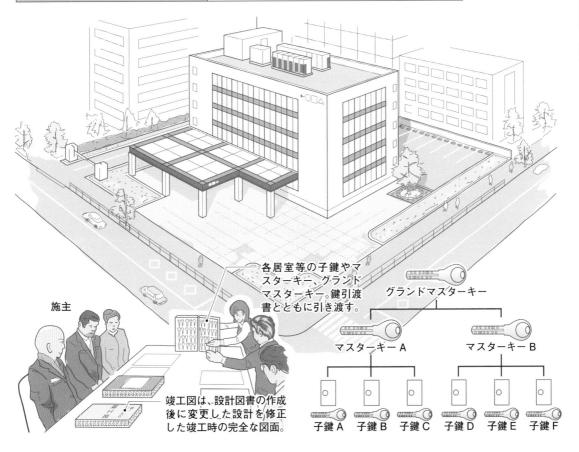

施主

各居室等の子鍵やマスターキー、グランドマスターキー。鍵引渡書とともに引き渡す。

グランドマスターキー

マスターキー A　　　マスターキー B

子鍵A　子鍵B　子鍵C　　子鍵D　子鍵E　子鍵F

竣工図は、設計図書の作成後に変更した設計を修正した竣工時の完全な図面。

② 維持保全

建物の引渡しを受けたのち、運営管理の段階において、業務の実施に必要な建物の機能を確保するためには、適切な維持保全が必要となります。維持保全の目的は、建物機能の維持とライフサイクルコスト（LCC）の低減、建物の長寿命化があります。建築物の設備機器についての清掃、点検、保守、運転・監視、修繕および改修を行うことを保全といいます。

維持管理

維持管理業務には、清掃、保守、運転・監視、点検などがあります。

■ 清掃、保守、運転・監視

●清掃

清掃は、建物を清潔に保つだけでなく、各種材料や設備機器の劣化原因を取り除き、腐食等の進行を遅らせる役割があります。

●保守

建築物等に必要な機能や性能を維持する目的で行います。消耗品等の交換、汚れの除去、設備機器への注油、塗装等の補修、部品の調整等、軽微な作業をいいます。

●運転・監視

設備機器を稼働させ、その運転状況等を監視および制御することをいいます。

■ 点検

建築物等の機能や劣化の状態を調査することをいい、維持管理上、欠かせない業務です。日々、機器の外観、運転状態等を確認する日常点検と、一定期間ごとに行う定期点検（法定点検）があります。一定周期を定めて点検を実施することで、正常なときの状況を把握し、災害の発生等を未然に防ぎ（外壁落下などによる人命にかかわる事故の防止）、修繕に必要な出費を最小限にとどめ、業務への大きな支障の防止を図ることができます。

建築物の日常点検

特に建築物全体の耐用性に影響の大きい外壁と屋根（屋根防水）について、点検のポイントを説明します。

●外壁の点検

年月が経過するとともに、仕上げ材、シーリング材の劣化が始まります。仕上げ材（タイルや塗装材など）に浮きやひび割れが生じたり、目地部分（打継目地等）や建具廻りのシーリング材にひび割れ、浮き、剥がれ、剥離などが生じたりします。

外壁のひび割れ
（クラック）

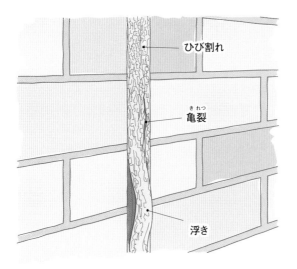

外壁の目地のシーリング劣化

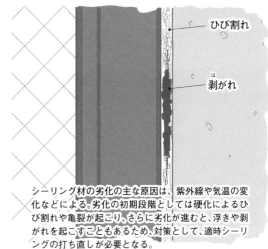

シーリング材の劣化の主な原因は、紫外線や気温の変化などによる。劣化の初期段階としては硬化によるひび割れや亀裂が起こり、さらに劣化が進むと、浮きや剥がれを起こすこともあるため、対策として、適時シーリングの打ち直しが必要となる。

建具廻りのシーリング劣化

●屋根（屋上防水）の点検

　雨水を直接受ける屋根は、コンクリートだけでは水の浸入を防げないため、防水層を設けますが、防水層も経年劣化します。また、防水層のちょっとした損傷が漏水を生じさせるため、定期的な点検が必要です。屋上防水の劣化パターンには、ひび割れ、ふくれ、やぶれ等があります。同時に排水口（ルーフドレン）の清掃も重要で、屋根にたまったゴミや木の葉、飛来した土砂などによりルーフドレンが詰まり、漏水を起こすことがあります。

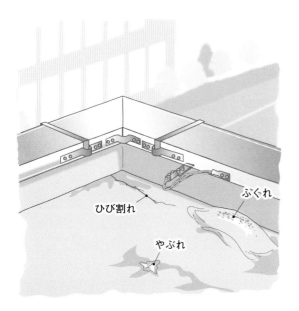

屋上の防水層の劣化

ルーフドレンの詰まり

雨漏りは建物全体の劣化に大きく悪影響を及ぼすため、日頃の日常点検が重要となります。雨漏りの主な原因には、以下のものが考えられます。

●屋根防水層の劣化・損傷

●ルーフドレンの目詰まり

●パラペットのひび割れ

●外壁のひび割れ

●窓枠と外壁の接合部（窓枠シーリングの劣化）からの漏水

●コンクリート打継目地のシーリングの劣化

●強風によるサッシからの吹込み

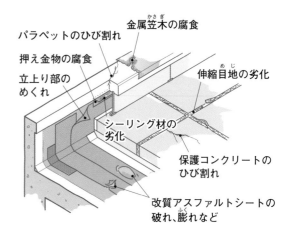

屋根防水層の劣化・損傷
（改質アスファルト防水の例）

設備機器の日常点検

設備機能が低下すると、ビル環境の低下はもちろんのこと、事故の要因になる場合もあり、日常業務に支障をきたします。専門的知識を要する点検が多いため、点検可能な部分および、清掃が可能な部分の点検を日常的に行い、必要に応じて法定点検等の報告書を参考とします。

建築物の法定点検

法律による義務付けられた点検等を法定点検といいます。

特定用途および一定規模以上の建築物（特定建築物）は、一定周期の調査および関係官庁への報告義務があります。建築基準法第12条で、特殊建築物は、建築物の敷地、構造及び建築設備の安全、衛生、防火及び避難に関する事項並びに建築物の用途に関する事項で特定行政庁が定めるものについて、定期にその状況を一級建築士等の資格を有するものが調査し、その結果を特定行政庁に報告しなければならないことが規定されています。

❓ 用語解説

特定建築物

店舗や事務所、旅館、学校など、建築物における衛生的環境の確保に関する法律で規定する特定用途に利用される部分の面積が、3,000m² 以上（学校教育法第1条に規定する学校の場合は8,000m² 以上）の建築物をいう。

特殊建築物

学校（専修学校および各種学校を含む）、体育館、病院、劇場、観覧場、集会場、展示場、百貨店、市場、ダンスホール、遊技場、公衆浴場、旅館、共同住宅、寄宿舎、下宿、工場、倉庫、自動車車庫、危険物の貯蔵場、と畜場、火葬場、汚物処理場その他これらに類する用途に供する建築物をいう（建築基準法第2条第2項）。

設備機器の法定点検

　広範囲にわたり多くの法律で規定されています。設備機器を維持管理する上で最低遵守（じゅんしゅ）すべき点検です。それぞれの点検は、専門知識を有する人が行わなければなりません。

　法令にもとづく主な法定点検を以下に示します。

法令	点検の対象		点検の内容	点検の頻度
建築基準法	特殊建築物および階数が 5以上で 1,000m²以上の事務所などの建築物で、特定行政庁が指定するもの		敷地、構造および建築設備に関する定期調査	6カ月から 3年までの間で特定行政庁が定める期間※
	上記建築物の昇降機以外の建築設備で、特定行政庁が指定するもの		定期検査	6カ月から 1年までの間で特定行政庁が定める期間※
	昇降機で、特定行政庁が指定するもの		定期検査	6カ月から 1年までの間で特定行政庁が定める期間※
消防法	防火対象物に設けられている消防用設備等	消火器具、火災報知設備（消防機関通報用）、誘導灯、誘導標識、消防用水、非常コンセント設備、無線通信補助設備	外観および機能点検	6カ月に 1回
		屋内消火栓設備、スプリンクラー設備、水噴霧消火設備、泡消火設備、二酸化炭素消火設備、ハロゲン化物消火設備、粉末消火設備、自動火災報知器設備、ガス漏れ火災警報設備、漏電火災報知器、非常警報設備、避難器具、排煙設備、連結散水設備、連結送水管、非常電源専用受電設備、蓄電池設備	外観および機能点検	6カ月に 1回
			総合点検（配線を含む）	1年に 1回
		動力消防ポンプ設備、自家発電用設備	外観、機能および作動点検	6カ月に 1回
			総合点検（配線を含む）	1年に 1回
建築物における衛生的環境の確保に関する法律（ビル管法）	特定建築物の中央管理方式の空気調和設備または機械換気設備		浮遊粉じんの量、一酸化炭素の含有率、温度（空気調和設備の場合のみ）、相対湿度（空気調和設備の場合のみ）、気流	2カ月以内ごとに1回
	特定建築物の給水設備		遊離残留塩素の検査	7日以内ごとに1回
			貯水槽の清掃	1年以内ごとに1回
			飲料水の水質検査	6カ月以内ごとに1回
	特定建築物の排水設備		排水の清掃	6カ月以内ごとに1回
電気事業法	自家用電気工作物（特別高圧受変電設備、高圧受変電設備、二次変電設備、自家発電設備など）		保安規定を定め自主定期点検	

※国などの建築物は 3 年以内ごと

修理・更新

　建物が 10 年、20 年と経過してくると、補修や軽微な 修繕では対応できない状況が発生してくることが多くなります。物理的、構造的な変化により製品の品質や性能が低下してくるため、劣化した材料、部品、機器類などを改修し、設備機器など新しいものに入れ替えて更新する必要が生じます。

　必要とする改善の程度により、以下の処置が行われます。

修理	修繕	更新	改修
機器や建物の壊れたところや傷んだところを直すこと。	劣化した部位を初期の状態、または実用上支障のない状態まで回復させること。	古くなって使用に支障をきたすものを廃棄し、代わりに新しいものを設置すること。	劣化した建築物またはその部分の性能や機能を初期の水準かそれを超える状態まで改善すること。

　建物の耐用年数は、減価償却資産の耐用年数等に関する省令により、次のように定められています。

●大蔵省令による建物の耐用年数（抜粋）

構造、用途	細目	耐用年数〔年〕
鉄骨鉄筋コンクリート造、鉄筋コンクリート造	事務所用、下記以外用	50
	住宅用、宿泊所用	47
	店舗用、病院用	39
	送受信所用、車庫用、格納庫用、と畜場用	38
れんが造、石造、ブロック造	事務所用、下記以外用	41
	住宅用、宿泊所用、店舗用	38
	病院用	36
	送受信所用、車庫用、格納庫用、と畜場用	34
金属造（骨格材の肉厚が4mmを超えるものに限る）	事務所用、下記以外用	38
	住宅用、宿泊所用、店舗用	34
	送受信所用、車庫用、格納庫用、と畜場用	31
	病院用	29
木造、合成樹脂造	事務所用、下記以外用	24
	住宅用、宿泊所用、店舗用	22
	送受信所用、車庫用、格納庫用、と畜場用	17
	病院用	17
簡易建物	木製主要柱が 10cm 角以下で、土居ぶき、杉皮ぶき、ルーフィングぶき、トタンぶきのもの	10
	掘立造のもの、および仮設のもの	7

減価償却資産の耐用年数等に関する省令（昭和 40 年大蔵省令第 15 号）より

保全業務計画

　点検や保守、修繕などの保全業務を行うには、業務体制、保全計画、保全にかかる経費、保全に関する情報の記録の整理などが必要です。

　保全には、事後保全と予防保全があります。

●事後保全

　建物の機能や性能の異常がわかった状態、すなわち何かしらの不具合が生じてから処置を行うもの。

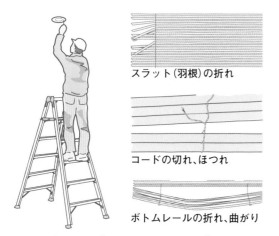

スラット（羽根）の折れ

コードの切れ、ほつれ

ボトムレールの折れ、曲がり

電球の球切れ、ブラインドの故障など

●予防保全

　定期点検等による機能や劣化の状態の把握によって、故障等の不具合が生じる可能性が高いと予測された場合、予防的な措置として交換等を行うもの。

●法定点検
●保守点検・診断
●消耗品交換
●遠隔点検など

エレベーターの検査など

■ 保全の業務体制

　責任者と担当者（設備運転監視、設備点検保守、清掃、警備等）の責務を明確にし、組織的に行います。必要な資格者の確保や適切な保全業務の委託発注業務も大切です。特に、安全上重要な防災の機器や、複雑で高度な機構をもった装置・システム等の点検・保守は、その業務に精通した専門業者に適切に委託することが重要です。

●ビル管理業務の概要

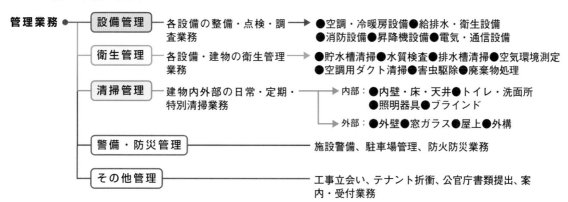

管理業務

- 設備管理 — 各設備の整備・点検・調査業務 → ●空調・冷暖房設備 ●給排水・衛生設備 ●消防設備 ●昇降機設備 ●電気・通信設備
- 衛生管理 — 各設備・建物の衛生管理業務 → ●貯水槽清掃 ●水質検査 ●排水槽清掃 ●空気環境測定 ●空調用ダクト清掃 ●害虫駆除 ●廃棄物処理
- 清掃管理 — 建物内外部の日常・定期・特別清掃業務 → 内部：●内壁・床・天井 ●トイレ・洗面所 ●照明器具 ●ブラインド ／ 外部：●外壁 ●窓ガラス ●屋上 ●外構
- 警備・防災管理 — 施設警備、駐車場管理、防火防災業務
- その他管理 — 工事立会い、テナント折衝、公官庁書類提出、案内・受付業務

維持保全計画書

保全の業務を効率よく、的確に実施するためには、保全業務に関する計画が必要です。

●日常業務の計画

日常的な保全業務としては、機器の運転・監視、点検や清掃、室内環境の測定、消耗品の交換や小修繕・補修等様々なものがあり、それらを計画的に進める必要があります。年間、月間および週間の作業計画や運転計画、それに合わせた業務計画を立てることで、はじめて効率的で質の高い保全の実施が可能となります。

●定期的業務の計画

定期的に行われる点検・保守等の保全業務が建物の利用に支障をきたさないよう、適切な実施時期等を考慮した年間の実施計画を立てる必要があります。

●修繕計画

定期点検の結果によって、修繕の必要が生じた場合には、その重要性等内容に応じた適切な修繕計画を立て、効果的に実施する必要があります。

維持保全計画は、長期、中期、年度、日常に分けて策定し、それらに要する資金計画を立てる必要があります。

長期維持保全計画	建物の使用予定期間全般
中期維持保全計画	概ね5～10年程度
年度維持保全計画	次年度の計画
日常的維持保全計画	日常の清掃、機器類の運転・監視、点検など

保全関連経費

建物を適切に保全していくためには様々な経費が必要です。建物の規模や使用形態、設置されている設備機器等の種類や数量、保全業務の実施体制等により異なりますが、一般的に必要となる経費には次のようなものがあります。

●維持管理費・・・毎年必要な経費で、以下のようなものがあります。

区分	内容
運転、日常点検保守費	設備機器の運転、日常点検、保守業務の委託費等
定期点検・保守費	自家用電気工作物、電話、消防用設備、ボイラー、冷凍機、昇降機設備、浄化槽等の法令等による定期点検保守に必要な費用
室内環境の測定	空気環境の測定と照度測定に必要な費用
水質の測定	上下・中水・雑用水・排水等の測定に必要な費用
清掃費等	廊下、ホール、便所等の日常清掃、床、窓ガラス等の定期清掃、受水タンク、高置タンク、汚水槽、排水槽の掃除、害虫駆除、ごみ処理等に必要な費用
保安	警備業務の委託費等
消耗品・備品	蛍光灯、機器類等への注油類および備品・工具類、フィルター等の費用
その他	事務費等

●修繕費・・・部品交換、塗装および修繕（復旧等）等に必要な費用
●光熱水費・・・電気、ガス、上下水道料金および燃焼用の油購入に必要な費用等

❸ 建築設備の維持管理

建築設備の維持管理とは、正常な状態が保てるように日常的に定期点検・運転・補修などを行うことです。近年、省エネルギー、設備寿命の長期化、省力化など、設備の目的が多様化、複雑化し、維持管理の重要性が高まっています。また、設備機器の設置時に届け出等が必要となり、竣工前から維持管理がスタートする機器もあります。維持管理は、必ずしも建物完成後から始まるものではありません。

管理業務と資格

　大規模な建物では、機能の高度化と設備機器の複雑化で維持管理業務も難しくなってきたため、専門の管理会社に委託することが多くなりました。どのような業務をどのような資格者が関係しているか以下に示します。

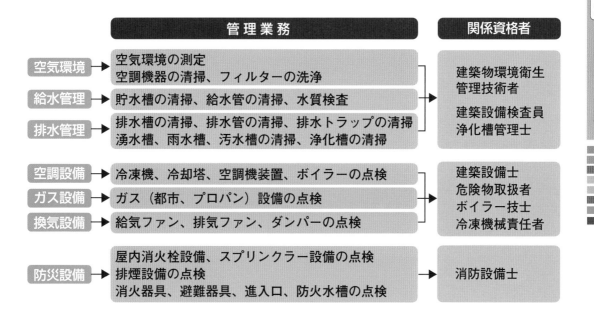

　維持管理は、装置・機器などの性能が完全に発揮できるように運転し、機能状態を維持させて、それらを目標とする耐用年数までの保持と経常費の効果的運用を図り、技術管理を行うものです。

　維持管理の具体的な作業内容を表に示します。

種別	主な内容
運転	機器、装置の運転、操作および運転状況
監視	動作状況、流れ状況、燃焼状況、水量、圧力、温度、電流などの監視
試験 検査 計量	設備の総合試験、上水・井水・し尿浄化槽放流水の水質検査
	水・湯・ガス・油・電力などの使用料の計量
	圧力容器、消防用設備等の機能、性能検査

設備機器の耐用年数

耐用年数で留意しなければならない事項

❶建物用途、建築設備のシステムに関すること

❷使用状態に関すること ➡設置期間・運転時間・運転状態（温度、圧力、流速、偏流、頻度など）・発停頻度・負荷状態（負荷の変動、過負荷など）・流体の種類（水、空気など）

❸配管条件に関すること ➡管の種類、用途など

❹環境条件が異なる場合 ➡屋内の状況（温度・湿度・塵埃など）、屋外の状況（温度・湿度・塵埃・食性ガス、日射、風、雨、雪など）

❺設置状態によるもの ➡据付け方法、据付け公差、偏荷重、外部からの振動、荷重

❻維持管理状態によるもの ➡予防管理、事後管理、油脂（汚れ、劣化、水の混入）、冷媒（汚れ、劣化、エアーの混入）

耐用年数の種類

耐用年数には、法的耐用年数、BELCA[1]耐用年数、建築物のライフサイクルコスト、総プロ[2]耐用年数・寿命、実使用年数本体／標準偏差、メーカー目標耐用年数、予防保全耐用年数、事後保全耐用年数などがあります。

※1 BELCA：（公社）ロングライフビル推進協会の略称。建築物の診断や、維持保全を担当する「建築・設備総合管理技術者」を教育・育成している社団法人で、マンション管理組合へのマンションの建物診断等の紹介などを行っている。

※2 総プロ：国土交通省総合技術開発プロジェクトの略称。仕上塗材の耐用年数の設定方法について提案している。

法定耐用年数

財務省が税法上定めた法定耐用年数を以下の表に示します。これは固定資産費を算出するためのものです。実際の機器や配管の寿命とは異なります。

設備	種類	法定耐用年数	BELCA耐用年数	設備	種類	法定耐用年数	BELCA耐用年数
ボイラー	炉筒煙管	15	—	弁類	青銅弁	15	—
	鋳鉄製	15	25		鋳鉄弁（ライニング）	15	—
	鋼板製	15	15				
冷凍機	往復動式	15(13)	15		ステンレス弁	15	—
	遠心式	15	20		減圧弁	15	—
	吸収式	15	20		安全弁	15	—
送風機	送風機	15(13)	20		定水位弁	15	—
	排煙機	8	25	給水管	硬質塩化ビニルライニング鋼管	15	30
冷却塔	FRP製	15	15				
	鋼板製	15	—		ポリエチレン粉体ライニング鋼管	15	—
パッケージ型空調機	水冷式	15(13)	15				
	空冷式	15(13)	15		一般配管用ステンレス鋼管	15	30
ポンプ	一般用	15	15				
	汚水・汚物用	15	10		水道用硬質塩化ビニル管	15	30
	ライン式	15	15				
タンク	FRP製	15	20	排水管	排水用硬質塩化ビニル管	15	25
	鋼板製	15	—				
	ステンレス製	15	20		耐火被覆二層管	15	—

（ ）は冷凍機出力が22kW以下のものを示す。

④ 改修工事

建築物には、経年や故障などにより、劣化や機能低下などの不具合が発生します。初期の水準まで原状回復あるいは、それ以上の水準までの改善を行うため、改修工事を行います。耐震性、安全性、使い勝手などの向上を目指す工事の工法の一部を紹介します。

耐震改修工事

現行の建築基準法令における耐震基準は1981年に導入され、中規模の地震動（震度5強程度）に対してほとんど損傷を生じず、大規模の地震動（震度7に達する程度）に対して人命に危害を及ぼすような倒壊等の被害を生じない耐震性を確保することが義務づけられました。それ以前に建築された建築物はその基準を満たしていないため、基準を満たすための耐震改修を行うことが求められています。

鉄筋コンクリート造建築物の補強工法には、耐震・制震・免震補強があり、建築物の特性・状態などにより、改修計画を立案します。

図は各工法の一般的な特徴を示す。耐震工事、制震工事、免震工事にはそれぞれメリット・デメリットがある。これらの違いをふまえて、建物に合った補強工法を選択する。

改修の難易性	耐震工事	制震工事	免震工事
	容易 ──────────────→ 困難		

改修後の使いやすさ	免震工事	制震工事	耐震工事
	良い ──────────────→ 悪い		

工期の長さ	耐震工事	制震工事	免震工事
	短い ──────────────→ 長い		

工事費	耐震工事	制震工事	免震工事
	安い ──────────────→ 高い		

■ 耐震補強

耐震補強には大きく分けて、新たな鉄骨ブレース・耐震壁や袖壁の増設により、建築物の強度を増大させる強度向上型工法と、柱に鉄板や炭素繊維を巻いて、粘り強さを向上させる靭性向上型工法があります。

現場打ち鉄筋コンクリート壁の増設

●既存部分の処理

耐震補強のために、既存の構造体コンクリートに対して、新たに鉄筋コンクリートを増設する場合、その打継ぎ面には、目荒らし（コンクリートの表面をザラザラに仕上げる作業）を施します。一般には、既存柱や梁の目荒らしの平均深さは2〜5mm（最大でも7mm）程度の凹面を、打継ぎ面の15〜30％程度になるよう全体に施します。

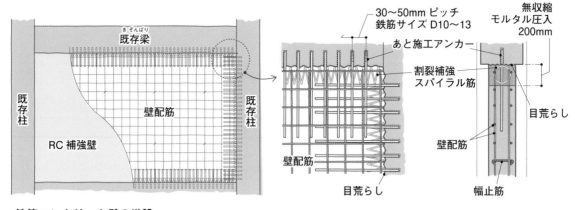

鉄筋コンクリート壁の増設

30～50mm ピッチ
鉄筋サイズ D10～13

あと施工アンカー

割裂補強
スパイラル筋

無収縮
モルタル圧入
200mm

目荒らし

壁配筋

既存梁

既存柱

壁配筋

RC補強壁

既存柱

壁配筋

目荒らし

幅止筋

●あと施工アンカーの埋込み

　既存の鉄筋コンクリート躯体と新たに設ける耐震壁との力の伝達が円滑に行われるように、アンカーを既存の構造体に埋め込み、もう一方を増設耐震壁に定着させます。この、あと施工アンカーには、接着系アンカーと金属系アンカーがあります。

　接着系アンカーの施工は、既存の鉄筋コンクリート躯体に孔を空け、接着剤を詰めます。そこにアンカー筋を差し込んで、躯体とアンカー筋を一体にする工法です。

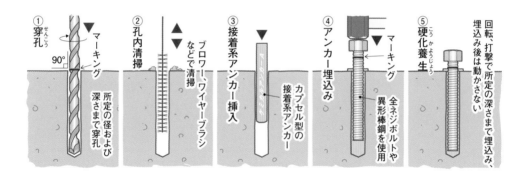

　金属系アンカーの施工は、既存の鉄筋コンクリート躯体に孔を空け、その部分に金属製のアンカー筋を埋め込んで接合します。埋め込んだアンカー筋を打撃もしくは締め付けて先端を広げることで、コンクリート孔壁に引っかけて定着させる工法です。

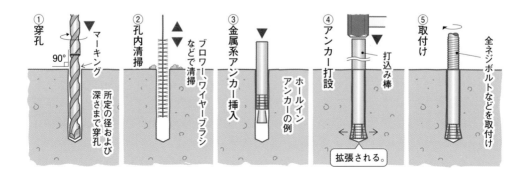

鉄骨ブレースの設置

開口部などに鉄骨ブレースを設置することで、耐力を向上させます。軽量で施工性がよく、採光、換気、眺望の確保が容易にできます。

鉄骨ブレースを分割して搬入する場合は、部材の組立の際、溶接接合は避け、高力ボルト接合とします。

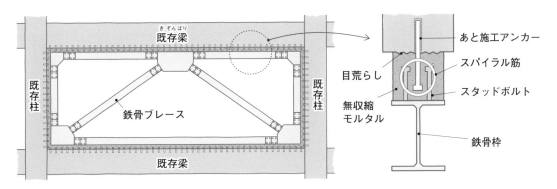

従来工法の例

柱の補強

●炭素繊維巻き付け工法

高強度の炭素繊維シートを既存の柱部材に巻き付けて、その柱の耐震安全性を確保します。

柱のコーナー部を円弧状に成形し、エポキシ樹脂を含浸させながら柱に炭素繊維シートを巻き付けます。

炭素繊維シートの水平方向の重ね位置については、構造的な弱点をなくすため、柱の同一箇所、同一面を避けます。

また、繊維方向の重ね長さについては、母材破断を確保できる長さとし、200mm 以上とします。

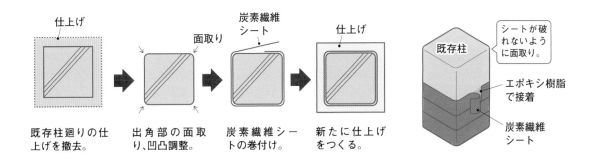

第8章 完成・保守管理

●鋼板巻き立て工法

厚さ 4.5 ～ 9mm の薄い鋼板を角形や円形に巻いて、隙間(すきま)に高流動モルタルを 充 填(じゅうてん)する方法です。

コーナー部の曲げ内法半径については、鋼板の板厚の 3 倍以上とします。

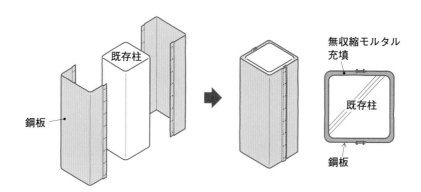

● RC巻き立て工法

既存柱の外周部を 60 ～ 150mm 程度の厚さの鉄筋コンクリートまたは鉄筋補強モルタルで巻き立てて補強する方法です。

コンクリートの打込み高さ 1 m 程度ごとに締固めを行います。

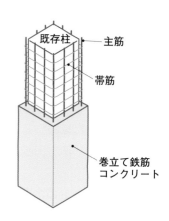

■ 制震補強

建築物に特殊なおもりやダンパーなどの制振部材を組み込み、地震の揺れを吸収する補強工法です。地震時に建築物の振動エネルギーを吸収して、耐震安全性を図ります。

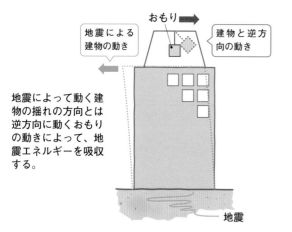

地震によって動く建物の揺れの方向とは逆方向に動くおもりの動きによって、地震エネルギーを吸収する。

おもりを組み込んだ制震補強

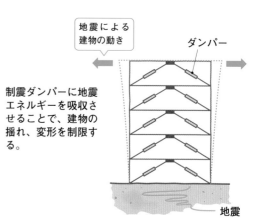

制震ダンパーに地震エネルギーを吸収させることで、建物の揺れ、変形を制限する。

ダンパーを組み込んだ制震補強

■ 免震補強

　地震の揺れを吸収する積層ゴムなどの免震装置を組み込んだ免震層を設けることにより、地震の揺れを建築物に直接伝えないようにする補強工法です。免震層を建築物と基礎の間に設ける基礎免震や建物の途中階に設ける中間階免震などがあります。

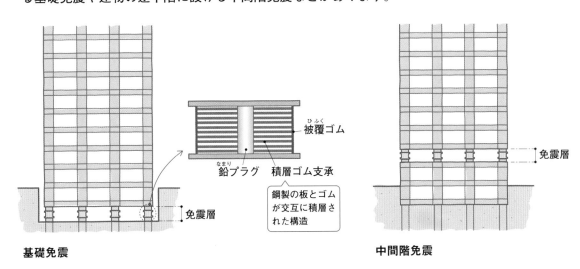

被覆（ひふく）ゴム

鉛（なまり）プラグ　積層ゴム支承

鋼製の板とゴムが交互に積層された構造

免震層

免震層

基礎免震　　　　　　　　　　　　　　**中間階免震**

躯体（くたい）・外壁改修工事

　建物の躯体・外壁は、経年劣化や気温の変化により、ひび割れ、欠損、浮きや剥離（はくり）などが生じます。その結果、破片がはがれ落下したりすると重大な事故につながるおそれがあります。耐久性の低下を抑制して寿命を延ばし、財産価値を保つために改修が必要となります。

■ 調査・診断方法

　調査・診断する技術には、建物をそのままにして行う非破壊検査と、建物の一部を採取しサンプルにして行う破壊検査があります。非破壊・微破壊検査は、大面積を概要調査・診断する場合に、破壊検査は特定部位の劣化状況を詳細に確認する場合に用いられます。

コンクリート壁などを破壊することなく、内部の鉄筋の間隔、本数、かぶり厚さなどを調べる。

鉄筋の非破壊検査（電磁波レーダ法）

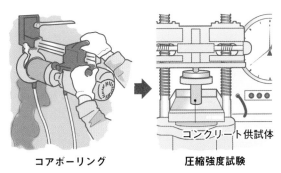

コアボーリング　　　　　　圧縮強度試験

コンクリート供試体

コアボーリングによりコア（コンクリート供試体）を採取し、専門機関で圧縮強度試験を行い、強度や中性化の進行程度など、コンクリートの品質評価を行う。

コンクリートの破壊検査（コア強度試験）

●耐久性に係る検査・診断技術

躯体(くたい)・外壁の調査	内容	測定法
非破壊・微破壊検査	ひび割れ調査	クラックスケールによる測定
		超音波法
		デジタルカメラ
	脆弱部(ぜいじゃくぶ)、内部空洞調査	打音法、赤外線サーモグラフィ法
		衝撃弾性波法
		超音波法
	圧縮強度推定	反発度法
		衝撃弾性波法
		超音波法
		小径コア法
	鉄筋の非破壊調査（位置、かぶり厚さなど）	電磁波レーダ法
		放射線透過法
		電磁誘導法
	ドリル掘削法	ドリル掘削法
	タイル等の浮きの調査	打診法
		打音法
		赤外線サーモグラフィ法
	塗装・吹付け材の付着試験	塗装・吹付け材の調査
破壊検査	はつり試験	中性化深さ（フェノールフタレイン法）
		鉄筋（かぶり厚さ、径、腐食度など）
	コアによる強度試験	コア強度試験
	化学・組成分析、促進試験	配合推定試験
		塩化物イオン量の測定
		アルカリ量の測定、残存膨張試験
	仕上げ材の試験	引張試験(付着長さ)
		接着試験

■ 躯体(くたい)・外壁の改修工法

躯体・外壁の改修技術は、多様な工法があり、調査・診断の結果に基づき、ひび割れを補修する技術（被覆工法(ひふく)、注入工法、充填工法(じゅうてん)等）や、既設塗膜を補修する技術（塗装・吹付け直し工法）だけでなく、劣化事象を回復させる技術（劣化部分の除去工法、吹付け工法、表面含浸工法(がんしん)等）等を組み合わせて用います。

コンクリート打放し仕上げの外壁の補修

欠損やひび割れの補修は、欠損の程度やひび割れ幅と挙動（ひび割れ部分が動いて広がること）の有無に合わせて、モルタルや樹脂(じゅし)などを用いて、以下のような工法を用います。

●欠損の補修

欠損の程度	工法（材料）	備考
はがれが切片状に生じた、浅い欠損	充填工法 （ポリマーセメントモルタル）	―
はがれ、剥落があり漏水がある	充填工法 （エポキシ樹脂モルタル）	ひび割れ部の適切な処置後に施す
はがれ、剥落のため鉄筋が露出している		―

●ひび割れの補修

ひび割れ幅	挙動の有無	工法（材料）
0.2mm未満	する	シール工法（可とう性エポキシ樹脂）
	しない	シール工法（パテ状エポキシ樹脂）
0.2mm以上 1.0mm未満	する	Uカットシール材充填工法（可とう性エポキシ樹脂）
		樹脂注入工法（軟質形エポキシ樹脂）
	しない	樹脂注入工法（硬質形エポキシ樹脂）
1.0mmを超える	する	Uカットシール材充填工法（シーリング用材料）
	しない	Uカットシール材充填工法（可とう性エポキシ樹脂）

　ひび割れの挙動の有無とは、そのひび割れ部分が地盤沈下や振動、温度変化などの影響を受けて、動きが発生するかどうかを表す。

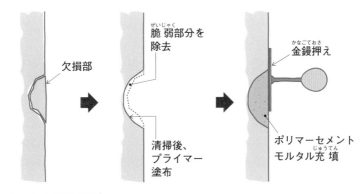

充填工法（ポリマーセメントモルタル）

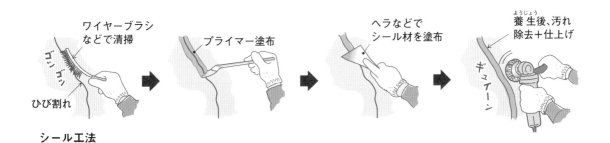

シール工法

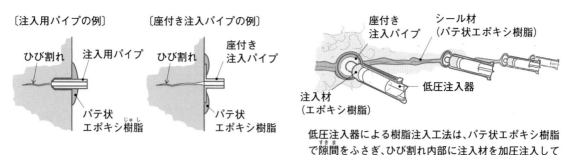

〔注入用パイプの例〕　〔座付き注入パイプの例〕

樹脂注入工法

低圧注入器による樹脂注入工法は、パテ状エポキシ樹脂で隙間をふさぎ、ひび割れ内部に注入材を加圧注入していく。

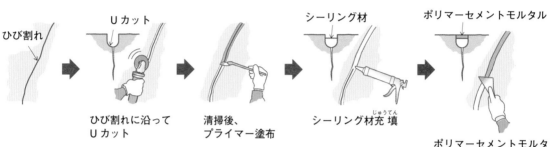

U カットシール材充填工法（シーリング用材料）

タイル張り仕上げの外壁の補修

　タイル張りの外壁では、タイルやその下地モルタルに浮き（タイルと下地モルタル、もしくは下地モルタルと構造体コンクリートの間にできた隙間）が生じたり、タイルそのものがひび割れるといった劣化が生じたりします。その劣化の状況に合わせて、以下のような工法で補修を施します。

●タイル張り仕上げ層の浮きの補修

浮きの場所	1箇所の浮き面積	浮きしろ	工法
タイル陶片と下地モルタル間	―	―	アンカーピンニング部分エポキシ樹脂注入タイル固定方法
構造体コンクリートと下地モルタル間	0.25m²未満	―	アンカーピンニング部分エポキシ樹脂注入工法
			注入口付アンカーピンニング部分エポキシ樹脂注入工法
	0.25m²以上	1.0mm以下	アンカーピンニング全面エポキシ樹脂注入工法
			注入口付アンカーピンニング全面エポキシ樹脂注入工法
		1.0mmを超える	アンカーピンニング全面ポリマーセメントスラリー注入工法
			注入口付アンカーピンニング全面ポリマーセメントスラリー注入工法

●タイル陶片のひび割れ

ひび割れの状態	ひび割れの幅	コンクリートへの処置	工法
構造体のコンクリートに達するひび割れを含む	構造体のひび割れ幅が0.2mm以上	Uカットシール材 充填工法（可とう性エポキシ樹脂使用 シーリング用材料使用）	タイル部分張替え工法
		樹脂注入工法	
	構造体のひび割れ幅が0.2mm未満	―	
構造体のコンクリートに達するひび割れは含まれない	タイル陶片のひび割れが0.2mm以上	―	

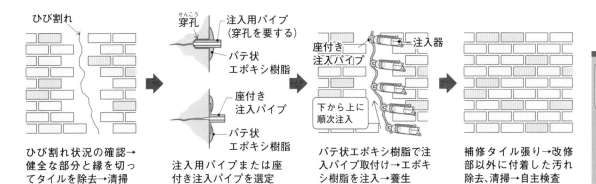

ひび割れ状況の確認→健全な部分と縁を切ってタイルを除去→清掃

注入用パイプまたは座付き注入パイプを選定

パテ状エポキシ樹脂で注入パイプ取付け→エポキシ樹脂を注入→養生

補修タイル張り→改修部以外に付着した汚れ除去、清掃→自主検査

樹脂注入工法

防水改修工事

　建築物を雨漏りから防ぐために、劣化した防水層を改修する工事です。改修することで資産価値を維持したり、快適な空間を保ちます。防水改修工法の種類や工法は様々で、材料の選定や、どのような工法で改修するかが重要になります。

防水材料

　防水材料には、大きく分けて以下の3つがあります。

●アスファルト防水（塗る、貼るの複合工法）

　液状の溶融アスファルトと、防水性の高いアスファルトシートを積層し、厚みのある防水層をつくります。2層以上の積層工法が原則で、水密性、耐久性がともに高い材料です。

●シート防水（貼る工法）

　ゴムや塩化ビニルでできたシート状の防水材を下地に貼り付ける工法です。簡便性が特徴です。

●塗膜防水（塗る工法）

　現場で液状の防水材料を塗り化学反応を起こして防水の膜をつくる工法で、歩行をともなう場所の防水に有効です。ウレタン塗膜防水がよく知られています。

■ 防水の改修工法と特徴

● かぶせ（再生）工法

現状の防水層の上に新規防水層をかぶせて施工します。既存防水層を再度利用しながら新規防水層をつくるため、信頼性・耐久性に優れた工法です。既存と新規の防水材料の相性を考慮する必要があります。

● 撤去工法

現状の防水層をはがして新築時の下地に新規防水層を施工します。既存撤去時に騒音・振動が発生し、撤去廃材が出て、工期も長くなります。さまざまな工法の選択ができます。

● 機械的固定工法

かぶせ工法の一種で、既存防水層の上から下地に穴を空けて新規防水層にアンカー固定します。既存防水の状態が非常に悪い場合はメリットがあり、ALC板などの下地構造の問題を除き、既存防水層との相性を考慮せず、採用できます。アンカー固定の際、騒音・振動が発生します。

防水改修工事の概要

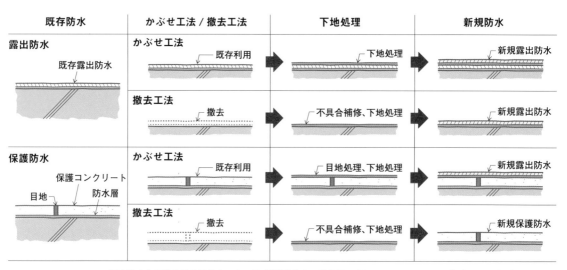

※ 露出防水とは防水層を露出させる工法、保護防水とは防水層の表面にコンクリートなどを打設して保護する工法。

ルーフドレン周りの処理にあたって、以下の点に注意します。

既存ルーフドレンの周囲の既存防水層の処理は、既存ルーフドレン端部から500mm程度の範囲の既存保護層を四角形に撤去した後、既存ルーフドレン端部から300mm程度の範囲の既存防水層を四角形に撤去します。

防水層および保護層の撤去端部は、既存の防水層や保護層を含め、ポリマーセメントモルタルで、1/2程度の勾配に仕上げます。

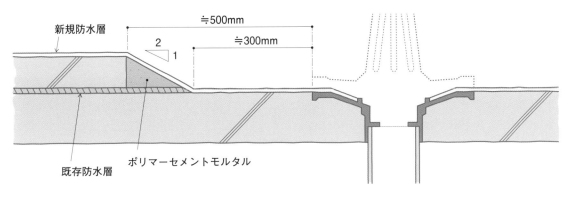

新規防水層

≒500mm

≒300mm

2
1

ポリマーセメントモルタル

既存防水層

防水層および保護層を撤去した場合の処理

アスベスト処理工事

　アスベスト（石綿）は、加工しやすく丈夫で変化しにくい特性を持っていることから、多くの建材などに使用されてきました。しかし、損傷・劣化や不適正な解体・改修工事などによりアスベストが飛散してしまうと、人体に吸収されて重大な健康障害を及ぼすおそれがあります。そのため、解体・改修の際にはアスベストの適正な除去処理が必要となります。

　大規模の修繕の対象部分にある吹付けアスベストについては、除去工法を採用します。それ以外の部分については、封じ込め工法や囲い込み工法を採用することができます。
　除去したアスベスト含有吹付け材は、所定の厚さのプラスチック袋の中に入れ、湿潤化または固形化していることを確認します。

作業場所の隔離、飛散防止対策を施し、立入禁止とし、その旨を周知させる。

除去作業の前にアスベストを湿潤化させる。

ヘラ、ブラシなどでアスベストを掻き落とす。

産業廃棄物処理法などに基づいて適正に処分する。

索 引

参考文献・資料

『公共建築工事標準仕様書（建築工事編）令和 4 年版』国土交通省大臣官房官庁営繕部監修

『公共建築工事標準仕様書（電気設備工事編）令和 4 年版』国土交通省大臣官房官庁営繕部監修

『建築工事監理指針　上下　令和元年版』国土交通省大臣官房官庁営繕部監修　公共建築協会編

『公共建築設備工事標準図（機械設備工事編）令和 4 年版』国土交通省大臣官房官庁営繕部設備・環境課監修

『公共建築設備工事標準図（電気設備工事編）令和 4 年版』国土交通省大臣官房官庁営繕部設備・環境課監修

『工事請負契約約款』民間（旧四会）連合協定

『施工がわかるイラスト建築生産入門』日本建設業連合会編　彰国社

『図説やさしい建築施工』松本進、臼井博史著　学芸出版社

『建築施工（第三版）』中澤明夫、角田誠、砂田武則著　市ヶ谷出版社

『建築工事標準仕様書・同解説』日本建築学会

『建築施工テキスト（改訂版）』兼歳昌直著　井上書院

『1 級建築施工管理　徹底図解テキスト＆問題集』井上国博、黒瀬匠、三村大介著　ナツメ社

『標準ダクトテキスト』関東空調工業会

『空気調和・衛生工学便覧　第 12 版　5　材料・施工・維持管理編』空気調和・衛生工学会編

『新版　建築設備工事の進め方』森村武雄監修　森村設計著　市ヶ谷出版社

『配管施工法』職業能力開発総合大学校能力開発研究センター編　職業訓練教材研究会

『空調用冷媒配管　施工マニュアル』空調用冷媒配管技術委員会編著　理工図書

『空調用冷媒配管設計・施工技術ガイドブック』空調用冷媒配管技術委員会編著　理工図書

『空調・衛生技術データブック　第 5 版』テクノ菱和編　森北出版

『建築設備工事データブック』安藤紀雄監修　清水亨、瀬谷昌男、堀尾佐喜夫著　オーム社編　オーム社

『図解給排水・衛生設備工事早わかり』給排水・衛生設備施工委員会編　オーム社

『図解空気調和施工図の見方・かき方』金井邦助、塩澤義登、浅岡則明著　オーム社

『空調・衛生設備図面の見方・かき方』戸崎重弘、升水正美、久保田秀雄著　オーム社

『建築設備施工要領図集』建築設備技術者協会編　技術書院

『建築機械設備施工の実務知識』建築機械設備技術研究会編著　技術書院

『空調設備配管設計・施工の実務技術』安藤紀雄著　理工図書

『空気調和・給排水衛生設備　施工の実務の知識』空気調和・衛生工学会編　オーム社

『空気調和・給排水衛生設備　施工・維持管理の実務の知識』空気調和・衛生工学会編　オーム社

『空気調和・給排水設備　施工標準（改訂第 5 版）』建築設備技術者協会著

『高圧受電設備規程（JEAC 8011-2014）』日本電気協会著　需要設備専門部会編

『内線規程（JEAC 8001-2016）』日本電気協会著　需要設備専門部会編

『平成 27 年版　電気設備技術基準とその解釈』電気書院編

『新版　新人教育―電気設備　改訂版』日本電設工業協会編　単行本企画編集専門委員会監修　日本電設工業協会

『電気工事　施工管理技術テキスト　改訂 2 版』地域開発研究所

『イラストでわかる建築設備』山田信亮、打矢瀅二、中村守保、菊地至著　ナツメ社

『イラストでわかるビル設備』井上国博、打矢瀅二、本田嘉弘、三上孝明、山田信亮著　ナツメ社

『図解　電気設備の基礎』本田嘉弘、前田英二、与曽井孝雄著　ナツメ社

『ゼロからはじめる　建築の［施工］入門』原口秀昭著　彰国社

『超図解！建築施工現場』稲垣秀雄著　学芸出版社

●著者

井上　国博（いのうえ　くにひろ）
　昭和 47 年、日本大学工学部建築学科卒業。一級建築士、建築設備士、管理業務主任者、他。現在、（株）住環境再生研究所代表取締役。

三村　大介（みむら　だいすけ）
　平成 5 年、大阪大学工学部建築工学科修士課程修了。一級建築士、一級建築施工管理技士。現在、（株）マロプラス代表取締役。

打矢　瀅二（うちや　えいじ）
　昭和 44 年、関東学院大学工学部建築設備工学科卒業。建築設備士、1 級管工事施工管理技士、特定建築物調査員資格者、他。現在、ユーチャンネル代表。

本田　嘉弘（ほんだ　よしひろ）
　昭和 43 年、武蔵工業大学（現　東京都市大学）工学部電気工学科卒業。第三種電気主任技術者、1 級電気工事施工管理技士、1 級管工事施工管理技士、第一種電気工事士、特殊電気工事資格者。

●イラスト

菊地　至（きくち　いたる）
　平成 14 年、東京工科専門学校建築科夜間卒業。商業施設設計施工会社、住宅設計事務所を経て、主に建築関連書籍のイラストレーター、ライターとなる。

編集担当 ─── 山路和彦（ナツメ出版企画）　　　編集協力 ─── 持丸潤子

本書に関するお問い合わせは、書名・発行日・該当ページを明記の上、下記のいずれかの方法にてお送りください。電話でのお問い合わせはお受けしておりません。
・ナツメ社 web サイトの問い合わせフォーム
　https://www.natsume.co.jp/contact
・FAX（03-3291-1305）
・郵送（下記、ナツメ出版企画株式会社宛て）
なお、回答までに日にちをいただく場合があります。正誤のお問い合わせ以外の書籍内容に関する解説・個別の相談は行っておりません。あらかじめご了承ください。

イラストでわかる建築施工

| 2022 年 4 月 1 日 | 初版発行 |
| 2024 年 5 月 20 日 | 第 3 刷発行 |

ナツメ社Webサイト
https://www.natsume.co.jp
書籍の最新情報（正誤情報を含む）は
ナツメ社Webサイトをご覧ください。

著　者	井上国博	©Inoue Kunihiro, 2022
	三村大介	©Mimura Daisuke, 2022
	打矢瀅二	©Uchiya Eiji, 2022
	本田嘉弘	©Honda Yoshihiro, 2022
イラスト	菊地 至	©Kikuchi Itaru, 2022
発行者	田村正隆	

発行所　　**株式会社ナツメ社**
　　　　　東京都千代田区神田神保町 1-52 ナツメ社ビル 1F（〒 101-0051）
　　　　　電話　03（3291）1257（代表）　FAX　03（3291）5761
　　　　　振替　00130-1-58661

制　作　　**ナツメ出版企画株式会社**
　　　　　東京都千代田区神田神保町 1-52 ナツメ社ビル 3F（〒 101-0051）
　　　　　電話　03（3295）3921（代表）

印刷所　　**ラン印刷社**

ISBN978-4-8163- 7170-7　　　　　　　　　　Printed in Japan